21世纪大学生素质教育丛书

IT职业导向训练

主　编　周玲余　杨正校

副主编　吴伶琳　庚　佳　王明珠　金静梅

中国水利水电出版社
www.waterpub.com.cn

内 容 提 要

本书是江苏省构建现代职业教育体系试点项目《基于校企共建专业的中高职衔接的研究与实践》的研究成果之一，由校企协作共同开发完成。依据 IT 行业企业的用人标准，遴选典型的 IT 职场真实案例，组织成三大教学模块：IT 职业导航、IT 职业素质培养、IT 通用技能训练等共十二个教学单元，囊括职业规划、时间管理、压力管理、团队合作、IT 项目管理及应用、IT 软件文档编制等。针对高职学生特点，以 IT 职业为导向，突出 IT 通用技能的训练与培养，通过问题分析和知识讲解，并配以同步技能训练，帮助学生客观地认识自己和职场，学会并掌握适应 IT 行业的学习和工作方法。全书采用“问题－探究”模式的教学策略，以“创设情景　问题提出　知识引导　分析训练”流程组织教学，将知识学习与技能训练有机结合起来，融“教、学、训”于一体，让读者能更快地理解和领悟 IT 职业素养的内容和职业技能要求，为就业做好充分的心理和技术准备，使之成为准职业人，提升企业适应能力和分析问题、解决问题的能力。

本书可作为高等院校 IT 相关专业和 IT 职业培训班的教学用书，也可供业余爱好者自学参考使用。

图书在版编目（CIP）数据

IT职业导向训练 / 周玲余，杨正校主编. -- 北京 : 中国水利水电出版社，2015.1（2018.8 重印）
（21世纪大学生素质教育丛书）
ISBN 978-7-5170-2717-1

Ⅰ. ①I… Ⅱ. ①周… ②杨… Ⅲ. ①信息工业－工业企业管理－人才管理学－高等职业教育－教材 Ⅳ. ①F49

中国版本图书馆CIP数据核字(2014)第286469号

策划编辑：石永峰　责任编辑：宋俊娥　加工编辑：夏雪丽　封面设计：李　佳

书　名	21 世纪大学生素质教育丛书 IT 职业导向训练
作　者	主　编　周玲余　杨正校 副主编　吴伶琳　庾　佳　王明珠　金静梅
出版发行	中国水利水电出版社 （北京市海淀区玉渊潭南路 1 号 D 座　100038） 网址：www.waterpub.com.cn E-mail：mchannel@263.net（万水） sales@waterpub.com.cn 电话：（010）68367658（发行部）、82562819（万水）
经　售	北京科水图书销售中心（零售） 电话：（010）88383994、63202643、68545874 全国各地新华书店和相关出版物销售网点
排　版	北京万水电子信息有限公司
印　刷	三河市祥宏印务有限公司
规　格	184mm×260mm　16 开本　12 印张　302 千字
版　次	2015 年 1 月第 1 版　2018 年 8 月第 2 次印刷
印　数	3001—5000 册
定　价	26.00 元

前　　言

当前，IT 行业处于高速发展时期，制造业的信息化、物联网、云计算、大数据等都归结到软件的开发与应用，软件技术人才需求正以每年 20%左右的速度增长。产业快速发展的同时对人才的规格提出了更高的要求，越来越多的企业在注重软件人才技术水平的同时，也更加关注员工在职业素质方面的表现，这就要求高校在强化学生的专业知识和技能的同时，更加关注 IT 行业标准、规范以及职业素养的养成性教育，对学生顺利完成从院校向企业的过渡有重要意义。

本书是江苏省构建现代职业教育体系试点项目《基于校企共建专业的中高职衔接的研究与实践》的研究成果之一，由校企协作共同开发，融合企业内训体系，消化吸收北大青鸟、微软以及美国欧普等国际优质 IT 教育培训资源编写而成。目的是通过 IT 职业习惯的养成性教育和 IT 行业规范行为训练来培养学生的职业规范和职业素养，其中包括表达训练、IT 文档规范撰写、IT 基础技能应用训练等多个环节，使学生快速了解 IT 行业及职业分类；理解和领悟合理的 IT 职业规划策略；掌握时间、压力管理方法与团队建设等管理技巧；能熟练地撰写规范的 IT 技术说明文档；会正确使用工具编制项目进程，进行软件项目管理，具备一名 IT 准职业人的技术要求和能力素质。

一、本书特色

1. 融行业企业元素，突出职业导向

参考信息技术标准体系（Information Technology Standard System，ITSS），融企业内训体系，吸收北大青鸟、微软以及美国欧普等国际优质教育培训资源，将企业项目典型化改造，教师下企业实践项目优化等方法内容，遴选典型的 IT 职场真实案例，内容选取突出 IT 职业特征和规范要求。

2. 以职业素质为突破点，突出学生实践能力的培养

软件行业的发展使得对软件开发人员的要求也在不断提升，越来越多的企业在注重开发人员技术水平的同时，也更加关注员工在职业素质方面的表现。作为一名职业人，时间管理、抗压能力、规范意识、合作意识、沟通意识，都是不可或缺的要素。因此，在内容设计中把职业素养作为课程的重点来实施。从内容选取、教学方法、学习指导等方面体现项目课程改革的思路，强调学生应用能力的培养。教材通过在每个知识点后面增加训练活动，随用随讲，随讲随用，边讲边练，通过在有限的授课时间内，合理地将技能点的讲解与练习融合到一起，全面强化和提升学生技能，试图通过 IT 基础能力训练体系的实践，使学生理解 IT 职业素养，掌握 IT 技术规范，避免说教。

3. 以职业技能训练为主线，实施案例化或项目化教学

与传统的教材编排方式不同，本教材内容安排是基于案例和项目。在每一个章节中，都采用了一个实际的案例来组织内容，引发问题，技术实训。在案例选取上，我们选择与企业应用相近、实用性更强的内容，从而帮助学员理解案例内容。

二、本书结构

本书共有三大教学模块，分为十二个教学单元，具体结构和内容如下表所示：

序号	教学模块	教学单元	主要能力训练点	主要理论知识点
1	IT 职业导航	IT 行业剖析 信息技术服务标准 IT 企业文化 职业规划	能初步明确 IT 职业能力及相关职位岗位职责； 能初步标准化实施 ITSS； 能掌握各国企业文化特点，并结合自身确定发展方向； 能设计自己的职业规划	IT 行业及职业分类； ITSS 的定义和原理； 企业文化的内涵和意义； 职业规划的意义； 职业规划的步骤和原则
2	IT 职业素质培养	IT 职业素养 学习管理 时间管理 压力管理 沟通表达 团队合作	能制定提升自身职业素养的行动计划； 能初步掌握程序设计的相关学习方法； 能进行有效的时间管理； 能进行自我压力管理； 能进行有效的表达能力训练； 能编制简单的 FAQ 和日报； 能通过游戏、拓展、项目训练等方式培养团队合作意识和方法	IT 职业素养的内涵； 自我学习的方向和误区； 时间管理的几个基本原则； “压力管理”意识和技巧； IT 职场的主要沟通方式； 文档沟通的主要方式； 团队合作的要素、特点、基本要求和重要性
3	IT 通用技能训练	软件项目管理与应用 IT 软件文档编制	能使用 Microsoft Visio 绘制软件开发过程和用例图； 能使用 Microsoft Project 制定项目计划； 能撰写可行性研究报告； 能撰写软件需求规格说明书； 能撰写软件使用说明书	软件项目管理的整体工作流程； 可行性研究报告的内容和编写要求； 软件需求规格说明书的内容和编写要求； 软件使用说明书的内容和编写要求

本书由周玲余、杨正校任主编，吴伶琳、庾佳、王明珠、金静梅任副主编，参加本书编写的人员全部是来自教学一线和具有学生工作管理经验的老师。在编写本书的过程中，得到了校企合作单位的指导和支持，在此表示最诚挚的谢意。

由于编者水平有限，时间仓促，书中难免存在一些错误或疏漏。如果您对本书有任何问题或建议，请及时通知我们（zly0901919@qq.com），我们将非常感谢并一定会在第一时间联系您，争取尽快勘误。

编 者

2014 年 10 月

目　　录

第 1 章　IT 行业剖析

【背景资料】

据中国 IT 人才教育研讨会最新数字预计，我国 IT 行业人才缺口非常大，每年全国有近百万的人才缺口。各大招聘网站的招聘信息也显示出 IT 职位需求旺盛，领先其他行业，长期处于相对高位状态。与之形成鲜明对比的是：大部分高校培养的 IT 专业毕业生常常找不到对口的工作，对口就业率低。一边是人才的缺口，一边是广大的 IT 学子求职的困惑。原因在哪儿？

【问题】

- IT 行业有哪些职业？
- 企业需要怎样的 IT 人才？
- IT 人才应具备怎样的职业能力？
- IT 行业发展趋势如何？

【本章目标】

通过本章的学习和训练，你将能够：

（1）知道什么是 IT 行业。

（2）了解 IT 行业及职业分类。

（3）初步明确 IT 职业能力及相关职位岗位职责。

（4）了解软件人才发展路径。

（5）了解 IT 行业现状及发展趋势。

【知识引导】

1.1　IT 和 IT 行业

IT（Information Technology），意为“信息技术”，包含现代计算机、网络、通讯等信息领域的技术。IT 的普遍应用，是进入信息社会的标志。经过长期的观察和总结，IT 技术目前被大致分为三类：

传感技术——人的感觉器官的延伸与拓展，最明显的例子是条码阅读器；

通信技术——人的神经系统的延伸与拓展，承担传递信息的功能；

计算机技术——人的大脑功能的延伸与拓展，承担对信息进行处理的功能。

IT 行业涵盖范围很广，凡处理或者应用到信息技术的产业，诸如银行、咨询、医院、出版、制造、影视等都囊括其中。计算机软硬件、因特网和其他各种来连接上述所有东西的网络环境，以及从事设计、维护、支持和管理的人员共同形成了一个无所不在的 IT 产业。目前我们的讨论初步限于计算机技术及其行业应用。

1.2 IT行业分类

1. 计算机硬件行业

计算机硬件行业包括从材料、芯片、板卡、显示、存储到整机产品等各个方面的研发、生产和制造。例如我们所熟悉的电脑、笔记本、扫描仪、打印机、磁盘存储系统等都属于计算机硬件的范畴。

代表企业：

联想、方正、清华同方、中兴通讯、华为、ASUS。

2. 计算机软件行业

计算机软件行业涉及计算机程序设计技术、国际互联网技术、各种应用专业技术、微电子技术、知识工程等高科技领域。计算机软件更新速度非常快，一些计算机软件的新技术开发更新周期一般为3～12个月。软件是电脑系统设计的重要依据，表现为计算机系统中的程序和有关的文件。软件产品可以分为应用软件和操作系统两大类。应用软件如微软的文字处理、管理表格、浏览器等；操作系统如Windows、UNIX、Linux等。

代表企业：

软件开发类：中软股份、用友软件、东软股份、金蝶、甲骨文、微软、SAP、金山软件。

软件外包类：对日外包、对欧美外包、对韩外包。

系统集成类：太极集团、长天科技、南天信息、神州数码。

互联网类：搜狐、网易、新浪。

3. IT服务业

IT服务是指在信息技术领域服务商为其用户提供信息咨询、软件升级、硬件维修等全方位的服务。它包括：产品维护服务、IT专业服务、集成和开发服务、IT管理外包服务等。中国IT服务骨干企业基本集中在北京、广东、上海、浙江、江苏、山东几个省市，而IT教育与培训、IT外包和IT咨询业务的主要市场也主要集中在北京、上海等大城市和经济发达地区。

代表企业：

北大青鸟、声讯通、深圳腾讯、网易短信、TOM、戴尔。

1.3 IT职业分类

IT的概念很广，大到包括航天卫星，小到一个公司的打字员都与IT有关，可见IT的概念有多广。我们通常所说的IT人，一般多与电脑有关，如程序员、开发人员、设计人员等。而实际上从事与IT相关的人都可叫IT人，打字员、电脑城的装机员等都算IT人。那么在IT行业，究竟有些什么职位呢？让我们来盘点一下。

表1-1中分成了“IT主体职业”、“IT应用职业”、“IT相关职业”三个小类，在小类下分别分出“软件类”、“硬件类”等12个职业群，43个职业（细类）。其中IT主体职业是指那些只与IT职业技能相关的“纯粹”的IT类职业；IT应用职业是指那些主要使用IT职业技能完成其他领域业务的职业；IT相关职业是指那些主要使用IT职业技能为工具完成职业活动的其他领域的职业。

表 1-1　IT 职业分类表

IT 主体职业	软件类	系统分析师	计算机程序设计员	软件测试师	软件项目管理师	系统架构设计师			
	硬件类	计算机维修工							
	网络类	计算机网络管理员	网络系统设计师	网络综合布线员	网络建设工程师				
	信息系统类	计算机操作员	信息系统安全师	信息系统管理师	数据库系统管理员	信息系统监理师	信息系统评估师	信息资源开发与管理人员	信息系统设计人员
	制造类	半导体器件测试工	半导体器件制作工艺师	半导体器件制造工	半导体器件支持工	半导体器件封装工			
IT 应用职业	控制类	单片机应用设计师	控制系统设计师	逻辑控制芯片编辑员	数据自动采集与分析员				
	应用系统开发类	嵌入式系统开发师	网站开发师	游戏程序开发师	射频识别系统开发师				
	设计类	计算机平面设计师							
	商务类	网络编辑人员	计算机网络客户服务人员	网上销售人员					
	娱乐类	数字视频制作师	数字音频制作师	三维动画制作人员	游戏美术设计师				
	教育类	网络课件制作师	计算机讲师						
IT 相关职业		电子标签操作员	打字员						

【训练活动】

- 活动一：请列举针对计算机专业学生有哪些比较有价值的考证证书。
- 活动二：请检索《计算机软件水平考试程序员考试大纲》，仔细阅读考试要求。

1.4　IT 职业能力

1.4.1　什么是职业能力和 IT 职业能力

职业能力是人们从事某种职业所必须具备的本领，是人们胜任工作岗位的基本要求，是个体对个人和社会负责任的热情和能力，是影响人们职业活动效率的个性心理特征，是科学的工作和学习方法的基础。

IT 职业能力要求是 IT 领域专业知识技能及其相关职业的知识技能兼备，包括 IT 职业素养、IT 通用职业技能和专业职业技能。其中 IT 职业素养包括沟通表达、自我学习、时间管理、压力管理、团队合作和创新能力等；IT 通用职业技能指计划执行、信息加工、语言文字、办公软件等；IT 专业职业技能是指各职业岗位需求的知识技能，因职位不同各有差异。

1.4.2 如何提升 IT 职业能力

1. 提升你的沟通技能

不善沟通，不善表达，更不善交流是 IT 从业人员的普遍现象，因此沟通能力已成为许多大公司招聘 IT 人员的重要考核指标。如果你重视表达交流的话，就会在广大的应聘者中脱颖而出。

2. 掌握最扎实的专业技能是基础

作为 IT 人，无论你是做 Java 程序员、.net 程序员、C++程序员还是做网页设计、网络推广、产品设计等，专业知识就是在这一行业工作的基础。

3. 了解业务知识

无论什么技术，都离不开行业应用。技术只是工具，如何发挥这个工具的价值，与行业环境密切相关。大部分的软件开发都是为某个行业服务的，了解行业知识会让你变得非常具有竞争力。

商务技能不是某个人的专属，要尝试提高自己的商务技能，商务经验对于提高 IT 专业人员的薪金水平是非常重要的。光会做技术工作的人很难胜任管理工作，最好的首席信息官不仅仅是一个技术人员，而且应该是在技术和业务两个方面都能够工作的业务人员。

4. 关注 IT 资讯

新闻资讯很重要，作为 IT 从业人员，要时刻关注 IT 圈，谈起这个圈里的人或事时，你不至于什么都不懂。而你懂的越多，越能侃侃而谈，别人也会觉得你果然经验丰富，见识也广阔，同时也会提升你的身价。

总结起来，IT 人要使自己“增值”主要从专业技能、加强沟通技巧、了解业务知识、提高商务技能、关注行业资讯等几个方面着手，只要在这几个方面做到位了，你的职场发展会越来越好。

【训练活动】

- 活动一：请以小组方式检索最近几周的 IT 资讯并整理成规范文档，同时进行分享和讨论。
- 活动二：请以小组方式检索 IT 行业新知识、新技术，并从中选择一个感兴趣的方面整理成规范文档，并进行 PPT 汇报。

1.4.3 软件企业 IT 职业及岗位职责

每个软件企业规模和业务性质不同，对岗位的设置也有所不同。一般来说，一家大型软件公司设有市场部、海外市场拓展部、人力资源部、技术部、研发中心、财务部等，每个部门设有相应的岗位及对应的岗位职责。例如，技术部包括项目经理、系统架构师、需求分析师、售前支持工程师等。每个岗位都要求具备相应的工作职责，我们可以通过表 1-2 的岗位说明书来了解软件工程师这个岗位应该具备的职责。

表 1-2　软件工程师岗位说明书

职位名称（Position）：软件工程师

部门（Department）：技术部

总体目标（Collectivity）：最终实现代码，在项目期内完成项目。

组织结构图（Organization Char）：（本职位的上下级关系：实线框表示；协调关系：虚线框表示）

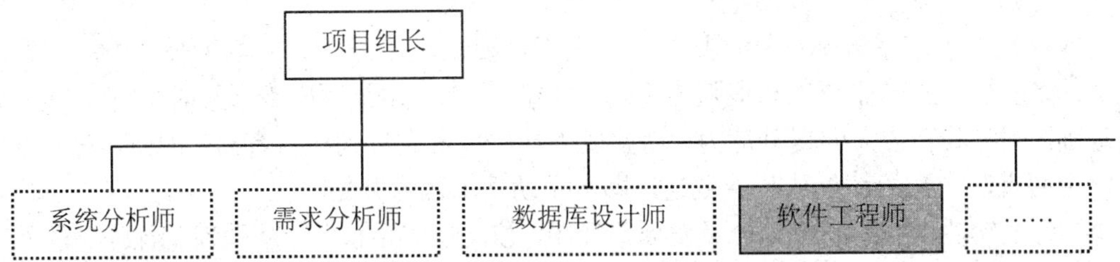

工作职责（Responsibilities）：

- 搭建系统开发环境，完成系统框架和核心代码。
- 根据开发规范与流程独立完成模块的设计、编码、测试及相关文档。
- 指导软件工程师的日常开发工作，解决开发中的技术问题。
- 参与软件需求与设计审核、代码检查。
- 参与方案讨论和技术调研，负责方案设计和文档更新。
- 完成领导交代的其他事宜。

必备能力和要求（Necessary Ability and Requirements）：

- 大专以上学历，计算机相关专业。
- 英语熟练，至少有英语四级证书；良好的英语文档阅读能力，简单的英语口语沟通能力。
- 有良好的学习能力。
- 为人忠诚、有责任心、诚信、自信、敬业、有团队精神。
- 2 年以上项目开发经验，担任过软件项目的需求分析、系统设计和数据库设计等工作。
- 精通使用 Struts、Spring、Hibernate、Ibatis 等开发框架。
- 熟练掌握 HTML、JavaScript、XML、CSS、Ajax、div、Json 等页面技术，有 JQuery、ExtJs、Flex 开发经验者优先。
- 精通 Oracle、MySQL、SQL Server 等相关数据库技术及优化，并有相关开发经验。
- 有 ERP 项目开发经验及大型项目架构经验者优先考虑。

【训练活动】

- 活动一：请参考表 1-2 的岗位说明书，制定一份数据库设计师的岗位说明书。
- 活动二：孙阳即将实习，打算从事电子商务之类的职业，请您帮他在 2～3 个招聘网站上查询上海地区相关职位的招聘信息，了解招聘人数、学历要求、岗位需要的具体知识和能力要求，并在表 1-3 中按职位不同整理成文。

表 1-3　职位招聘需求情况表

职位名称	招聘人数	学历要求	岗位能力和要求

1.4.4 软件人才发展路径

一般来说，一家大型软件公司开发类职位典型的职业发展路径分为三个层次：①公司高级技术管理层，包括技术总监、产品总监、项目总监和测试/质量总监；②中高层技术管理人员，包括系统分析师、系统架构师、项目经理、测试经理、高级软件工程师；③基层技术人员，包括软件工程师、测试工程师及助理软件工程师。

不同的层次，难度系数不一样，技术及个人素质要求也不一样。要成为公司中高层技术管理人员，需要很高的专业知识和很强的逻辑、抽象、空间思维能力，这就要求技术人员具有很好的基础，同时具有较大的提升潜力。而要成为基层技术人员则相对容易，因此，对刚刚毕业的大学生而言，一开始都是从基层做起，即从做助理工程师开始。

图 1-1 为某软件企业的职位划分及发展路径图，按发展年限计算，从助理工程师到软件工程师一般需要 1 年时间，从软件工程师到高级软件工程师则需要 2～3 年的时间。如果高级软件工程师具备了一定的管理能力和规划能力，则在 3～4 年可以提升至系统分析师、架构师、经理层。需要说明的是，系统架构师、分析师更加偏重高级技术层面，而经理偏重项目的运作和管理。也就是说，从底层的助理工程师到达中高层技术人员所需年限一般为 6～8 年。而如果想要进入公司的高级管理层，则需要 10～12 年时间。

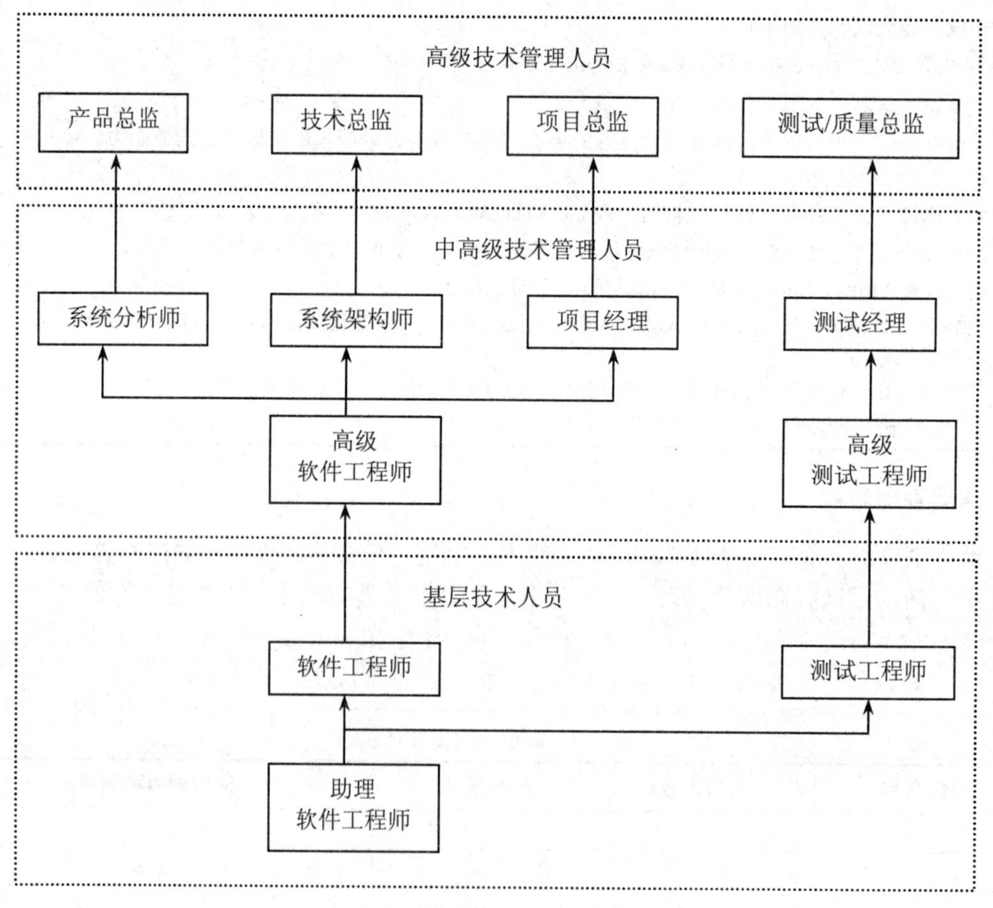

图 1-1 某软件企业职位划分及发展路径图

工作时间的长短仅仅是影响职位发展的表象因素，真正的核心因素在于能力的积累。如果一名基层技术人员能够快速达到中高层级职位的要求，他所需晋升的时间就会大大缩短。那么，各层级职务所需的能力都有哪些呢？下面从企业要求的角度分析图 1-2 中的各层级岗位要求。

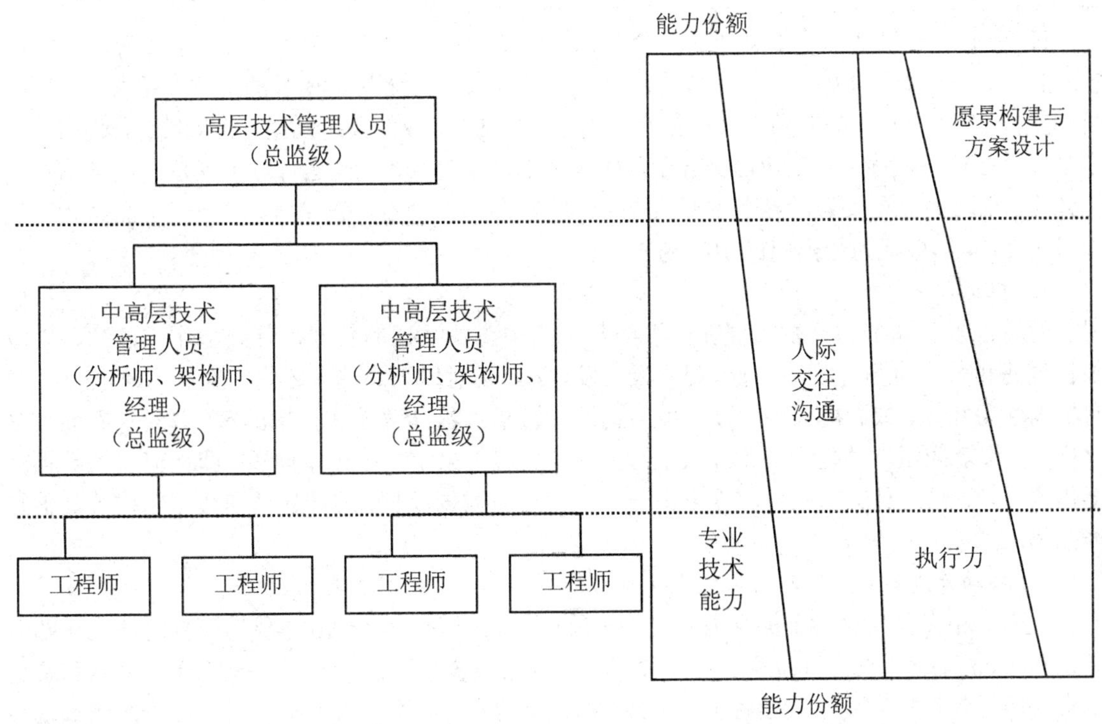

图 1-2 能力结构简图

首先，企业对各层级人员都有一些基本的素质要求，可总结为六个方面：责任心、团队意识、忠诚度、沟通能力、学习能力及科学思维方式。在此之上，由于各层级岗位接触的任务、范围及业务类型不同，对工作人员的能力要求也有不同。每个层级的职务能力大体可总结为四个部分：专业技术能力、人际交往与沟通能力、执行力、愿景构建与设计能力。只不过公司对不同的职务层级要求的能力份额不同。对于基层技术人员（工程师）来讲，要求更多的是专业技术能力、人际沟通能力与执行力。随着职务层级的不断提升，对专业技术能力和执行力的要求逐渐减少，但人际沟通与构建设计能力的要求会逐渐增多。各职位的薪资范围如表 1-4 所示。

表 1-4 薪资范围

职位	薪资范围
高级技术管理人员（总监级）	薪资+股权
架构师、分析师、项目/测试经理	30～50 万元/年
高级软件/测试工程师	15～30 万元/年
软件工程师	5000～9000 元/月
助理软件工程师	2500～4000 元/月

1.5 IT行业现状及发展趋势

1.5.1 IT热门行业

IT 产业主要包括电子信息产品的制造、软件开发、信息技术服务的推广应用等，具有高技术含量、高附加值等特点，已经成为众多发达国家保持经济持续增长的最重要手段。我国鼓励和支持 IT 产业发展的专项产业政策有效地推动了 IT 产业的快速发展，截止目前，我国已基本形成了产业规模庞大、专业门类齐全、技术水平日益提升、产业运行日趋规范的电子信息产业体系，我国也已经成为世界上主要的电子信息产品生产消费和出口大国之一。下面是相关调查显示 2014 年被认为最热门的 10 个 IT 行业。

1. 机器学习

随着许多公司努力开发需要在庞大的数据集中查找数据的软件，譬如协作式过滤、垃圾邮件过滤和欺诈检测等软件，一些观察人士发现，市场对以下这些人才的需求在迅速上升：具有机器学习知识，或者能够设计及开发可提升计算机性能的算法和技术。不单单对谷歌而言是这样。有许多应用软件包含非常庞大的数据集，这就带来了一个根本问题，即如何组织数据并提供给用户。对这种应用软件的需求进一步扩大了对数据挖掘、统计建模和数据结构等其他技能的需求。

2. 移动开发

人们竞相在移动设备上提供内容的势头就像互联网在上世纪 90 年代的疯狂时期。而随着黑莓和 Treo 等设备成为日益重要的一种商业工具，很多公司都需要擅长把 ERP、采购和费用审批等应用软件扩展到这些设备上的人才，即“许多公司需要有人能把应用软件推广到移动设备上。”

3. 无线网络

随着 Wi-Fi、WiMax 和蓝牙这些事实上的无线标准迅速流行起来，对物色技术人才的雇主们而言，保护无线传输安全也就成了头等大事。他们说：“许多无线技术已经被大家所接受，因而相当多的公司关注它们如何协同工作、又存在哪些安全风险，这些风险与有线网络相比要大得多。”

4. 人机交互与界面设计

需求不断看涨的另一个方面是人机交互和用户界面设计，也就是为 Web 或者桌面应用软件设计用户界面。现在更多的人认识到，工程师再也不能匆匆拼凑出蹩脚的界面了。由于苹果等公司的存在，所以消费者看到越来越多设计精良的产品，所以，为什么不能要求所用的软件也这样呢？

5. 项目管理

项目经理一直供不应求，由于现在人们越来越无法容忍预算超支或者失败的项目，所以能够证明自己才能的人非常吃香。现在需要的是有真才实学的项目经理，而不只是挂着这一头衔的人。雇主需要的是懂得监管、了解项目的生命周期、真正会管理项目的人。

6. 网络技术

现如今，不管在哪里从事 IT 工作，都再也无法回避网络，因而，像软件工程师这些非网络专业人士也有必要对网络概念有一些基本的了解。他们最起码要了解网络的基本知识，如

TCP/IP、以太网和光纤，另外还要了解分布式计算和网络计算，并足以应付有关工作。

对于编写那些需要部署到数据中心的应用软件的开发者来说，他们需要认识到应用软件如何使用网络；了解自己设计的程序如何充分利用网络。譬如说，为了在多台计算机之间划分三层应用软件，开发人员就要知道如何构建及协调这个网络。知道分布式系统基本原理的人非常吃香。

随着更多的公司实施 IP 语音传输（VoIP），市场日益需要那些了解局域网、广域网、语音网络和互联网等各种网络，并且了解它们如何融合到一起的网络管理员。

7. 开源程序设计

现在，对招聘开源人才有兴趣的雇主比过去多了。有些人曾经认为，开源日薄西山，不过现在它又卷土重来了，无论是在操作系统层面，还是应用开发方面。在 Linux、Apache、MySQL 和 PHP（统称为 LAMP）方面有经验的人员会非常紧俏。

8. 商业智能

现在，商业智能方面的发展势头也越来越迅猛，因而也越来越迫切地需要那些在 Cognos、Business Objects 和 Hyperion 等商业智能技术方面具有技能，还懂得把这些技术运用到公司业务上的人员。

客户在商业智能方面作了大量投入，但是他们不需要只会创建脚本和查询的纯技术人员。想成为技能娴熟的数据挖掘人员，就要对所分析的业务具备过硬的实用知识。具有这种双重本领的人才是眼下最热门的人才。

9. 嵌入式安全

近些年来，安全专业人员一直供不应求，不过据 Schmidt 介绍，如今，大批雇主在审查所有应聘者，而不只是安全岗位应聘者的安全技能和证书。他们说："我在过去 6 个月看到的几乎每一份工作描述中都会出现'安全'这个字眼。雇主要求应聘者具有构建安全环境的能力，无论他负责运行电子邮件系统，还是从事软件开发。安全已成为工作描述中的一部分。"

10. 数字家庭技术

家庭日益成为高科技天堂，家庭视频与视频市场以及家庭安全和自动照明系统随之得到了长足发展。但是谁来安装这些系统？出现问题后，又由谁来解决问题？为了回答这个问题，美国计算机技术行业协会与消费者电子协会合作，开发了一项名为"数字家庭技术集成师"的认证。这是我们在很长一段时间内见过的最热门、最有生机的市场。

1.5.2 IT 热门职业

众所周知，全球 IT 技术人才近年来一直都比较紧缺，尤其是高端的 IT 管理人才。猎头公司 Robert Half 的调查显示，有 16%的企业 CIO 在 2014 年上半年扩充自己的团队，其中软件工程师、手机开发人员和 IT 经理成为 2014 年比较热门的职位。

1. 软件工程师

软件工程师主要负责计算机软件和系统的设计、开发、维护和评估工作。根据企业需求的不同，软件工程师的工作职责涉及开发新软件、制定项目计划、更新现有软件以及提供安全支持等。平均年薪：9.3 万美元（约合人民币 56.3 万元）。

2. Web 开发工程师

Web 开发工程师主要负责基于互联网和浏览器的应用软件的开发，当然也包括网站的设计和运营。根据 Robert Half 发布的《2014 年 IT 从业人员薪酬指南》，Web 开发人员的职业技能包括.NET、Java、PHP、Silverlight、Flex、MySQL 和 SharePoint 等技术。平均年薪：7 万～11.4 万美元（约合人民币 42.3 万～69 万元）。

3. 网络系统分析员/网络工程师

网络系统分析员主要负责公司网络系统（包括局域网和广域网）的监控运维工作，保证网络能够不出意外且高效运行。平均年薪：7.6 万美元（约合人民币 46 万元）。

4. 移动应用开发工程师

目前 IT 市场对移动应用开发工程师的需求非常旺盛，毕竟在美国智能手机的普及率已经高达 56%。该职位的主要工作包括移动应用的设计、开发和运维等。平均年薪：9.1 万美元（约合人民币 55 万元）。

5. IT 经理

IT 经理主要负责公司内部的 IT 运营，或者根据客户的具体需求制定技术解决方案。平均年薪：10.5 万美元（约合人民币 63.5 万元）。

6. IT 销售人员

销售人员的职责自不必赘述，即便是 IT 公司，销售人员也是公司人力资源结构中非常重要的组成部分。平均年薪：4.8 万美元（销售专员）（约合人民币 29 万元）。

7. 数据库管理员

随着"大数据时代"的来临，越来越多的企业希望能从大量的客户和用户数据中提取有价值的信息，并对其进行整理和分析，而这正是数据库管理员的职责所在，当然，他们还需要保证企业敏感数据的安全性。平均年薪：6.3 万美元（约合人民币 38.1 万元）。

8. 首席数字官（Chief Digital Officer）

有媒体报道称首席数字官是 2014 年亚洲地区最热门的 IT 管理职位，这其中的原因可能是企业对大数据、云端服务和网络安全方面的需求在不断增多。平均年薪：10.8 万美元（约合人民币 65.3 万元）。

1.5.3 IT 行业发展趋势

IT 行业是一个不断创新，具有职业生命力，能影响和向其他行业扩展的行业。未来，专业技术知识将不再是 IT 部门的唯一领域了，整个公司/组织的员工应当理解如何把 IT 技术运用到他们的工作之中。但未来学家和 IT 专家说，最吃香的 IT 相关技术包括：挖掘海量数据、保护系统免遭安全威胁、管理新系统下日益复杂的风险以及如何利用技术提高生产率。虽然 IT 知识将更加普及，但雇主们将更加青睐如下 5 种专用技能。

1. 数据分析

据 IDC 市场研究人员估计，到 2020 年全球每年产生的数据量将达到 35ZB，也就是 3500 万亿 GB。（注：1ZB=1,048,576PB；1PB=1,048,576GB。）IDC 的首席研究员 John Gantz 说："用普通的 DVD 一张一张地摞起来，可以从地球摞两个堆到月球。"有了这样庞大的数据，这就不仅要求 IT 从业人员有能力分析海量数据，并且要和业务部门合作，确认哪些数据是可用的，从哪里获取这些有用的数据。

这些混合型的从业人员将同时具备 IT 专长和业务流程与运作的知识背景。IT 人力研究机构 FootePartners 公司的董事长兼 CEO David Foote 说："他们是那些了解客户需求的，并且知道如何把信息转换为赢利的人。如果你有更多这样的理解整个数据'供应链'的雇员，你的获利也更多。"

2. 风险管理

未来学家 David Pearce Snyder 说：“风险管理技能的高需求将会持续到 2020 年，尤其当（各种）业务和 IT 之间关系愈发紧密。比如，前段时间英国石油在墨西哥湾的油井泄漏中所涉及的 IT 技术，还有丰田公司处理‘加速门’事件。”（编者注：丰田承认汽车黑匣子阅读器存在软件缺陷。）

Snyder 还说：“当我们处于快速创新的时代（这一趋势将持续到 2020 年），我们会碰到意想不到的法律问题；当我们想在这错综复杂的世界搞点创新，很可能就要碰到这样或那样的问题。”所以，企业将寻求具备风险管理能力的 IT 从业人员，以预测和应对挑战。

3. 机器人技术

据华盛顿的未来咨询学家 Joseph Coates 说，机器人将在 2020 年之前“接管”更多的工作。所以，具备机器人技术的 IT 从业人员将不愁没有饭吃。

Coates 说：“我们可以把机器人看成类人设备，但还需扩大到所有自动化的设备。”机器人技术工作包括：研发、维护和修理。专家将在垂直市场探索相关技术的使用。比如：一些机器人专家可能专注健康护理和研发康复中心的设施，另一些专家可能为残疾人发明设备或为儿童发明学习工具。

4. 信息安全

根据 PricewaterhouseCoopers 的报告：因为我们上网所花的时间将越来越多，面对面的交互将越来越少，更多的个人信息将在网上曝光，可以轻易冒充他人的新技术也很多，所以在 2020 年之前，认证用户身份和保护隐私将成重大挑战。远程工作人员也将成为劳动大军的主力，这也就带来更多的信息安全隐患。（编者注：“远程工作人员”也称“居家工作人员”，即那些可以在家通过网络即可上班的人员。）

Foote 解释说：“我们处于一个危险的环境，虽然很多雇员都精通技术，但他们却并不理解信息安全是最重要的。”Foote 预测这个状况将在 2020 年有改善，因为很多公司将在信息安全方面投入更多，包括数据中心、网络连接和远程访问。

5. 网络技术

Snyder 回应美国劳工统计局的预测说，“网络系统和数据通信管理在 2020 年仍将是头等大事，但是因为很多公司将想方设法避免增员，所以他们向顾问咨询如何提高产能和效率。如果已经尽量裁员了，那么现在只能提高生产率了。应当有人来告诉我们如何更好地使用现有的网络技术。”

【资料分析】

1. 问题分析

（1）IT 是一个知识更新快、崇尚技术的行业，高校在培养目标、教学理念及和企业接轨等方面存在许多问题，导致应届毕业生的专业技能往往达不到企业需求。

（2）企业在招聘员工时，除了关注专业技能外，越来越看重学生的自学能力、人际沟通能力、敬业精神等内在品质，学生由于缺乏一定的社会经验和一些软技能，也是导致就业难的因素之一。

2. 解决方案

（1）以市场需求为导向，以就业方向来设置专业，让学生围绕以就业为主题的技能和知识多学多练。

（2）高校加强校企合作，技术培训与企业需求紧密联系，让学生接受更加系统的知识和技能，能够让毕业的学生迅速进入工作岗位的角色，从而深受企业欢迎。

（3）学生应关注招聘通知，了解热门岗位及相应的岗位职责，平时有针对性地学习和训练。

（4）学生应注重软技能的培养，多参加一些社会实践活动，加强沟通表达能力、团队合作能力、自学能力等的提升。

【本章总结】

- IT 技术目前大致被分为三大类：传感技术、通信技术、计算机技术。
- IT 行业基本分类为计算机硬件行业、计算机软件行业、IT 服务业。
- IT 职业分布广泛，可分为 IT 主体职业、IT 应用职业、IT 相关职业三个小类及 12 个职业群 43 种职业。
- IT 职业人需具备相应的岗位职责及职业素养。
- 软件人才的发展路径需要经历时间、经验、能力的锻炼。
- IT 产业发展迅速，具有很大的发展空间。

【思考练习】

（1）孙阳高考刚结束，正面临填报志愿的棘手问题，到底选哪个行业，以后从事什么职业，填报哪个专业，一时举棋不定！

从爱好来看，他兴趣广泛，喜欢体育，篮球、足球特别好；平时也热衷于网络游戏，对一些电子产品也特感兴趣。

从社会关系来看，他的亲戚有的在银行工作，职位也比较高；有的在政府机关工作，有点小权。

从他的性格特征来说，只要富有挑战、充满激情、具有潜力的工作，都能带给他快乐。

请您说一说，应如何选择行业、职业和专业？孙阳比较适合于哪类？

（2）做一个简单的市场调研，了解一下本地区上个季度紧缺 IT 职位。（至少列出 2～4 个职位）

第 2 章　信息技术服务标准（ITSS）

【背景资料】

A 企业是一家日资企业，世界 500 强之一，根据业务要求，需要使用一套信息化系统，从技术和成本方面考虑，打算外包给其他专业软件企业开发，但是必须使用指定的技术和工具，最重要的是要保证工期。

A 企业在软件行业的企业中咨询、调研了很久，最后结合成本和技术综合考虑，选择 B 和 C 两家公司作为接包企业，其中 B 公司主要负责该项目 40 个程序的详细设计、编码以及测试工作。项目立项后，该公司成立了项目组，下设负责详细设计的 DS 小组，负责编程的 PG 小组以及负责测试的 PT 小组，由项目经理统一管理。项目组将 40 个程序分为 A、B、C 三类，其中 A 类最为简单、B 和 C 相对复杂。为了看到胜利曙光，提高信心，项目组首先着手 A 类程序，10 天时间顺利完成 A 方企业验收。接着着手 B 和 C 类，出现技术瓶颈，然后翻阅大量技术文档，发现进度缓慢，立即组织加班，由于烦躁、焦虑、疲劳，一名 PG 成员病倒请假。过了几天，又一名 PG 成员也请假。项目经理立即从 PT 组调用有经验的成员加入 PG 组，一周后，程序基本可以运行，但问题很多，同时工期逼近，项目经理又向公司求助，抽调 2 名“技术高手”协助。

经过大家的齐心协力，加班加点，在预定截止日期的当天，所有程序都开发测试完毕，只是还有很多问题和错误需要修正。为了保证工期，项目经理决定暂时将问题和错误隐蔽，将所有的测试报告中的“再确认”一栏填写上“OK”。

【问题】

- 请问该项目管理是否成功？
- 是否符合软件设计与开发服务规范？
- 项目组成员是否具备 IT 服务人员的能力要求？
- 软件的交付是否符合要求？

【本章目标】

通过本章的学习和训练，你将能够：

（1）理解 IT 服务的定义和服务范围。

（2）了解 IT 服务工程师的要求。

（3）了解 IT 服务管理流程。

（4）掌握事件管理和配置管理的过程和内容。

（5）了解 ITSS 的定义和原理。

【知识引导】

2.1 IT 服务概述

1. 常见 IT 服务

IT 服务（Information Technology Service）指供方以信息技术为手段向需方提供支撑其业务活动的服务。常见 IT 服务包括信息技术咨询、设计与开发、信息系统集成、数据处理和运营服务等，详细描述如下表 2-1 所示。

表 2-1 常见 IT 服务类别

服务类别	服务描述	业界示例
信息技术咨询服务	在信息化规划、监理和人员培训等方面向需方提供管理或技术咨询评估服务，包括信息化规划、信息技术管理咨询、信息系统工程监理、测试评估认证和信息技术培训等服务	创新工场 普华永道 埃森哲
设计与开发服务	以外包方式向需方提供的软硬件产品设计与开发服务，包括硬件产品设计和软件设计与开发等服务	SAP Oracle 用友
信息系统集成服务	在信息系统设计、集成实施和运行维护等方面向需方提供的系统集成和维护服务，包括信息系统设计、集成实施和运行维护等服务	神州数码 华胜天成 联想
数据处理和运营服务	向需方提供的信息及数据分析、整理、计算和存储等加工处理服务，以及软件应用系统、业务支撑平台和信息系统基础设施等租用服务，包括数据处理、数据存储、数字内容处理、客户交互和运营等服务	华胜天成 东华软件

2. IT 服务的发展趋势

随着信息化建设的不断深入，企业业务对 IT 的依赖不断增强，如电信、银行、保险和证券行业等。一方面，企业不断投资构建各种硬件、系统软件和网络，另一方面不断开发实施 ERP、SCM、CRM、决策支持和知识管理等各种各样的应用软件。在这种情况下，企业不仅要求 IT 服务持续不间断地支持业务运营，而且要求 IT 服务能够创造更多的机会，使得业务部门能够更好地达到业务目标。

3. IT 服务产业面临的挑战

- 删繁就简体系服务价值。用户的 IT 系统越来越复杂，也意味着用户越来越需要能帮助他们解决复杂性的服务，保证 IT 对业务的支持，不使业务为 IT 所累。
- 主动响应提升服务品质。用户对 IT 服务的要求正在从产品层面提升到业务层面，关注度在 10 年的发展中有了翻天覆地的变化。以前，IT 服务（如支持服务）都属于被动服务，用户出现了问题，才会向厂商提出服务需求，进而实施服务。随后，在经历了 9×5、9×7、24×7、6 小时快速响应等一系列服务等级水平的演变之后，很多用户依旧发现服务的响应速度还是不够快，他们需要的是一套“不会出现问题”的 IT 系统。

- 标准化服务提供，实现服务效益。随着服务需求的深入和用户面的扩展，服务商也需要进一步控制服务的成本和质量，增加服务提供的灵活性和速度，以更好地响应用户需求。大量的实践证明，只有将服务模块化、标准化才能很好地实现这个多目标的要求。

【阅读】

网络、安全系统运维服务相关内容如表 2-2、表 2-3 所示。

表 2-2　服务模块

序号	服务模块	内容描述	提供方
1	现场备件安装	配合用户进行，按备件到达现场时间工程师到达现场	××××××公司
2	现场软件升级	首先分析软件升级的必要性和风险，配合用户进行软件升级	××××××公司
3	现场故障诊断	按服务级别：7×24 小时 5×8 小时	××××××公司
4	电话远程技术支持	7×24 小时	××××××公司
5	问题管理系统	对遇到的问题进行汇总和发布	××××××公司

表 2-3　服务响应时间

故障级别	响应时间	故障解决时间
I 级：属于紧急问题；其具体现象为：系统崩溃导致业务停止、数据丢失	30 分钟，2 小时内提交故障处理方案	12 小时以内
II 级：属于严重问题；其具体现象为：出现部分部件失效、系统性能下降但能正常运行，不影响正常业务运作	30 分钟，2 小时内提交故障处理方案	24 小时以内
III 级：属于较严重问题；其具体现象为：出现系统报错或警告，但业务系统能继续运行且性能不受影响	30 分钟，2 小时内提交故障处理方案	48 小时以内
IV 级：属于普通问题；其具体现象为：系统技术功能、安装或配置咨询，或其他显然不影响业务的预约服务	30 分钟，2 小时内提交故障处理方案	5 天内

2.2　IT 服务工程师的定义

IT 服务工程师指从事 IT 服务的操作类人员，包括但不限于信息技术咨询、设计开发、测试、运维、系统运营、培训、信息技术增值服务等从业人员。

根据从事 IT 服务职业活动的需求，组织应对每个职业种类设定其从业经验、专业能力、行为能力等要求，形成 IT 服务从业人员能力要求。

（1）从业经验主要包括

- 工作年限：从事相应职业种类的工作年限。
- 工作履历：从事本职业种类的工作年限内，成功完成的可衡量的实际项目或工作的数量。
- 工作传承：从事本职业种类的工作年限内，使工作体系化、制度化。

（2）专业能力主要包括

- 基本知识：IT 服务从业人员必须掌握的基础理论知识和相关知识。可通过参加的培训课程或考试成绩来鉴定。
- 专业技能：从事该职业种类的工作必须掌握的专业技术、专业知识及应达到的专业水平。可通过工作履历、工作成果以及来自第三方反馈意见和建议来鉴定。

（3）IT 服务工程师应具备的专业能力

- IT 服务基本流程和工具；
- 信息安全意识和技术；
- 项目管理基本知识；
- 文档撰写能力；
- 质量意识和技术；
- 问题判断与解决能力；
- IT 服务行业相关标准知识。

（4）IT 服务工程师应具备的行为能力

- 人际沟通能力；
- 客户服务意识和技术；
- 团队合作意识和技巧；
- 学习能力；
- 压力与情绪管理。

【阅读】IT 职业行为现状

1. 大力敲击回车键

这个恐怕是 IT 人所共有的通病了，因为回车键通常是我们完成一件事情时最后要敲击的一个键，大概是出于一种胜利的兴奋感，每个人在输入这个回车键时总是大力而爽快地敲击。所以往往最先不能使用的按键便是 Enter 和 Space。

2. 光碟总是放在光驱里

很多人总是喜欢把光碟放在光驱里，特别是 CD 碟，其实这种习惯是很不好的。光碟放在光驱里，光驱会每过一段时间就进行检测，特别是刻录机，总是在不断地检测光驱，而高倍速光驱在工作时，电机及控制部件都会产生很高的热量。热量不仅会影响部件的稳定性，同时也会加速机械部件的磨损和激光头的老化。

3. 关机后又马上重新启动

经常有人一关机就想起来光碟没有拿出来，或者还有某个事情没有完成等，然后就马上开机，殊不知这样对计算机危害有多大。

首先，短时间频繁脉冲的电压冲击，可能会损害计算机上的集成电路；其次，受到伤害最大的是硬盘，从切断电源到盘片完全停止转动，需要比较长的时间。如果盘片没有停转就重新开机，就相当于让处在减速状态的硬盘重新加速，导致硬盘损坏。

4. 不扫描和整理硬盘

经常看到很多人的硬盘里充满了错误和碎片，这些东西不但会使得系统出错的几率加大，还有可能让系统变得很慢，甚至无法运行。其实很好理解这样的坏处，就像房间里的东西到处扔，有的还缠在一起，甚至损坏了，当然找起来效率很低，碰到缠住的，还要先解开，甚至找到了也用不了，因为他们是坏的。

5. 不用卸载，而是直接删除文件夹

很多软件安装时会在注册表和 SYSTEM 文件夹下面添加注册信息和文件，如果不通过软件本身的卸载程序来卸载的话，注册表和 SYSTEM 文件夹里面的信息和文件将永远残留在里面。它们的存在将会使得系统变得很庞大，效率越来越低。

【训练活动】

- 活动一：请你列举几个在实践中发现的 IT 职业非规范行为？
- 活动二：请上网检索并下载 1～2 个磁盘碎片整理工具，选择其中之一安装并进行磁盘整理。

2.3　常用 IT 服务管理流程

IT 服务工程师常用的 IT 服务管理流程一般为事件管理、问题管理、变更管理、发布管理、配置管理等。下面主要介绍事件管理和配置管理两种。

2.3.1　事件管理

1. 目标和范围

事件管理流程的目标是尽快解决 IT 环境中出现的事件，尽快恢复向业务提供的协议服务或响应服务请求，尽量减少事件对业务运营的不利影响，确保最好的服务质量和可用性级别，保持 IT 服务的稳定性。

具体目标：

- 在成本允许的范围内尽快恢复服务；
- 进行事件控制；
- 提供 IT 管理信息。

事件管理范围包括运营维护的各运行环境中产生的故障和服务请求及服务咨询，举例如下：

- 故障（如应用系统服务不可用、应用系统磁盘占有量超限、硬件停机）；
- 服务请求（如申请新的 IT 资源、密码重置、账号资源申请、与 IT 服务相关的服务请求）；
- 咨询（如服务咨询）。

2. 主要活动

图 2-1 主要显示了事件管理流程的基本步骤和事件管理活动。

（1）事件接收和记录

服务台负责接收和记录事件。它将基本信息输入事件数据库并报告给事件管理小组。一般来说，服务支持小组是不允许直接记录事件的，所有事件必须先报告给服务台，然后由事件管理人员根据服务台提供的信息及事件数据库信息判断此事件是否与已有事件相同或相似，如果有，就更新事件信息或建立原事件的从属记录，并在必要时修改原事件的影响度和优先级，如果没有，则创建新的事件记录。

事件管理需要给每个事件分配一个唯一编号，记录一些基本的事件分析信息（如时间、症状、位置、受影响的服务和用户以及硬件等）并补充其他事件信息。

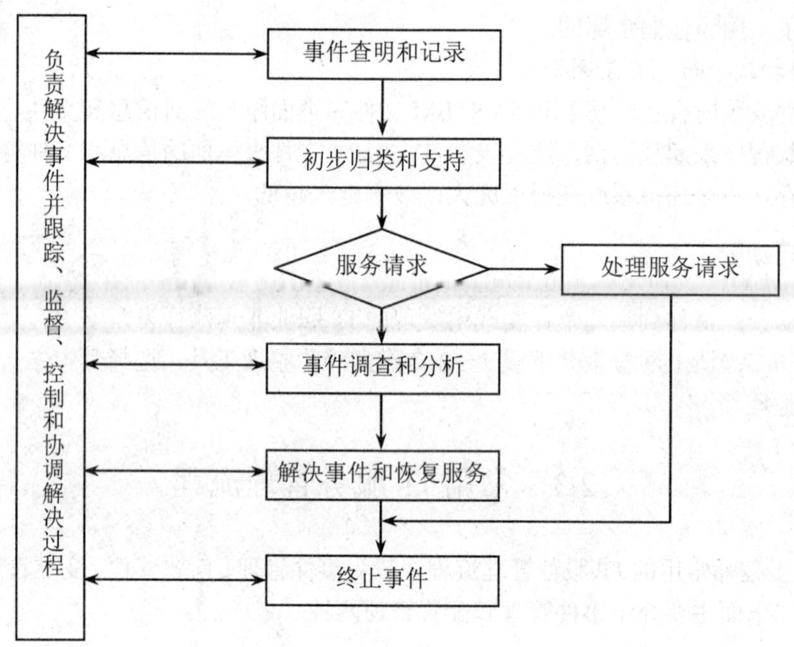

图 2-1 事件处理流程

（2）归类与初步支持

归类是根据事件发生的原因和所需支持的类别对事件进行划分的过程。如果发生的事件是重复出现的，则只需根据已有的经验和措施采取行动即可。如果事件是新出现的，就需要将其与问题和知名错误进行匹配。如匹配成功，就可直接用已有方案解决事件。如果不能将事件与问题或知名错误进行匹配，下一步就是确定事件的优先级，以确保支持小组对事件给予必要的关注。优先级应综合事件的影响度和紧迫性来确定。

在确定事件优先级后，服务台应对事件提供初步支持。服务台如果没有成功解决事件，就将事件转交给二线或三线支持处理，然后负责记录事件并协调各支持小组、采取必要的措施以确保用户满意事件的解决过程。

（3）启动服务请求程序

如果该事件属于一项服务请求，则启动服务请求程序，由其他服务管理流程（如变更流程、配置管理流程、能力管理流程等）对服务请求进行适当地处理。

（4）调查和分析

当服务台接收并记录有关事件的信息后，如果没有现成的解决方案，则转交给事件管理人员，由他们对事件进行分析和诊断，并提出快速解决事件的方案或应急措施。

（5）解决与恢复事件

在确定了事件的解决方案或应急措施后，事件管理人员应当立即对事件进行解决以快速恢复 IT 服务的运作。

（6）跟踪与监控

在事件解决的全过程中，服务台需要跟踪和监控事件解决的进度及用户的反馈情况，必要时应增加事件解决人员或对事件进行升级。

（7）终止事件

在事件解决后，服务台应向客户确认事件解决的效果是否达到服务级别协议的要求，如果达到要求或使客户满意则应终止事件，否则应扩展事件处理流程。

3. 事件记录

典型的事件记录如表 2-4 所示。

表 2-4　事件记录表

事件内容	说明
事件编号	对事件进行编号，利于区别和统计
接收人员	接收事件报告的运维人员
接收时间	接收事件的时间
事件报告人信息	事件报告人的联络信息，一般记录姓名、部门、职务、地点、电话、电子邮件
发生时间	事件发生的实际时间
事件类型	从事件所属性质的角度来划分，如故障、服务请求、服务咨询、安全类事件
事件来源	指事件单据产生的途径，有电话、Web、监控系统、电子邮件等
事件分类	从事件从属的系统或技术架构的类型来进行分类，如网络系统、服务器系统、门户网站、应用系统、桌面系统、机房管理等
事件处理要求	根据事件类型、影响范围、紧急程度和申请人的要求，来确认事件的重要性和处理顺序
事件描述	整个事件的详细描述
事件相关资料	事件发生的相关截图或者相关说明
处理状态	在事件整个生命周期中的不同状态（已接受请求、解决中、已解决、已关闭）
事件引发原因	引发事件的原因描述和分析
处理人员	被分配进行处理的运维人员
开始解决时间	开始解决事件的时间
解决时间	事件得到解决的时间
活动日志	记录事件生命周期中的所有处理记录。反映事件处理过程中的事件处理信息，包括人员、时间等信息
解决方案描述	事件解决方案的描述
事件处理结果	根据事件解决的不同方式赋予不同的处理结果（完全解决、临时解决、服务提供商解决、事件消失）

4. 角色划分和职责

角色划分和职责描述如表 2-5 所示。

表 2-5　角色划分和职责

角色	职责描述	能力要求
事件流程经理	• 对具体流程的规划、实施、监督、改进负责； • 改进识别、分析、规划、报告、沟通、监控等服务活动； • 保障流程活动的落实； • 监控流程绩效； • 批准流程相关文档； • 对流程结果负责； • 协调和其他流程的关系	• 熟悉事件管理与各个服务管理流程的接口； • 具有一定相关管理经验

续表

角色	职责描述	能力要求
服务台	● 响应、记录事件，对事件进行分类并设定优先级； ● 尝试使用工具、初步诊断、分析相关信息等方式解决问题； ● 将服务台不能解决的事件分配给合适的一线或二线支持小组/人员来处理； ● 跟踪、协调一线二线对事件的处理； ● 监控与跟踪事件处理过程； ● 检查事件记录的处理进度，适时通知事件处理进展与事件报告人确认事件解决方案，关闭事件	● 熟悉 IT 服务相关流程知识； ● 熟悉事件管理及与各个服务管理流程的接口； ● 了解一般故障处理方法
一线支持人员	● 快速有效地解决服务台无法解决的事件，必要时提供现场支持； ● 验证事件的描述和信息，与用户直接进行沟通，补充相关信息到流程中； ● 确认事件分派合理性； ● 实施事件解决方案； ● 更新事件解决信息，已解决的事件转回服务台，由服务台关闭事件； ● 为二线人员提供未解决事件的解决过程和测试结果记录； ● 提供解决方案给问题经理进行审核	● 熟悉 IT 服务相关流程知识； ● 熟悉事件管理及与各个服务管理流程的接口； ● 熟悉各系统及服务组件功能和特性； ● 具有一定技术背景和经验
二线支持人员	● 对一线支持人员无法解决的问题进一步调研并找出解决方案； ● 根据设定的事件优先级，及时响应事件分派； ● 根据经验和专业技能，决定需要采取何种措施恢复服务并实施有效行动； ● 必要时引入第三方的支持； ● 更新事件记录，记录事件解决日志和最终解决方案； ● 将无法在规定时限内解决的事件升级到主管领导及事件流程经理； ● 提供解决方案给问题经理，由问题经理审核	● 熟悉 IT 服务相关流程知识； ● 熟悉事件管理及与各个服务管理流程的接口； ● 熟悉各系统及服务组件功能和特性； ● 了解各系统及服务组件相关供应商或提供者； ● 具有丰富技术背景和经验

【训练活动】

- 活动一：请根据下面案例描述，补充完成事件管理流程环节 1～环节 7，并参考表 2-4 填写事件记录于表 2-6 中。

表 2-6　事件记录表格

事件内容	内容信息	说明
事件编号	013	对事件进行编号，利于区别和统计
接收人员	***	接收事件报告的运维人员

概述

总经理孙少立的秘书周海龙拨打服务台电话报告孙总的笔记本无法登录桌面。Helpdesk 工程师胡相毅接收并记录故障后，立刻将故障转给生产支持科公共区域工程师朱炬明。

朱炬明在接到故障后，立刻赶到孙总办公室，发现他的计算机由于域配置文件错误，导致用户无法登录域。然后采取备份用户文件后，重新加一次域，故障排除，之后关闭故障。

环节 1：总经理孙少立的秘书周海龙拨打服务台电话报告孙总的笔记本无法登录桌面。

环节 2：Helpdesk 工程师胡相毅接收并记录故障。

环节 3：____。

环节 4：朱炬明接到任务通知。

环节 5：朱炬明查看故障单，并受理该任务。

环节 6：____。

环节 7：____。

- 活动二：小张是一名 IT 服务工程师，分配在 A 软件公司 IT 部门的技能组，职责是快速有效地解决服务台无法解决的事件，必要时提供现场支持。请问在以下场景中，小张该如何处理？

（1）服务台分配的事件自己不能解决。

（2）事件解决了，认为自己处理完成，事件就结束了。

（3）服务台将事件分派给了技能组，但没有责任到小张。

（4）小张和 B 企业业务部门比较熟悉，每次事件业务部门就直接找小张去解决，处理完成后，也从来没有向服务台补交事件处理记录。

2.3.2　配置管理

1. 概念

配置管理是描述、跟踪、控制和汇报所有 IT 基础架构中所有设备或系统的管理流程。这些设备和系统被称为配置项。通过该管理流程实现对所有配置项的有效管理、跟踪和控制，以支持 IT 服务和基础设施成功运行。它不仅仅为问题与变更管理提供相关的资产信息，同时也提供了例如服务合同、各资产项以及组织机构之间关系的查询等功能。

2. 原因

忽视软件配置管理可能导致以下混乱现象：

- 标识混乱；
- 版本混乱；
- 不能协同工作；
- 已经解决的缺陷过后又出现错误；
- 找不到最新修改了的源程序；
- 找不到编程序的人。

3. 目标和范围

（1）目标

- 所有配置项能够被识别和记录；
- 配置项当前和历史状态得到汇报；
- 维护配置项记录的完整性；

- 提高 IT 环境的稳定性；
- 确保 IT 资产的有效控制和管理。

（2）范围

配置管理的范围是 IT 生产环境的所有配置项，包括生产环境的服务器、存储设备、机房环境、应用软件、网络设备、板卡、重要的客户端、合同、文档等；具体内容包括识别、控制、汇报和审核等行为。

4. 配置项记录示例

确定配置项就是要确定哪些需要保存下来，要被管理起来，或者说应该纳入配置管理之下，成为受控的项目。配置项的分类、状态，配置项之间的关联关系及配置项的属性示例如表 2-7 至表 2-10 所示。

表 2-7 配置项分类

类别	子类	条目
硬件类	服务器	UNIX 主机
		PC 服务器
	存储	磁盘阵列
		光纤交换机
		磁带库
	网络设备	路由器
		交换机
		防火墙
		VPN 网关
		其他网络设备
	机房环境	空调
		不间断电源
		机柜
	桌面 PC	台式机
		笔记本
	外设	打印机
		扫描仪
		复印机
		其他
软件类	应用软件	自主开发软件
		外包开发软件
		商业软件
	系统软件	操作系统
		数据库软件
		中间件
		其他
	工具软件	

续表

类别	子类	条目
文档类	管理类	
	技术类	
	工程类	
	合同类	产品购买合同
		维护合同

表 2-8　配置项状态

编号	状态	说明
1	借出	设备被借给其他单位使用
2	入库	设备已经处于备件库
3	已安装	设备已完成安装
4	测试中	正在测试中
5	运行中	设备处于正常运行状态
6	维护中	正处于维护
7	报废	设备已经被报废
8	丢失	设备丢失
9	借用	设备借自于其他单位
10	闲置	设备处于闲置状态，指用途不明确的未使用设备
11	热备	备用可以被系统自动切换投入使用
12	冷备	设备处于冷备用状态，可以由人工切换投入使用
13	调拨	设备处于调拨的过程中

表 2-9　配置项之间的关联关系

编号	关系	说明	示例
1	安装在…上	Install on	数据库安装在主机上
2	连接关系	Connect with	主机与网络相连
3	依赖关系	Depend on	应用依赖于中间件
4	使用关系	use	谁使用某台 PC
5	运行于…上	Perform on	应用运行于 OS 上

表 2-10　配置项属性示例

基本属性			
类别*	硬件类	名称*	服务器
状态*	已安装	当前版本号	V1.0
固定资产编号	SFW1001	序列号	DH87383267
品牌	IBM	型号	X3550

续表

位置		房间号	15001
使用部门	网络部	影响范围	大
使用人		责任人	
维护部门	生产调度部	维护人	
设备安装日期	2011-11-13		
其他信息			
供应商	IBM	售后服务商	AOC
售后联系电话	01088888888	到保日期	2014-12-01
用途	主干网络	最近审核日期	2011-11-13
备注	新购设备		

5. 配置项标识

配置标识是软件生命周期中划分选择各类配置项、定义配置项的种类、为它们分配标识符的过程。配置项标识的重要内容就是对配置项进行标识和命名。

（1）原则

- 唯一性；
- 可追溯性；
- 与同类配置项不同的信息，应纳入标识，这是为了便于区分、查找；
- 同类配置项的标识方法统一；
- 容易记忆。

（2）配置项的相关标识信息

- 组名；
- 项目名；
- 文档内容；
- 版本号；
- 文档撰写时间；
- 文档撰写作者。

6. 文档标识方法

（1）标识项目信息

命名方式：项目编号+文档名称

例如：RDMIS_需求规格说明书

适用于：需求规格说明书、概要设计说明书、详细设计说明书、测试计划等。

（2）标识文档撰写时间

命名方式：文档名称＋撰写时间

例如：RDMIS 项目会议记录_20040708

适用于：会议记录、项目周报、工作周报等。

（3）标识文档作者

命名方式：文档名称＋人员名称

例如：项目周报_李平_20041227

适用于：项目周报、工作周报、年终工作总结等。

（4）标识子系统或者模块名称

命名方式：项目编号+子系统名称+文档名称

例如：RDMIS_绩效考评_详细设计说明书

适用于：子系统详细设计说明书、系统模块设计说明书等。

（5）标识版本变化

版本变化不通过文档命名来标识，一般在文档的头信息中注明文档的版本号。

文档首页可以包括这些信息：项目名、文档名、文档作者、本文档的版本更新历史、版本号、日期等，如下所示。

文件状态：[] 草稿 [] 正式发布 [√] 正在修改	文件标识：	R&D 网络监控器 R2 概要设计说明书
	当前版本：	v1.0
	作者：	王金一
	完成日期：	2004-12-13

版本历史

版本/状态	作者	参与者	起止日期	备注

【训练活动】

- 活动：请问在配置管理流程中，针对表 2-11 中的常见场景，您认为该如何优化？请把优化方案填写在表格中。（配置管理数据库（CMDB）：指包含每个配置项及配置项之间重要关系的详细资料的数据库。）

表 2-11　配置优化场景

场景	优化
配置数据库与实际环境信息不一致。例如在给 PC 增加内存后，没有更新配置数据库。导致无法了解组织中 IT 资源的最新信息	
配置数据分散保存。配置项的负责人对自己负责管理的配置项信息非常全面和及时，但是没有存放到配置数据库中心，造成信息孤岛。在处理事件时，无法及时获得全面、及时的配置信息	
配置数据缺乏配置项之间的相互关系信息，无法高质量支持事件、问题的解决	

2.4　ITSS 简介

ITSS 是众多中国 IT 服务企业及相关机构在国家主管部门的领导下，结合国际 IT 服务最佳实践开发而成的一整套的 IT 服务标准及配套的运作机制。对 IT 服务工程师而言，了解和掌握 ITSS 是其有效开展 IT 服务工作的一项前提。

1. ITSS 概念

ITSS（Information Technology Service Standards，信息技术服务标准）是一套体系化的信息技术服务标准库，全面规范了信息技术服务产品及其组成要素，用于指导实施标准化的信息技术服务，以保障其可信赖。

2. ITSS 的来源

ITSS 是在工业和信息化部软件服务业司的指导下，由 IT 服务标准工作组组织研究制定的，是我国 IT 服务行业最佳实践的总结和提升，也是我国从事 IT 服务研发、供应、推广和应用等各类组织自主创新成果的固化。

3. ITSS 的原理

ITSS 规定了 IT 服务的组成要素和生命周期，并对其进行标准化，其核心内容充分借鉴了质量管理原理和过程改进方法的精髓。如图 2-2 所示。

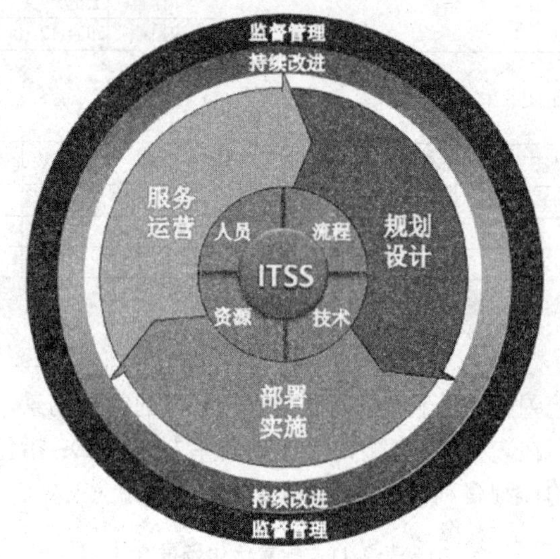

图 2-2　ITSS 原理图

IT 服务的组成要素：包括人员（People）、流程（Process）、技术（Technology）和资源（Resource），简称 PPTR。

IT 服务的生命周期：包括规划设计（Planning&Design）、部署实施（Implementing）、服务运营（Operation）、持续改进（Improvement）和监督管理（Supervision），简称 PIOIS。

其中：

（1）规划设计：从客户战略出发、以客户需求为中心，参照 ITSS 对 IT 服务进行全面系统的规划设计，为 IT 服务的部署实施做好准备，以确保为最终客户提供满足其需求的服务。

（2）部署实施：在规划设计的基础上，依据 ITSS，建立管理体系、部署专用工具及服务解决方案。

（3）服务运营：根据服务部署实施的结果，依据 ITSS 要求，实现服务与业务的有机结合。本阶段运营的重点内容包括业务运营和 IT 运营，主要采用过程方法，对基础设施、服务流程、人员和业务连续性进行全面管理。

（4）持续改进：本阶段主要根据服务运营的实际效果，特别是服务满足业务的实际情况，提出服务改进方案，并在此基础上重新对服务进行规划设计、部署实施，以提高 IT 服务质量。

（5）监督管理：本阶段主要依据 ITSS 对 IT 服务全生命周期的服务质量进行评价，并对服务供方的服务过程、交付结果实施监理，对服务的结果进行绩效评估。

如果将上述两个方面与传统的工业、农业产品相比较，则 IT 服务的组成要素相当于“生产要素”，而 IT 服务的生命周期就相当于“生产过程和方法”。因此，ITSS 主要由 IT 服务的组成要素、生命周期的相关标准组成，解决了“生产要素”和“生产过程和方法”的标准化问题。

4. ITSS 的内容

ITSS 的内容即为依据上述原理制订的一系列标准，是一套完整的 IT 服务标准体系，包含了 IT 服务的规划设计、部署实施、服务运营、持续改进和监督管理等全生命周期阶段应遵循的标准，涉及信息系统建设、运行维护、服务管理、治理及外包等业务领域。

ITSS 标准体系框架及核心标准简介请参看《中国信息技术服务标准（ITSS）白皮书》。

【训练活动】

- 活动一：名词解释：CIO、ITIL。
- 活动二：请根据下面案例描述，分析老李在引入 ITIL 标准后，所在公司仍存在运维支持问题的原因。

概述

CIO 老李最近有点烦，辛苦为公司引入了 ITIL 来管理 IT，但是不仅仍然遭到业务部门的抱怨，而且自己部门的工作也并没轻松多少。

源起

最近两年，越来越多的公司把业务重心转移到中国。老李（公司 CIO）所在的公司也是如此，中国区业务每年都以两位数增长，员工数量更是两年增加了一倍，在 2010 年初突破 4000 人。同时，随着 IT 业务应用的不断增加，IT 运维工作越来越无序忙乱，业务部门经常投诉找不到人。

老李仔细分析了其中的原因：一来，之前自己部门员工工作方式随意，无法有效记录评估他们的工作，面对业务部门时心里没数。二来，IT 人员面对太多服务请求，来一个处理一个，缺乏合理管理，导致有更重要的问题发生时，找不到运维人员。

改变

在朋友介绍下，老李接触了 ITIL，其中成套的 IT 运营管理方法论，正中其心思，思路也变得更加清晰。他决定用标准化的流程来改善目前的 IT 运维状况，以期提高 IT 部门工作效率，降低业务部门投诉量。

老李用 3 个多月的时间，与业务部门进行沟通，了解需求，草拟 SLA 并制定管理流程。同时，开始建设 IT 部门对于用户的统一联系点——服务台，并安排专门人员来做服务台的支持工作。还非常细心地对这些员工进行了新流程的培训和考核。

制度推行之后，IT 部门工作方式发生了变化：用户和 IT 部门之间的对话只有服务台这个唯一接口，通过它，用户按流程提交请求，IT 人员按流程提供支持。老李心想这下算是符合 ITIL，应该能省心不少了吧。

纠结

但是几个月过去了，老李发现公司的 IT 运维看上去是规范了，但实际上 IT 部门整体的效率并没有明显提升。虽然服务台规范了和用户之间的关系，但是并没有理顺 IT 部门内部各团队之间的关系，所有人员还是整天奔忙在各个部门。业务部门的投诉依然不少，原来草拟的 SLA 似乎成了一纸空文，再多的运维人员似乎都不够……

【资料分析】

1. 问题分析

（1）项目技术复杂，出现技术瓶颈。在项目初期，项目组成员的专业技能对于 B 类、C 类程序的技术要求来说，差距过大，以至于需要过多的时间来熟悉掌握，导致本应熟悉业务流程的时间用在了解决技术难题上，从而导致本来不是很难的业务也成了一大难题。

（2）开发人员缺乏一定的职业素质。在项目进展遇到瓶颈时，发生怯场称病请假的情况，他们似乎已经顾不了自己应尽的职责和责任了。

（3）项目管理不严。项目组成员轻易请假，审批简单，一个电话就可以了，不需要医院证明。

（4）急功近利，遮掩问题。项目经理在出现问题时没有及时向上级汇报，而是让成员加班加点，完成任务。直到逼近期限，才向高层汇报情况，抽调人员，及时解决问题。在软件交付时也没能将问题和缺陷告知客户，不符合交付要求。

2. 解决方案

（1）项目计划制定要合理，切合实际。对于项目的难易程度和复杂性要有估算，人员安排和任务分配要合理。

（2）IT 服务人员应具备一定的专业能力和职业行为能力。在项目开发过程中，能进行问题的判断，并具备学习和解决问题的能力。在面临压力时，要能进行有效的压力和情绪管理。

（3）在出现技术瓶颈时，应考虑到问题的难点和程序间的共性点，只需安排专门的技术专家去攻关，集中解决问题，其他成员在技术专家的指导下工作，这样就不必让所有成员去做同样的攻关工作，造成智力和时间的浪费，也影响了大家的情绪。

（4）规范项目管理流程，使项目小组中每个人包括项目经理和技术能手，对项目的影响缩小化。

（5）进行相关的 ISO9001 质量体系认证或 CMM 认证或 CMMI 认证。同时，公司高层配备足够的质量保证人员或者项目管理办公室成员，应该能够对项目进展情况随时进行了解，也就能够尽早发现项目中的种种问题，从而避免后期各种不得已的补救措施，引领项目成功。

【本章总结】

- 常见 IT 服务类型包括信息技术咨询、设计与开发、信息系统集成、数据处理和运营服务等。
- IT 服务工程师是 IT 服务行业的基石，应具备相应的职业要求。
- IT 服务管理流程一般为事件管理、问题管理、变更管理、发布管理、配置管理等。重点掌握事件管理和配置管理。
- ITSS 是一整套 IT 服务标准及配套的运作机制，了解和掌握 ITSS 是有效开展 IT 服务工作的前提。

【思考练习】

（1）各类编程语言都有各自的编码规范，请问制定这些规范的目的是什么？

（2）请上网检索软件测试中用于记录测试用例的模板并理解各字段的含义。

（3）请思考 ITSS 适合哪些企业？

第 3 章　IT 企业文化

【资料背景】

在一家公司里面，有 5 种人：

A：文章写得顶呱呱，公司大大小小文件报告都要劳他动笔，但工作责任心不强，一有时间就干私活。

B：大事干不了，小事又不干，倚仗后台硬而为所欲为，但社会活动能力强，出了问题只要她到有关部门出一下面，事情就会得到圆满解决。

C：典型的老黄牛，技术过硬，勤勤恳恳，由于不善钻营，工作几年了，“长”字仍没一个，闲时爱发点牢骚。

D：是个愣头青，常跟领导顶牛，每年总结会上数他反映问题最多。但为人真诚、热心，乐于助人，有正义感，对公司忠诚。

E：销售天才，公司缺少他员工收入就受影响，常以其手中拥有的重量级客户而倚仗自重。对上级领导不感冒，另外有点贪小财和生活不检点。

【问题】

- 如果有一些人要被淘汰，企业该淘汰谁呢？
- 企业用人最看重的是员工的哪些品质？

【本章目标】

通过本章的学习和训练，你将能够：

（1）理解企业文化的内涵。

（2）理解企业文化的构成要素。

（3）知道企业文化建设的意义。

（4）掌握各国企业文化的特点。

（5）能根据具体案例分析相应企业文化。

【知识引导】

3.1　各国企业文化案例及特点分析

企业文化，或称组织文化（Corporate Culture 或 Organizational Culture），是一个组织由其价值观、信念、仪式、符号、处事方式等组成的其特有的文化形象。一个民族有一个民族的文化与传统，企业也一样，每个企业也有各自的经营理念与管理方式，从而就产生了具有不同特点的企业团队与企业文化。由于民族观念的不同生活环境的不一样，也就决定了每个国家不同的企业文化。

【案例】

日本企业文化——以松下电器为例

松下电器公司是全世界有名的电器公司，松下幸之助是该公司的创办人和领导人。松下是日本第一家用文字明确表达企业精神或精神价值观的企业。松下精神，是松下及其公司获得成功的重要因素。

1. 松下精神的形成和内容

松下精神并不是公司创办之日一下子产生的，它的形成有一个过程。松下幸之助认为，人在思想意志方面，有容易动摇的弱点。为了使松下人为公司的使命和目标而奋斗的热情与干劲能持续下去，应制定一些戒条，以时时提醒和警戒自己。于是，松下电器公司首先于 1933 年 7 月，制定并颁布了"五条精神"，其后在 1937 年又议定附加了两条，形成了松下七条精神：产业报国的精神、光明正大的精神、团结一致的精神、奋斗向上的精神、礼仪谦让的精神、适应形势的精神、感恩报德的精神。

2. 松下精神的教育训练

松下电器公司非常重视对员工进行精神价值观即松下精神的教育训练，教育训练的方式可以做如下的概括：

一是反复诵读和领会。松下幸之助相信，把公司的目标、使命、精神和文化，让职工反复诵读和领会，是把它铭记在心的有效方法，所以每天上午 8 时，松下遍布日本的 87000 名员工同时诵读松下七条精神，一起唱公司歌。其用意在于让全体职工时刻牢记公司的目标和使命，时时鞭策自己，使松下精神持久地发扬下去。

二是所有工作团体成员，每 1 个人每隔 1 个月至少要在他所属的团体中，进行 10 分钟的演讲，说明公司的精神和公司与社会的关系。松下认为，说服别人是说服自己最有效的办法。

三是隆重举行新产品的出厂仪式。松下认为，当某个集团完成一项重大任务的时候，每个集团成员都会感到兴奋不已，因为从中他们可以看到自身存在的价值，而这时便是对他们进行团结一致教育的良好时机。

四是"入社"教育。进入松下公司的人都要经过严格的筛选，然后由人事部门掌握开始进行公司的"入社"教育，首先要郑重其事地诵读、背诵松下宗旨、松下精神，学习公司创办人松下幸之助的"语录"，学唱松下公司之歌，参加公司创业史"展览"。

五是管理人员的教育指导。松下幸之助常说："领导者应当给自己的部下以指导和教诲，这是每个领导者不可推卸的职责和义务，也是在培养人才方面的重要工作之一。"

六是自我教育。松下公司强调，为了充分调动人的积极性，经营者要具备对他人的信赖之心。公司应该做的事情很多，然而首要一条，则是经营者要给职工以信赖，人在被充分信任的情况下，才能勤奋地工作。

3. 松下精神——公司的内在力量

日本 1984 年经济白皮书中写道："在当前政府为建立日本产业所做的努力中，应该把哪些条件列为首要的呢？可能既不是资本，也不是法律和规章，因为这二者本身都是死的东西，是完全无效的。使资本和法规运转起来的是精神……因此，如果就有效性来确定这三个因素的份量，则精神应占十分之五，法规占十分之四，而资本只占十分之一。"

松下精神，作为使设备、技术、结构和制度运转起来的科学研究的因素，在松下公司的成长中形成，并不断得到培育强化，它是一种内在的力量，是松下公司的精神支柱，它具有强大的凝聚力、导向力、感染力和影响力，它是松下公司成功的重要因素。这种内在的精神力量可以激发与强化公司成员为社会服务的意识、企业整体精神和热爱企业的情感，可以强化和再生公司成员各种有利于企业发展的行为。如积极提合理化建议，主动组织和参加各种形式的改善企业经营管理的小组活动；工作中互相帮助，互谅互让；礼貌待人，对顾客热情服务；干部早上班或晚下班，为下属做好工作前的准备工作或处理好善后事项等。

3.1.1 日本企业文化特点

日本企业文化是和日本的传统文化及民族心理紧密地联系在一起的。日本的传统文化和民族心理，一方面深受中国传统文化的影响；另一方面又带有日本特有的“家族”色彩。当这些传统文化和民族心理与现代企业管理相结合时，就形成了独具特色的管理方式和企业文化特色。主要特点表现在以下几个方面：

1. 现代文明和日本传统文化交融

不论是东方的传统还是西方的现代，只要是有利于自身的就“拿来”。在日本的企业文化中，体现了集团意识和思想上的“和”“忍”“信”等观念。

2. 企业的家族化

日本把“家”的概念推广为企业和组织，强调企业是一个大家庭，雇员和管理人员之间是有一种亲属式的团结，在企业的决策方面采用的是禀议制，征求各级管理人员的意见，以保证群体的亲和感。

3. 重视培养员工对企业的忠诚感

企业除了对职工进行技术、业务方面的培训外，还十分重视对员工精神方面的培养，使员工牢牢地树立集体共荣、献身企业的观念，把企业置于自己行为的最高位置。

4. 加强企业内部的凝聚力

采用各种制度来加强员工的集体观念，使员工有一种归属感。

5. 充分发挥群体的优势

提倡企业内部的竞争是一种为企业出力的竞争，鼓励员工在企业中提出包括技术革新的各种意见和建议，提倡一致对外。

【训练活动】

- 活动一：你愿意在日本企业工作吗？若在这样的企业文化下，你应该提升自己哪些方面的素质？
- 活动二：假设你是一名日本企业的员工，请根据该国企业文化的特点，以小组为单位，模拟领导和下属的对话，主题不限。

【案例】

美国企业文化——以沃尔玛为例

沃尔玛，世界 500 强的第一，年收入两千亿美金。它的创始人萨姆·沃尔顿，常常说一个人不要关在办公室里想市场，而是要站在门口，这叫做沃尔玛精神。

萨姆·沃尔顿很少呆在办公室，每次视察就站在店的门口。有一次，他站在门口看到一个老太太两手空空走出超市，他赶忙迎上去问：“哎哟，亲爱的太太，我们这么大一个沃尔玛超市难道没有你想要的东西吗？两手空空？”老太太摇摇头：“没有，我要给我的孙子买玩具，他要一个宇宙战舰和机器人，你们这里没有！”萨姆·沃尔顿：“不可能，我们二楼靠右边最里面的那个地方就是卖玩具的，那里有两三千种玩具，走，我带你去。”结果，老太太非常高兴地抱着玩具，满意地付钱而去。这时萨姆·沃尔顿就把店长叫过来，臭骂一顿，“什么东西？我付钱请你来是叫你给我盯住客户，你在干什么？人家两手空空出去，你却没有看到。”

这就变成了沃尔玛的文化，进了沃尔玛就要给我扒光，这些沃尔玛的店长就常常站在门口，观察顾客，谁没有买东西，就给我拖进去，起码买包口香糖才准走，扒光！这样沃尔玛一年就扒掉 2000 个亿美元。朱镕基当总理的时候知道中国取得了 2008 年奥运会的主办权，朱镕基就说了一句话，2008 是中国观光年，奥运会就意味着有两三百万的老外口袋里揣着钱到中国来，我们能让他看了奥运就走吗？扒光呀，扒光得只剩一条内裤才准回去。

3.1.2 美国企业文化特点

美国企业文化的特征：企业文化作为一种新的管理理论和方法，是美国传统管理理论和方法的继续和发展，它既有鲜明的民族性，也体现出强烈的时代精神，从发展趋势看，大致内容可以包括以下几个方面：

1. 重视自我价值的实现

美国著名的苹果电脑公司认为，要开发每个人的智力闪光点的资源。“人人参与”、“群言堂”的企业文化，使该公司不断开发出具有轰动效应的新产品。从强力笔记本式苹果机到现在为全球所有追求时尚生活人群所追捧的 iPad 产品系列，无不折射出这一企业的文化特点。

2. 提倡竞争和献身

竞争出效益，竞争出成果，竞争出人才，但竞争的目的不在于消灭对手，而在于参与竞争的各方更加努力工作。美国企业十分重视为职工提供公平的竞争环境和竞争规则，充分调动其积极性，发挥他们的才能。

IBM 公司对员工的评价是以其贡献来衡量，提倡高效率和卓越精神，鼓励所有管理人员成为电脑应用技术专家。福特汽车公司在提升干部时，凭业绩取人，严格按照其能力对应其职位的原则行事。福特公司前总裁亨利·福特说：“最高职位是不能遗传的，只能靠自己去争取。”

3. 实施制度化管理

制度是美国企业的精髓，不论做什么事，一定要先建立好制度及标准化的作业流程，一旦有问题，先考虑是否是制度有弊端，然后再考虑人为因素。

4. 强调重视顾客，一切为了顾客的观念

重视顾客的观念，从某种意义上说，是要在公众心目中树立起企业的良好形象。具体做法：尊重顾客，不厌其烦地与顾客建立长久的联系；企业对顾客负责，树立对质量精益求精的精神等。

【训练活动】

- 活动：你愿意在美国企业工作吗？若在这样的企业文化下，你应该提升自己哪些方面的素质？

【案例】

德国企业文化——以舍弗勒集团为例

1. 舍弗勒集团的企业经营战略（注：原文节选自舍弗勒集团网站）

作为一个家族企业，我们意识到，我们有责任在一个发展越来越快、半衰期预测越来越短的世界里不断进取。作为舍弗勒集团，我们必须保持竞争力，共同努力实现我们的目标。我们追求卓越；INA，LUK 和 FAG 三大品牌共同成长，构成舍弗勒集团。我们有决心持之以恒，确保可持续发展，并对公司充满热情："我们共同推动世界。"

我们进一步提升员工的能力，并重视对研发的投资。我们依照客户的期望做出决策。在成长中的和新兴的市场，客户要求我们与其保持接近。技术和商业专长、员工的敬业奉献、从未丧失全球视野的区域联系都是我们成功的基础。

高度负责的管理和公司的持续进步已成为企业发展的一大特色，此外，我们还积极构建公司历史和企业文化之间的有机联系，我们培养超凡的使命感，彼此信赖，并具备可靠性。

这些特质引领我们取得强有力的业绩和持续发展。

在"家族企业"精神的指引下，舍弗勒集团的股东和管理层将继续视负责任地、成功地推动公司发展为已任。

2. 舍弗勒集团的行为准则

舍弗勒集团将一如既往地承担所有集团子公司的社会责任，并视其为企业持续成功的前提条件。舍弗勒集团的行为准则以"全球"九项原则、"企业社会责任的全球沙利文原则"以及"国际社会责任"的标准为基础。这里所说的基本原则构成了我们需要达到的最低标准，并不影响各国根据相关的文化背景增加特定内容。

人权——我们承诺在所能影响的领域内，遵守国际公认的人权准则。

强迫劳动——我们决不参与或赞同任何形式的强迫劳动。

童工——我们决不参与或赞同使用任何形式的童工。

报酬及工时——我们承认工人取得适当报酬的需要，并在各劳动力市场遵守法律保障的最低工资标准。我们在各个工作场所遵守工时规定。

与员工及员工代表的关系——我们尊重员工自愿结社的自由。除此之外，我们也鼓励员工直接向管理层表达他们的利益诉求。

工作和家庭的协调——我们是一个家族企业。通过宜于家庭的安排与规定，我们努力提高员工的满意度和工作动力，并由此提升整个集团的业绩。

健康与安全——我们旨在提供一个安全和健康的工作环境，该环境满足或优于适用的职业健康和安全标准。我们会采取措施避免由于工作环境引起的工伤及职业病。

劳动力发展——我们将员工的发展视为对公司未来的关键投资。我们同样重视社会发展和技术专长。

责任——我们相信每一位员工都具备遵守该行为规范，并鼓励同事遵守的责任意识。管理层有责任强化上述原则，使之融入我们的规范和政策。

3.1.3 德国企业文化特点

在世界三大企业管理模式中（美国、日本、德国），德国的企业管理模式是近年来受到世界企业界广泛推崇和学习的，就连美国的企业界也普遍认为，德国的企业管理比美国更富有活力和有效。

德国企业文化是规范、和谐、负责的文化。所说规范就是依法治理，从培训中树立遵纪守法意识和对法律条文的掌握，从一点一滴做起，杜绝随意性和灵活性。和谐，就是管理体制的顺畅，人际关系的和谐。负责，就是一种企业与员工双方互有的责任心，即员工对企业负责任，企业对员工也要负责任，企业与员工共同对社会负责。细细探究，主要有以下特点：

1. 德国企业文化与德国社会文化的一致性

首先，欧洲文艺复兴运动和法国资产阶级大革命带来的民主、自由等价值观，对德国企业文化的产生和发展产生了很大的影响。其次，德国强调依法治国、注重法制教育，强调法制管理，完备的法律体系为建立注重诚信、遵守法律的企业文化奠定了基础。再次，宗教主张的博爱、平等、勤俭、节制等价值观念，在很大程度上影响了德国企业文化的产生与发展。还有，德国人长期形成的讲究信用、严谨、追求完美的行为习惯，使企业从产品设计、生产销售到售后服务的各个环节，无不渗透着一种严谨细致的作风，体现着严格按照规章制度去处理问题，对企业形成独特的文化产生了极大影响。

2. 德国企业文化强调以人为本，注重提高员工素质，开发人力资源

德国企业文化十分强调以人为本，提高员工素质，这主要体现在注重员工教育，大力开发人力资源上。德国企业普遍十分重视员工的培训。大众公司在世界各地建立起许多培训点，他们主要进行两方面的培训：一是使新进公司的人员成为熟练技工；二是使在岗技工紧跟世界先进技术，不断提高操作技能。西门子公司在提高人的素质方面更为细致，他们一贯奉行的是“人的能力是可以通过教育和不断培训而提高的”，因此他们坚持“自己培养和造就人才”。

3. 德国企业文化强调加强员工的责任感，注重创造和谐、合作的文化氛围

德国企业文化体现出企业员工具有很强的责任感。这种责任感包括家庭责任、工作责任和社会责任，他们就是带着这种责任感去对待自己周围的事物。企业对员工强调的主要是工作责任，尤其是每一个人对所处的工作岗位或生产环节的责任。德国企业十分注重人际关系，努力创造和谐、合作的文化氛围。在企业兼并重组过程中也高度重视文化的整合，力避兼并重组中的文化冲突，保持和谐的文化氛围，保证企业兼并重组目标的实现。

4. 德国企业普遍具有精益求精的意识和注重诚信的品质，追求产品质量完美、提供一流服务已成为企业员工的内在素养

德国企业非常重视产品质量，强烈的质量意识已成为企业文化的核心内容，深深植根于广大员工心目之中。大众公司在职工中树立了严格的质量意识，强调对职工进行职业道德熏陶，在企业中树立精益求精的质量理念。西门子公司以“以新取胜，以质取胜”为理念，使西门子立于不败之地。重视产品质量，追求技术上的完美是德国企业一种普遍的自觉意识。

5. 德国企业文化注重实效，融入管理，树立良好企业形象

德国企业非常注重实际，他们以精湛的技术、务实的态度和忠诚的敬业精神进行经营。他们将企业文化建设融入企业管理，注重实际内容，不拘泥于具体形式，说得少而做得多。

【训练活动】

- 活动一：你愿意在德国企业工作吗？若在这样的企业文化下，你应该提升自己哪些方面的素质？
- 活动二：家庭活动日是德国企业非常重视的一个活动，假设你是一名德国企业的员工，请以小组为单位，筹划德国企业的家庭日活动。以开放、展示、参与、互进为目的，为该活动制定一份策划书。

【案例】

中国企业文化——以中兴通讯为例

中兴通讯是全球领先的综合通信解决方案提供商。公司通过为全球 160 多个国家和地区

的电信运营商和企业网客户提供创新技术与产品解决方案，让全世界用户享有语音、数据、多媒体、无线宽带等全方位沟通。公司成立于1985年，在香港和深圳两地上市，是中国最大的通信设备上市公司。

中兴通讯企业核心文化：

1. 诚信文化：诚信是中兴通讯的立身之本，是中兴人行动的第一准则

诚信的第一个概念——企业的诚信。国内不少企业“造假圈钱”粉饰企业业绩，除了个人获利，再有的目的是体现个人任期业绩；国外企业不存在任期业绩，但虚假利润可以带来高额期权套现。这在中兴通讯行不通，中兴企业文化手册中明确规定，对外交往、宣传以及发布公司业绩要坚持诚信务实的原则。

诚信的第二个概念——企业成员之间的尊重和信任。企业文化应该是企业中每个员工都认同的一种观念、一种制度。好的企业文化能调动员工最大的能量、担起的责任。比如在管理上，中兴所创造的文化是“充分授权”，授权团队走向成功。信任每一名员工，是将工作的主动权交给员工，给员工便利去创造企业的利益，各级管理者是教练的身份，指导和帮助员工实现工作目标。

2. 顾客文化：顾客至上，始终如一地为顾客的成功而努力

企业是为客户服务的。企业成功的关键是客户，客户决定一切。中兴的产品是由客户决定的。客户随时变化的要求就是一种市场信息，指导企业的发展方向，企业必须适应这种情况而相应变化。

建立顾客文化。永远保持对顾客的热情。同顾客做有利可图的生意，是企业发展的推动力。一般来讲，顾客可以自主选择供应商。因此，想留住顾客并吸引新的业务，企业必须首先争取到为顾客服务的权利。要做到这点，企业只能提供顾客想要的产品或服务，出顾客愿出的价钱，而且要保证目标顾客明白企业所提供服务的好处所在。不仅如此，企业还要信守承诺并预见到顾客未来的需求。

3. 学习文化：不学习的人，实际上是在选择落后

学习是一种美德，学习先进企业的成功经验，以开放的心态对待一切批评；挑战变革，敢于突破常规，力图改变大大小小的游戏规则，把变革甚至危机转为机会；激励创新，不断寻找一切好的设想，不管它来自何处。

知识经济下企业的竞争，不仅仅是产品、技术的竞争，更是人才的竞争，实质上是学习能力的竞争。企业必须建立有利于企业知识共享和增值的新型企业文化，将知识视为企业最重要的资源，支持组织和员工有效地获取、创造、共享和利用知识，提高企业核心竞争力，成为一种学习型组织，适应竞争的需要。

中兴员工总是“从正面看问题”，认为挑战是机会，失败是机遇。中国有一句古话“生于忧患、死于安乐”，保持健康的危机感是中兴不断追求更好的一个前提。作为国内通信行业中最大的企业之一，从企业到员工都具有“危机感”，挑战的是自己，所以一直稳健经营，保持持续健康增长，并准备迎接中兴越来越大的发展空间。

3.1.4 中国企业文化特点

1. 提倡艰苦创业

自力更生，艰苦奋斗，发奋图强，迎难而上，自强不息，勇争一流。以“大庆精神”、“鞍钢精神”为主要代表。

2. 人本主义

以人为本，体现在选人、用人、育人、爱人等方面，重视人才，讲究用人之道；体现“人和”、“亲和”精神，吸收员工参与管理，强调培养主人翁意识；强调“天人合一”、和谐友爱。

如深圳华为公司的核心价值观：第一，以人为本，尊重个性，集体奋斗。视人才为公司的最大财富，而又不迁就人才。第二，在独立自主的基础上开放合作和创造性地发展世界领先的核心技术体系，崇尚创新精神和敬业精神。第三，爱祖国、爱人民、爱事业和爱生活，决不让雷锋吃亏。第四，在顾客、员工与合作者之间结成利益共同体。

3. 重情重义

尊重人格，促进沟通，实施心理影响，施以“人性化管理”，把“义”作为职业道德、信誉投资、责任和义务，让利于顾客、伙伴、员工；具有“家理念”，爱厂如家，建立顺畅的人际关系，培养团队精神，内聚而不排外，外争而不无序。

4. 提倡集体主义、全局观念和文化沟通

决策注重集体主义，集思广益，形成群体决策、民主集中的决策机制，但权力相对分散，责任不易明确，行动比较迟缓，效率较低；推崇“群体至上”，“集体利益大于个人利益”，注重全局观念、整体和谐。

5. 重教化，树形象

重视教育培训，捐资助学，出资办学，以多种形式赞助科学、文化、教育、体育活动等，树立企业形象。

【训练活动】

- 活动一：你愿意在中国企业工作吗？若在这样的企业文化下，你应该提升自己哪些方面的素质？
- 活动二：假设你是一名中国企业的员工，请模拟下班后的各种不同类型员工的生活。

概述

中国企业员工下班后的生活多种多样，比如学习型——下班后继续加班学习，解决之前遗留下来的问题；解压型——通过各种途径来释放工作上的压力；家庭型——全身心投入子女的教育中……

可根据平时的观察及想象，模拟中国企业员工至少 4 种不同的下班后生活状态。

3.2 企业文化概念

文化，指的是一种“包括思想、言谈、行动和人造物品的人类行为的综合形式，并依赖于人们的学习和传递知识的能力向后代传递”。[①]长期担任麦肯锡公司的总经理，也是《管理的意志》（The Will to Manage）一书的作者马文·鲍尔（Marvin Bower），他为我们提出了一个更为通俗的定义，即把企业中非正式的文化因素描述为“我们做事的方式”。

每个企业（实际上应该说是每个组织）都有自己的文化。无论该文化的力量有多强多弱，它都会对整个组织产生深刻的影响，它影响着企业实践中的每一件事：从晋升什么样的人到做出什么样的决策，从员工上班的着装到他们所热衷的运动。特伦斯·迪尔和艾伦·肯尼迪合著

---

① 《韦氏新大学词典》（Webster's New Collegiate Dictionary）

的《企业文化——企业生活中的礼仪与仪式》一书是公认的企业文化研究的奠基之作。他们认为，“强有力的文化是企业取得成功的新的‘金科玉律’”。

3.3 企业文化的构成要素

3.3.1 企业环境

由于产品、竞争对手、顾客、技术、政府影响以及其他条件不同，因而每个企业都面对各不相同的市场环境，而公司所处的环境决定了它应该怎样做才能成功。

企业文化是在一定的环境中形成的。因此，环境是企业文化发生的土壤。企业生存于环境之中，也改造和创造环境，研究企业文化，必须同时研究企业的环境。

3.3.2 企业价值观

由于文化是人类的生活方式，而只有那些有益的、有价值的生活方式才可能在群体中反复出现，因而价值在文化中居于核心的地位。价值观是一个组织的基本理念和信仰，构成了企业文化的核心。同样，企业价值在企业文化中也起着核心的作用。可以说，企业文化的所有内容，都是在企业价值观的基础上产生的，都是在不同领域的体现或具体化。

3.3.3 企业精神

企业精神是指企业群体的共同心理定势和价值取向，它是企业的企业哲学、价值观念、道德观念的综合体现和高度概括，反映了全体员工的共同认识和追求。企业精神是企业文化的表现形式，包括坚定的企业追求目标、强烈的团体意识、正确的激励原则、鲜明的社会责任感、科学的价值观和方法论等。

3.3.4 英雄人物

这些人物本身体现着企业文化，并为员工提供了有形的榜样。有些英雄是与生俱来的，例如美国企业那些富有远见卓识的缔造者；另一些人物则是在公司日常经营中的特殊时刻“塑造”出来的。精明的公司会直接从员工中挑出人选来扮演这样的英雄角色，因为它们深知，其他人会努力效仿这些英雄的行为。

例如日本丰田公司的丰田佐吉、丰田喜一郎、石田退三、大野耐一、丰田英二、神谷正太郎、花井正八等。员工只要在公司待上几个月，就会见到这些成就卓著的人物，他们向每个员工显示着“这就是你在这里为了成功所必须做到的一切”。

3.3.5 企业礼仪

企业礼仪是指企业员工关于企业礼仪的观念及其行为方式的总和，也是日常例行事物的一种固定模式，如处理公共关系的方式、信息沟通关系、仪式和典礼等就是企业礼仪的具体表现，它表征着企业的价值观和道德要求，塑造着企业形象，使员工在礼仪文化的氛围中受到熏陶，自觉地调整个人行为，增强为企业目标献身的群体意识。

3.3.6　企业文化网络

作为组织内部的主要沟通手段（但它是非正式的），文化网络是公司价值信念和英雄神话的“载体”。要想出色完成工作或者了解实际发生了什么事，唯一的方法就是有效地运用文化网络。

通过构建价值体系、培育企业精神、创造英雄人物、规定企业礼仪以及构建文化网络的优势，企业塑造了自己的独特身份：它们都有可以传承的价值观和信念，而不仅仅是产品；它们都有可供讲述的故事，而不只是创造利润；它们都有管理者和员工可以效仿的英雄人物，而不只是见不到面的高级管理人员。

3.4　企业文化建设的意义

企业文化是随着现代工业文明的发展，企业在一定的民族文化传统中逐步形成的具有本企业特征的基本信念、价值观念、道德规范、规章制度、行为准则、文化环境、产品品牌和经营战略等，以及与此相适应的思维方式和行为方式的总和，它具有很强的承继性、时代性、层次性。强大的企业文化几乎总是那些持续成功的企业的幕后驱动力。所以建设强有力的企业文化，对企业的建设与发展具有重大的意义。

根据近年来国内外学者的研究和众多企业的实践，我们可以把企业文化的功能归纳为以下几点：

1. 导向功能

企业文化反映了整体的共同追求、共同的价值观和共同的利益，对企业经营者和生产者的思想、行为产生导向作用。良好的企业文化使员工潜移默化地接受本企业共同的价值观，人们在文化层面上结成一体，朝着一个共同的确定的企业目标而奋斗。

2. 凝聚功能

在特定的文化氛围之下，全体员工通过自己的切身感受，产生出对本职工作的自豪感和使命感，对本企业的企业目标、准则及观念的认同感和归属感，使员工把自己的思想、感情、行为与整个企业联系起来，使企业产生强大的向心力和凝聚力，发挥出整体优势。

3. 激励功能

在企业文化创造的尊重人、理解人、关心人的氛围中，激发和调动全体成员的积极性和创造性，团结在一起为实现企业目标而拼搏。

4. 约束功能

通过企业文化所带来的制度文化和道德规范，员工们自觉接受文化的规范和约束，按照企业价值观的指导进行自我管理和控制，使其符合企业价值观念和企业发展的需要。

5. 调节优化功能

它能起到优化精简组织机构、简化管理过程的作用，也可以优化经营决策。它始终把企业的价值观看作是引导企业经营决策的最终依据和衡量决策方案优劣的最终尺度。另外在企业文化的作用下，全体成员间有共同的价值观，有共同的语言，互相间信任、理解，能进行充分的交流，在工作中形成良好的人际关系等。

6. 塑造形象功能

优秀的企业总是向社会展示自己良好的管理风格、经营状况及积极的精神风貌，从而塑造出企业形象，以赢得顾客和社会的承认和信赖。

7. 辐射功能

企业是社会的细胞，企业文化不仅在企业内部发挥作用，对本企业职工发挥影响，而且还通过企业职工与外界的交往，把企业的优良作风、良好的精神风貌辐射到整个社会，对全社会的精神文明建设和社会风气的根本好转，将产生积极的影响和促进作用。

8. 应变功能

由于环境的不断变化，企业文化必须富有灵活变化性，能快速适应环境变化的要求。

【资料分析】

1. 问题分析

综观各类企业，在用人方面建有统一的一般标准：

（1）以德为先：岗位技能可以培养，但人的道德观一旦形成就很难改善。没有良好职业道德的人，往往缺乏奉献精神，还可能将个人的不良倾向传递给整个团队，从而给团队带来较大的管理难度和管理风险。

（2）务实为本：一些人眼高手低、好高骛远，表现得浮躁、不务实，热衷于做表面文章。而务实型的人往往乐于从基础的工作做起，一步一个脚印，这样的人方能成为团队的栋梁。

（3）良好的团队精神，对企业忠诚：现代企业几乎不存在“个人英雄主义”逞能的土壤。从人才成长的角度看，一个人是属于团队的，要有团队协作的精神和协作的能力，只有这样个人的成长才会更加顺利。员工对企业的忠诚，表现在员工对公司的事业兴旺和成功的兴趣方面，不管老板在不在场都认认真真地工作，踏踏实实地做事。

（4）认同企业文化：企业文化，是企业生存和发展的精神支柱。员工只有认同企业文化，才能与公司共同成长。

（5）沟通能力强，有亲和力：性格开朗、善于交流、有一个好人缘的员工，能够吸引同事跟他合作，给予他们帮助，通过他的努力，能够赢得更多的客户。

另外还需有扎实的基础知识、较大的发展潜力、较高的综合素质、具有专门技术能力、能够带着激情去工作等。

但以下几种人，企业必不能留：

（1）拉帮结派的人；

（2）贪污受贿的人；

（3）个人主义者；

（4）造谣生事的人；

（5）滥竽充数的人。

欧美公司、日本公司、中国内地的国有企业在具有用人的一般标准前提下，结合各自的企业文化特点，如何综合权衡？如何兼顾侧重？本章开头【资料背景】中的几种人谁会被淘汰出局呢？

2. 解决方案

如果在日本公司，淘汰的则是 A、B、E。日本公司讲究效忠与服从，公司富有人情味。只要勤恳敬业，公司会留任。A 对公司不忠；B 不干实事，游手好闲；E 贪财好色，追求个人享受，都不适应公司需要。C、D 或勤奋工作，或坚持正义，一心为公，尽管自身有小问题，但瑕不掩瑜。

如果在欧美公司，淘汰对象是 C。欧美公司讲究个人至上，职责明确，强调高效，同时又要求具有团队意识。A 尽管干私活，但没影响工作的完成；B 在关键时刻能派上用场；D 有个性，是个英雄；E 则成为公司不可或缺之人，小问题不能掩盖其大作用；C 只会干活，不懂享受，且内向，不善于与人打交道，在公司里不受欢迎，只能被团队抛弃。

如果在中国内地的国有企业，淘汰对象则可能是 D。内地国有企业在用人问题上往往缺乏监督，深层原因是公司不是自己的，盈亏与自己无关。A 尽管大部分时间无事可干，但领导要靠他为自己粉饰太平；B 有上层关系，老虎屁股摸不得；C 要留在公司干活；动 E 会出乱子，牵涉到领导乌纱帽的安全，只好让他干耗着。只有 D 处处唱反调，与领导作对，动他又不会出乱子，那就只好把他淘汰了。

【本章总结】

- 每个企业各自的经营理念与管理方式不同，产生了拥有不同特点的企业文化。
- 强大的企业文化几乎总是持续成功的企业的幕后驱动力。
- 日本企业重“严”、德国企业重“质”、美国企业重“效”、中国企业重“和”，不同的国家有着不同的企业文化。
- 员工进入职场时，应针对不同的企业文化，有针对性地提高自己相应的能力。

【思考练习】

（1）通过互联网，查找几个具有代表性的企业文化案例，尤其是 IT 企业。

（2）大学毕业后，我们遇到的第一个挑战就是找工作。根据你的专业特点和自身要求，请定位几家企业，并通过多种渠道，了解其企业文化。

第 4 章　职业规划

【背景资料】

有一年，一群意气风发的天之骄子从哈佛大学毕业了，他们即将开始踏上自己的职业生涯旅程。他们的智力、学历、环境条件都相差无几。在临出校门时，哈佛对他们进行了一次关于人生目标的调查。结果是这样的：

27%的人，没有目标；60%的人，目标模糊；10%的人，有清晰但比较短期的目标；3%的人，有清晰而长远的目标。

25 年后，哈佛再次对这群学生进行了跟踪调查。结果又是这样的：

3%的人，25 年间他们朝着一个方向不懈努力，几乎都成为社会各界的成功人士，其中不乏行业领袖，社会精英；10%的人，他们的短期目标不断地实现，成为各个领域中的专业人士，大都生活在社会的中上层；60%的人，他们安稳地生活与工作，但都没有什么特别的成绩，几乎都生活在社会的中下层；剩下的 27%的人，他们的生活没有目标，过得很不如意，并且常常在抱怨他人、抱怨社会、抱怨这个不肯给他们机会的世界。

【问题】

- 为什么同样是哈佛的天子骄子，25 年后他们的人生会有如此大的反差？
- 目标和成功之间的关系如何？
- 人生职业规划在达到职业目标的过程中起着怎样的重要作用？

【本章目标】

通过本章的学习和训练，你将能够：

（1）理解职业规划的内涵。

（2）知道职业规划的意义。

（3）了解影响职业规划的因素。

（4）明确职业规划的步骤和原则。

（5）能根据模板设计自己的职业规划。

【知识引导】

4.1　职业规划定义

职业规划是指客观认识自己的能力、兴趣、个性和价值观，在对个人和内部环境进行分析的基础上，深入了解各种职业的需求趋势及关键成功因素，确定自己的事业发展目标，并选择实现这一目标的职业或职位，制定出基本的措施和行动计划，高效行动，灵活调整，有效提升职业发展所需的执行、决策和应变技能，使自己的事业顺利发展，并取得一定意义上的成功。

【案例】

20 世纪 90 年代初，计算机开始热门，小刘、小周和小亮同时报考并进入了某大学计算机科学与技术专业的学习。

小刘个性活泼、能说会道，对自己充满自信，对生活充满热情，有良好的家庭环境；小周比较内向、不太爱说话，做事细心、思维灵活，家庭环境一般。在小刘的职业规划中，他选择了售前工程师作为自己的事业奋斗目标，为此制定了相应的行动计划与一系列基本措施，并打算毕业后继续深造；而小周则选择了 Java 高级程序员作为自己的奋斗目标，他选择的不是继续读书深造，而是毕业后找一份程序员的工作，在工作中学习。

小亮刚毕业去了一家国营企业做网管，第一年很有新鲜感，也有点成就感，感觉自己的工作在公司还是蛮重要的。可到了第二年第三年，就觉得每天都做一些简单重复的工作，技术也没有多大长进，工作也没有多大意思。他听说编程的工资很高，就去了一家为银行开发软件的私营企业。经理说给他一个月时间学编程。可一个月过去了，感觉自己还不在状态，于是申请再给半个月的时间。半个月又过去了，还是没有信心，但不得不硬着头皮上。算起来到现在做了两年编程，但始终觉得很吃力，有时一个命令弄了一整天，却怎么也过不去。到后来，对着电脑超过两小时就头昏眼花。他发现有三四个同事做得很得心应手，就开始怀疑自己是不是不适合编程？为了能够清楚地认识自己，重新给自己的职业生涯发展确定方向，小亮咨询了专业人士。咨询师跟小亮进行了详细的交谈，并让小亮做了一个专业的职业测试，发现小亮喜欢发挥影响、领导作用；喜欢与人打交道，并善于提供信息、启发别人。通过性格分析，确定他属于“外向、主导、理性、直觉”类型的人。综合分析之后，认为小亮最终应该走向企业的经营管理者。咨询师给出的建议是从卖专业软件的销售工程师做起，然后向销售管理方向发展，逐步成为企业的经营管理者，不要继续做计算机编程工作，也不要去做普通商品的销售。几年之后小亮成为一家著名外企的 ERP 销售主管，手下有五六个人，收入比以前翻了几翻，春风得意。

【训练活动】

- 活动一：请以小组为单位，思考并讨论小刘和小周两人有相同的教育背景，为何选择了不同的职业生涯？
- 活动二：请以小组为单位，思考并讨论小亮最终事业上能取得成功是什么原因造就的？为何刚毕业的头五年工作上始终感觉不如意？

4.2　影响职业规划的因素

在职业成长过程中，大多数人对职业的关注过多地放在有没有证书及其他的职业工具上，却不考虑自己职业增长的需要。俗话说，“知己知彼，百战不殆；不知彼而知己，一胜一负；不知彼，不知己，每战必殆。”职业生涯是一个漫长的过程，相关管理学家在经过长时间跟踪调查后发现，自身、职业、环境等因素都会不同程度地影响人们规划自己的职业生涯。

1. 自身因素

古人云：“修身养性”、“知人者智，自知者明”、“吾日三省吾身”；香港凤凰电视主持人陈鲁豫说：“我做事只有两个原则，一是做自己喜欢的事，二是做自己擅长的事。”

一个人只有真正了解自己，认识自我，才能做到扬长避短，最大限度地发挥自己的优势，在自己的人生中创造出辉煌的业绩。认识自我，是做好职业生涯规划的重要前提之一。

（1）个性

性格、气质是个性当中的稳定因素，性格如何、气质怎样，对学生的职业选择乃至职业成功发挥着持续作用。兴趣是最好的老师，兴趣在学生职业选择过程中发挥着重要作用。社会学研究表明，自主选择与自己兴趣、爱好、能力相符的职业的劳动者，其劳动生产率比不符合要求的劳动者要高 40%。另据资料表明，如果一个人对某一工作有兴趣，就能较长时间保持高效率而不感到疲劳；而对工作缺乏兴趣的人，只能发挥其全部才能的 20%~30%，也容易筋疲力尽。兴趣爱好也会发生变化，但一旦确定，就会为职业选择提供有向驱动力，为职业成功奠定前提。

（2）能力

进入职业学校学习的学生已经具备了一定的能力，即在基本活动中表现出的能力，如观察能力、反应能力、抽象概括能力等。同时，职业院校的学生经过多年的基础学习和专业学习，也具有了特殊能力，即在专门活动中要求的能力，如文档设计能力、软件开发能力等 。以自身能力强弱作为职业选择考虑的因素，是当今职业学校学生中的普遍现象。尽管他们会出现能力的错误估计，但进行选择时仍是把能力作为一个方面来权衡的。

（3）价值取向

学生对某种价值的追求与排斥，对某类事物的偏好与厌恶，对某种情感的向往与躲避成为价值取向中与职业最密切的部分。一个学生可以为了维持生计而工作，为了避免生活空虚而工作，或者为了实现自己的梦想而工作。在学生看来，一种工作可能具有多种意义，这些意义直接作用于职业定向与选择。

【案例】

性格沉稳的李嘉诚，实际是个不安分的人。

1946 年上半年，香港经济日益繁荣。然而李嘉诚却陷入了沉思——今后的路该怎样走？一条路，在舅父荫庇下谋求发展，中南公司已成为香港钟表业的巨擘，收入稳定，生活安逸；另一条路要艰辛得多，充满风险，须再一次到社会上闯荡。

李嘉诚选择了后者，他喜欢做充满挑战的事。于是，他去了五金厂做推销员。自从李嘉诚加盟五金厂，五金厂的业务蒸蒸日上。然而，备受老板器重的李嘉诚，刚刚打开局面，就要跳槽弃他而去。

李嘉诚去了塑胶裤带制造公司。在现代人的眼里，这是一间小小的山寨式工厂。他在推销五金制品之时，就敏感地察觉到塑胶制品的巨大威胁。他清晰地意识到，要不了多久，塑胶制品将会成为价廉的大众消费品。

李嘉诚说："别人做 8 个小时，我就做 16 个小时，开初别无他法，只能以勤补拙。"

仅一年工夫，李嘉诚实现了他的预定目标，他的销售额是第二名的 7 倍！18 岁的李嘉诚被提拔为部门经理，统管产品销售。两年后，他又晋升为总经理，全盘负责日常事务。李嘉诚才 20 出头，就爬到打工族的最高位置，做出令人羡慕的业绩。

李嘉诚应该心满意足。然而，在他的人生字典中没有"满足"二字。他再一次跳槽，重新投入社会，开始新的人生搏击。

李嘉诚离开塑胶裤带公司，这是他人生中一次重大转折，从而迈上充满艰辛与希望的创业之路。

【训练活动】

- 活动一：通过以上案例描述，会发现成功并非偶然，李嘉诚之所以能拥有当今的财富和地位，他成功的自身因素有哪些？
- 活动二：请同学们填写以下六项，完成自我盾牌的设计，如图 4-1 所示。

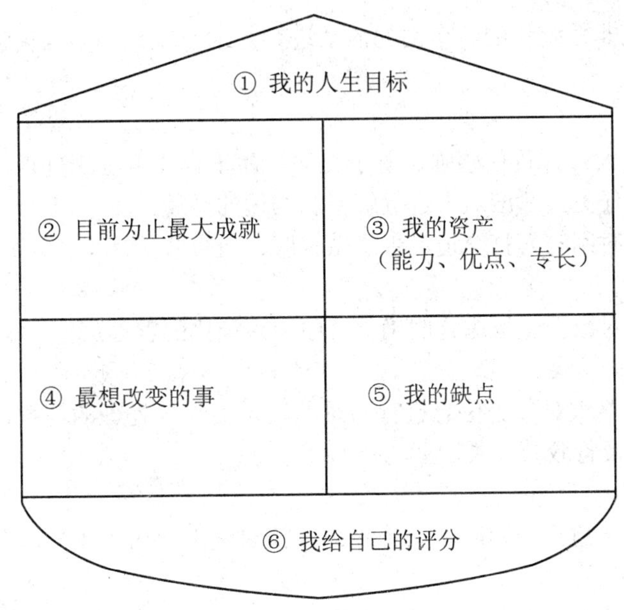

图 4-1 自我盾牌

概述：

（1）我的人生目标；

（2）目前为止的最大成就；

（3）我的资产（能力、优点、专长）；

（4）最想改变的事；

（5）我的缺点；

（6）我给自己的评分。

2. 职业因素

约翰·霍兰德（J.L.Holland）经过多年研究和测试，创立了人格—职业类型理论，提出了“职业兴趣就是人格体现”的思想。他认为大多数人都可以划分为以下六种人格类型：现实型、研究型、艺术型、社会型、常规型和企业型，分别与六种对应的职业环境匹配。

（1）现实型

个人特点：喜欢与物体打交道，喜欢对机械、工具、电子设备等有形的实物进行摆弄或操纵。任劳任怨、脚踏实地、注重现实，比较关心职业的长期稳定性和安全性。

适合：从事需要进行明确的、具体的、按一定程序要求的技术性、技能性工作，如计算机操作员、工程性工作、室外的保护性工作等职业。

（2）研究型

个人特点：偏好对各种现象进行观察、分析和推理，并进行系统的、创造性的探究，以求能理解和把握这些现象。他们勤奋刻苦、善于专研，体现出看重科学研究的价值观。

适合：通过观察、科学分析而进行的系统的创造性活动，一般侧重自然科学研究方面，如科学、各类教学工作、计算机程序设计开发工作等。

（3）艺术型

个人特点：大多天资聪颖、感情丰富、创造性强、不拘小节。善于利用感情、直觉、想象力创造出艺术形象或产品。

适合：从事通过非系统化的、自由的活动进行艺术表现，如多媒体设计和制作、文学、美术和音乐等。

（4）社会型

个人特点：友好大方、责任感强、善于交往、易于合作。利用处理人际关系的技巧和对他人的兴趣才能完成任务，适应对人进行解释和描述的环境。

适合：有更多的时间与人打交道，善于做说服、教育和治疗工作，如销售人员、律师等。

（5）常规型

个人特点：偏好对数据资料进行明确、有序和系统化的整理工作，稳重顺从，认真细致，尽职尽责。

适合：最能适应要求对各类信息进行系统的、习惯性的处理的环境，如打字员、会计、各种办公室事务工作及行政管理类职业。

（6）企业型

个人特点：对领导角色和冒险活动感兴趣，精明强干，乐于领导，有很强的自信心。他们看重政治和经济方面的成就。

适合：从事领导他人实现组织目标或获取经济收益的活动；需要胆略、风险意识且能承担责任的活动，如公司经理、管理人员、项目领导等。

人格—职业类型理论对我们成功地择业具有一定的指导意义。但是，在实际生活中，许多人常常是六种人格类型的不同组合，而某一种或两种类型占据主导地位，在这种情况下就更加需要综合兴趣、能力、性格等其他因素来确定职业了。

【训练活动】

- 活动：思考自己的职业类型。

概述

请仔细思考以下问题，并记下要点：

（1）你在大学期间投入精力最多的是哪些方面？

____

____

（2）你认为自己最适合的工作是什么？

____

（3）对于这份工作的期盼和向往，你是否从来没有改变过？如有改变，是由于什么原因？

____

____

（4）你认为能胜任这个职位的人应该具备怎样的素质？

____

____

（5）在以上自我认识的基础上，预测你的职业方向：

____

3. 环境因素

（1）社会评价

学生身处象牙塔，却不是生活在真实状态。职业社会对各类职业所持的倾向性态度总会通过传媒、习惯、舆论等各种渠道渗透到学生职业评价心理中，成为学生社会化认识的重要一面。职业的社会评价对学生职业选择的影响是潜移默化的，它已经进入了学生的社会认知领域，成为不自觉地考虑因素，尤其是他们对某种职业缺乏深入了解与切身感受时，社会评价作用会格外突出。

（2）经济利益

经济利益在当今学生职业选择中扮演着愈加重要的角色。计划经济下的职业选择坚决排斥经济因素的介入，不同职业的经济收入几乎是同一的，各种职业的收入差异相当小。随着经济结构的改革，经济收入在不同职业之间的差距开始迅速扩大，以至扩大到某些职业收入让人无法接受、引起社会不满的程度，加上灰色收入的大量存在，引起了社会心理的失衡，愈演愈烈的金钱上帝角色正是这种失衡心态所导演的一幕幕活剧。

（3）家庭

家庭在人生大事上会留下深刻痕迹，其中，职业院校学生的职业选择就融合了家长的意志。职业选择的前奏是专业选择，父母影响更多地通过家庭环境的熏陶，逐渐融入了学生的心理结构。职业学校毕业后，当子女在职业选择道路上犹豫不决并寻求帮助时，父母意志的作用又会放大，对子女的职业选择产生重要影响。

【训练活动】

- 活动：请每位同学根据自身实际情况，针对以下五个问题做一份答卷：

（1）Who are you?（你是谁？）

（2）What do you want to do?（你想做什么？）

（3）What can you do?（你能做什么？）

（4）What can support you?（你所处的环境允许你做什么？）

（5）What is your final career goals?（你最终的职业目标是什么？）

【案例】

某大学计算机科学与技术专业的一名女大学生，大三学习考试都结束了，暑假后即成为应届毕业生。这个同学在校期间是优秀学生干部，学习成绩优秀，英语是六级水平。在放暑假前，她针对以上五个问题做了一份答卷：

（1）Who are you?

某大学计算机科学与技术专业学生，曾是优秀学生干部、成绩优秀、英语六级。家庭条件一般，父母工作稳定、身体健康，没有特殊社会关系。

性格开朗、为人诚实、勤奋努力、做事认真、有上进心——本人实力所在。

（2）What do you want to do?

毕业后想到深圳外企或银行软件维护部门上班，做软件开发或维护工作。

另外，如果企业有其他职位（如销售、客服等）愿意试用我，我也能接受。如果进不了深圳外企或银行软件维护部门，一般的软件开发企业愿意试用我，我也接受一先到深圳再说。

（3）What can you do?

在暑假实习期间曾到软件公司做过网站设计与开发，有一定的理论知识和实践经验。另外，本人的学习能力较强，可以边学边做；本人很勤奋，有绝对的信心能胜任本职工作并在工作中提高自己的能力；本人性格开朗，到新的环境能结交更多新朋友或老乡；本人为人诚实，可以使企业或朋友接受和善待自己。

（4）What can support you?

通过互联网、报纸、杂志等，搜集深圳的就业信息。

联系深圳接收学生实习的企业，通过学校老师或朋友的推荐来实现；或在深圳正规人才网上查询并找到这样企业的信息，自己打电话与企业联系。为了减少风险，尽量确认企业相关资质，确保是正规企业再进行联系。联系成功后，向学校申请去深圳实习，设法住公司公寓或与人合租，解决住房问题。

利用企业实习的机会，提高自己的职业素质及软件开发实战能力，熟悉深圳的人文地理、生存和发展环境，多交对自己就业有帮助的朋友。

（5）What is your final career goals?

短时间内留在实习企业上班。如果不行，则设法在实习期联系好接收企业，先解决落脚深圳问题。有了工作后，再努力提高自己的综合素质。结交在外企或银行业做软件开发的朋友，业余时间与他们一起娱乐，逐步进入到他们的人际圈，伺机实现到外企或银行软件开发部门工作的理想。

4.3 职业规划的步骤

制定一份职业发展规划，可包括自我评估、职业目标确定、目标实施、生涯评估修正四个步骤。但在真正的职业生涯中，由于内部条件和外部环境的变化，人们可能会反复这一过程，如图 4-2 所示，在不断探索中寻找属于自己的准确位置。

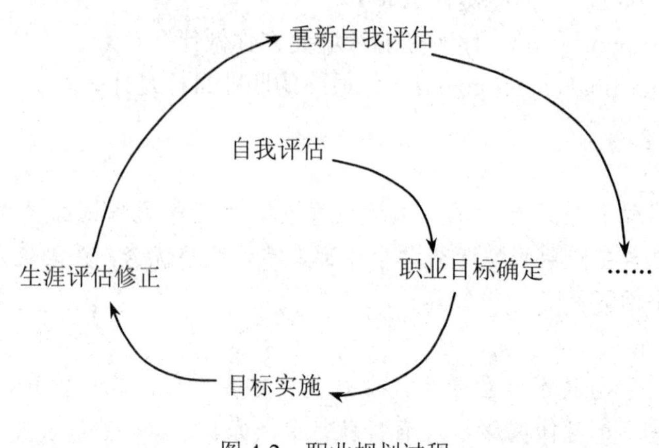

图 4-2 职业规划过程

1. 自我评估

职业规划，必须是在正确全面地认识自身条件与相关环境的基础上进行。通过客观的自我评估，参照行业专家的建议和朋友或家人的意见，能正确地分析自己，找出自己的专业特长与兴趣点，定位自己最适合的位置。

2. 职业目标确定

确立目标是职业规划的关键，有了切实可行的目标，就有了指引前进方向的航灯。

目标的设定一般以自己的才能、性格、兴趣等为依据，要保证目标适中，不可过高或过低。目标分为长期目标、中期目标和短期目标。短期目标也即大学阶段的目标，时间至大学毕业前。中期目标从大学毕业后至毕业后五年内，长期目标从毕业后五年至毕业后十年。大学职业生涯规划以立足短期目标为主，结合长期目标，并通过不断实现短期目标而最终实现长期目标。

【案例】

刘家驰是某大学软件技术专业的大一学生，为了避免大学毕业后就业走弯路，他根据自己所掌握的职业生涯规划知识为三年大学生活做了一个规划：

他根据大家的评价和各种测验，发现自己是一个较为外向开朗的人，给出的自我分析如下。优点：喜欢过程分析，擅长逻辑推理；愿意接受、学习新技术；喜欢和同学一起学习，一起编程，相信团队合作能让自己最好地发挥能力。缺点：语言表达能力欠佳；说话不注意场合和分寸；考虑问题深度不够，欠周全。

因此，他制定了一份属于自己的大学三年短期目标：

一年级的目标：初步了解职业，提高人际沟通能力，学好基础专业知识。

主要内容有：

（1）多和学长交流，询问就业情况；

（2）积极参加学校活动，增加交流技巧；

（3）掌握基础的专业知识，学好每一门功课，无挂科，并且在此基础上争取优秀；

（4）通过国家工信部的程序员中级考证（C语言程序设计）；

（5）通过课堂、网络、图书等资源学好平面设计（Photoshop）课程。

二年级的目标：努力学习专业知识，提高专业素质，为自己将来的职业打下坚实基础。主要内容有：

（1）通过英语四级考试；

（2）参加一些和专业相关的兼职活动，在实践中提升专业技能；

（3）深入学习软件编程技术（C#，Java）、软件测试技术，提升自己的专业素质；

三年级的目标：顺利毕业，并获得一份较为满意的工作。

主要内容有：

（1）动手做一些与专业相关的项目，巩固知识；

（2）收集和软件开发、软件测试相关的信息，选择就业单位和就业岗位；

（3）凭借前两年积累的人际关系和工作经验，找到一份令自己满意的工作。

3. 目标实施

再伟大的目标，不去执行，也是徒有虚名。大学生职业规划制定好之后，下一步的关键是根据这一规划制订配套的实施方案，并依据实施方案来行动。比如，收集信息资料，获得新的技能或设备，启动一个正式的接受培训计划等。

4. 职业规划评估修正

职业规划应该是动态的而不是静态的。实施这些规划之后喜欢什么、不喜欢什么，一些假设是不是有问题等，要对这些变化非常敏感。IT行业作为一个快速增长、快速变化的行业，它向所有想从事IT业并取得成功的人提供机会，要不断地关注这一行业的变化。

总的来说，态度决定一切。命运掌握在我们自己手里。如果你是一种毫无计划、无所谓的态度，只在心里希望最好而无实际行动，那么即使有了职业规划也不会成功，要用你的真诚和智慧去实施职业规划。如果做得好，职业规划既不会很难，也不需要耗费多长时间。用威廉·亨利的话说："无论我将穿过的那扇门有多窄，无论我将肩承怎样的责罚，我是命运的主宰，我是灵魂的统帅。"

4.4 职业生涯规划书的结构

职业生涯规划书的结构有以下几部分：

（1）个人因素分析

（2）职业因素分析

（3）职业生涯目标

（4）制定措施步骤

（5）评估调整计划

具体内容分析可参考本书【案例】中职业规划书的模板。

【资料分析】

1. 问题分析

其实，哈佛学子之间的差别仅仅在于：25年前，他们中的一些人清楚地知道他们的方向是什么，目标在哪里，而另外一些人则不清楚或不很清楚。

职场上，成功的人往往都是忙碌的，因为他们在有目标、有计划地为自己的目标去行动。失败的人虽然也忙碌，但更多的人是重复性地忙碌，个人能力没有提升，工资没有上涨，属于典型的"穷忙族"。还有一些人竟然在职场上无所事事，不知道要干什么，甚至连闲活都没得做。这样的情况，就更加可怕了。

有目标的职业生涯虽然不可能直达目标，但在大方向已经明确的情况下，仍然能够保证整体方向是向前的。只要不断积累和坚持，就能达到目标。无目标的职业生涯没有明确的方向，虽然走了很多路，但转了一圈，发现仍然是在原地踏步，甚至有可能完全走错了方向。只能离目标越来越远。

2. 解决方案

为了使大学新生顺利渡过新生期，使自己能充分利用大学的宝贵时光，多学知识，多学本领，为将来的职业发展做好准备，需要学会做好自己的职业规划，确定不同阶段的学习目标。

【案例】

某大学软件技术专业学生职业生涯规划书

一、前言

在就业压力日趋激烈的今天，一个良好的职业规划无疑增加了一份自信。而如今，身为大学生的我们，在一天天消磨时光的日子里，不如多学习点知识来充实自己。未来掌握在自己手中，趁现在还年轻，赶紧为自己的未来之路定好一个方向，一个好的规划就像灯塔一样为我们指明了方向，我们可以按照这个方向前进！

二、自我剖析

1. 性格分析——适合和喜欢做什么

文科转工科男，20 岁，身高 180cm，苏州健雄职业技术学院一软件与服务外包学院软件技术专业大二学生，一个怀有美好理想却依然顽强对待残酷现实的青年。在我的人才素质测评报告中（霍兰德 RCCP 通用人职匹配测试量表），职业兴趣前三项是现实型（35 分）、社会型（34 分）、管理型（34 分）。具体描述如下：

（1）喜欢有规则、技术性强的工作；

（2）以身作则，善于与人交往，乐于与他人共事；

（3）富有责任感，热心社会工作；

（4）灵敏的组织能力；

（5）喜欢影响、管理和领导他人，较注重权利和地位，不喜欢精确细琐的事务；

（6）常以冒险、狂热、积极进取的态度处理日常事物。

2. 职业能力——做过什么

表 4-1 职业能力表

能力	优势	能力基础
管理	协调管理各种工作，有一定领导才能	连续 7 年班长，大学担任学生会主席一职
交际	懂得如何与别人沟通，清楚表达自己的意思，让别人愿意接受自己，人际关系好，有困难时别人愿意帮助自己	广泛参加活动，使自己的交际能力得到优化
策划	统筹、策划集体活动，分工明确，做到事半功倍，合理利用资源	担任学生会主席期间，和主席团成员共同策划了新年晚会等活动
创新	思维活跃，不受传统观念影响，经常有意想不到的收获	自小形成的思想，对一切新鲜的事物很好奇，能够发挥想象力
推理	对事情的发展能预先判断，并预先做好防范措施，使事情顺利完成	本人所学专业时常做程序设计，对程序性和推理性问题比较熟悉，所学课程也有很多有推导、推理性质
学习	专业技能，温故而知新	2014.01，获得"软件测试工程师"技术水平证书； 2014.04，获得蓝桥杯全国软件大赛 Java 软件开发高职高专组江苏省省赛一等奖
社会实践	学以致用，参与团购网的测试工作	连续四年组织团队销售，并取得领导的一致好评； 研究团购系统，并进行测试运行

三、职业倾向分析

适合的岗位性质：

（1）工作环境较为自由，充满机遇和挑战；

（2）有较多的独立工作时间，可以专心地完成整个项目或任务；

（3）较多使用事实、细节和运用实际经验的技术性工作，能够充分发挥自己准确、逻辑性强的才能；

（4）工作对象是具体的产品或服务，工作成果要有形并且可以衡量；

（5）要有明确的工作目标和清晰的组织结构层次；

（6）团队合作融洽，交流沟通顺畅的工作环境。

四、职业目标选择

软件测试工程师作为软件质量控制过程中不可或缺的重要角色，受到整个行业的高度重视。根据信息产业部门发布的最新报告显示，我国软件测试工程师的行业需求超过 20 万。业内专家预计，在未来 5 ~ 10 年中，我国企业对测试人才的需求数字还将继续增大。而目前国内实际从业人数却不足 5 万，其中具备 3 年以上从业经验的人员则不超过 1 万人。近期的国家职位分析指数显示，软件测试工程师已经成为 2013 年最紧缺的人才之一。

根据社会环境和职业环境分析，结合我的个人兴趣和适合我的岗位性质，初步定下软件测试工程师作为我的职业目标。

五、未来十年规划

2012 ~ 2013：认真学好英语、Java 程序设计、平面设计等专业基础课程，具体每周泡图书馆至少 3 次，累计时间 15 小时；每周自学软件测试至少 7 小时；积极参与学校组织的活动，培养自己的交际能力。

2013 ~ 2015：学好各类专业课程，参加各类技能竞赛。争取获院级以上荣誉一项；获得软件评测师资格证书。顺利毕业，找到一份和专业相关的技术性工作，最好是软件测试类的。

2015 年 7 月：开始工作的职位是初级测试工程师，从基层脚踏实地的做好自己的工作，敢于创新、敢于挑战，不怕吃苦。在人际交往和工作技能等方面积累工作经验，为自己下一步的目标打基础。

2017 年：成为中级测试工程师。

2019 年：成为高级测试工程师。

2022 年：朝管理方向发展。

六、评估调整

当今社会不断变迁，不断更新，我们要随时掌握最新的信息动态。而计划永远赶不上变化、未来的未知性与可变性让我们必须拟定一个备选方案，从而使自己的职业生涯得到补充与准备。

我的备选职业是平面设计师，目前社会需求量很大，就业也较好，我们的专业课中有相关的课程。随着市场越来越规范化，公司和其产品越来越注重其形象包装。平面设计是任何企业和公司都必不可少的岗位，好的平面设计师会为公司的形象和市场的开拓推波助澜。

七、总结

任何目标，只说不做到头来都会是一场空。然而，现实是未知多变的，定出的目标计划随时都可能遭遇问题，要求有清醒的头脑。一个人，若要获得成功，必须拿出勇气，付出努力、拼搏、奋斗。成功，不相信眼泪；未来，要靠自己去打拼！实现目标的历程需要付出艰辛的汗水和不懈地追求，不要因为挫折而畏缩不前，不要因为失败而一蹶不振；要有屡败屡战的精神，要有越挫越勇的气魄；成功最终会属于你的，每天要对自己说："我一定能成功，我一定按照目标的规划行动，坚持直到胜利的那一天。"既然选择了认准了是正确的，就要一直走下去。在这里，这份职业生涯规划也差不多进入尾声了，然而，我的真正行动才仅仅开始。现在我要做的是，迈出艰难的一步，朝着这个规划的目标前进，要以满腔的热情去获取最后的胜利。

【本章总结】

- 在激烈的市场竞争下，树立正确健康的职业规划理念对于大学生就业绝对具有非常重要的影响和必要性。
- 高职院校要对学生的兴趣、爱好以及特性有充分了解，因材施教，帮助学生树立正确的价值观从而建立健康的职业规划理念。
- 大学生职业规划作为学校教育工作的一个有机组成部分，是一个全程、全体、全方位的教育过程。
- 对待职业规划要有积极的心态更要有符合实际的理念。大学生职业规划教育是大学生今后在社会上顺利工作的助跑力量，只有根基牢靠才能保障今后事业的顺利进行。

【思考练习】

（1）通过互联网，查找几份职业生涯规划书，尤其是软件技术专业的。

（2）作为当代的大学生，我们要及早为就业做准备，请同学们参照本节【案例】中职业规划书的模板，做一份自己的职业规划书。

第 5 章　IT 职业素养

【背景资料】

一位 IT 公司的老总总是亲自应聘员工，他给刚出校门的学生月薪一般为 1500 元。但他表示，这一工资数目并不代表对应届大学生现有能力的评价，更不代表对其今后能力的评价，而仅仅代表企业提供的这个岗位的“价码”。这位老总曾面试过的不少大学生，对于“愿在基层工作几年”的提问，很多人回答“干几个月”，有些人甚至答以“几个星期”。王先生说，这些大学生没有专业经历，却想一来就干主管以上的岗位。“其实我的初衷是将他们当主管、部门经理等中层干部来培养的，可他们不愿从基层起步”。

【问题】

- 企业眼中的职业人应具备怎样的素质？
- 由院校人向职业人需要什么样的转变？
- 当前大学生需要具备怎样的职业素养？

【本章目标】

通过本章的学习和训练，你将能够：

（1）理解 IT 职业素养的内涵。

（2）明确准职业人定位。

（3）了解院校人到职业人的转变。

（4）能制定提升自身职业素养的行动计划。

（5）学会把自己培养成一名合格的 IT 职业人。

【知识引导】

5.1　素质冰山模型

1973 年哈佛大学的心理学家麦克利兰教授提出了“能力素质”（competency）的概念，即著名的“冰山模型”，将 competency 定义为“一组相关的知识、态度和技能，能够用可靠的标准测量并能够通过培训和开发改善。”从图 5-1 可以看到，冰山水下的部分是我们所指的潜在的特征，从上到下的深度表示被挖掘与感知的难易程度，向下越深越不容易被挖掘与感知。冰山模型认为，真正决定一个人能否在工作中做出突出绩效的，并不是他（她）的知识和技能这些表层的因素，而是水面以下的潜在的个人特征。

将上述模型中深藏不露的各种个人特质可归为“性向与个人特质”，即由先天禀赋与后天经过教育训练养成共同形成，其中后天养成部分即为职场用语中所指的职业素养。

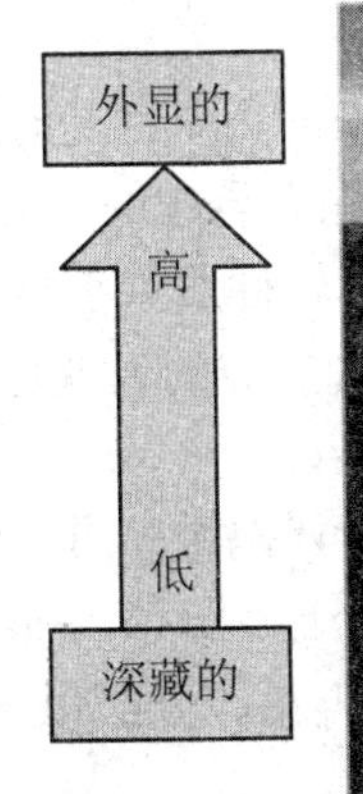

图 5-1　冰山模型

5.2　IT 职业人的基本素养

职业素养是个很大的概念，专业是第一位，但是除了专业，敬业和道德是必备的，体现到职场上的就是职业素养；体现在生活中的就是个人素质或者道德修养。职业素养是人类在社会活动中需要遵守的行为规范。个体行为的总和构成了自身的职业素养，职业素养是内涵，个体行为是外在表象。所以，职业素养是一个人职业生涯成败的关键因素。

IT 职业素养是指具备基本的职业素养外，还需具有 IT 行业特性的要求。必须具备逻辑思维活跃、勤于钻研、善于交流、善于团结协作的基本素养，才能够在 IT 行业中长久发挥作用。

（1）计算机实际上就是逻辑运算，从底层的加法器，到全球共享的因特网，都是逻辑运算关系。无论是做一个程序员，还是做一个网络管理员，都要去深刻理解程序和网络的逻辑关系。判断自己的逻辑思维能力，可以借助于一些逻辑测试题自己先测试一下，看看自己做这些题时是不是比较顺利。

（2）勤于钻研是 IT 人士的第二个基本素养。IT 人一般对自己所从事的技术都有执着的追求，无论是调试程序还是排除设备故障，有一种不达目的不罢休的韧劲，在计算机前一坐就是十几个小时。但有些人的性格就坐不住，觉得静静地一个人面对屏幕是一种折磨，这样的人最好去从事公关工作，如导游、营销等工作。

（3）善于交流也是 IT 人才必须具备的素养，因为只有及时交流最新技术，迅速更新自己的知识，才能跟上技术的进步，不至于被淘汰。一个搞 IT 的人把自己封闭起来，死钻某一项技术，等研究透了，这项技术也过时了。

（4）团队协作精神在我们的学员中体现得尤为明显。学员学习结束时，要做毕业项目开发，几个学员为一组，按照项目的功能模块，每个学员做一部分。互相配合比较好的小组，最后完成的项目就非常出色，文档规范，结构完整，功能齐全。而配合不好的小组，就会出现许多问题，甚至于整个项目都没有完成。在实际工作中也是这样。

【阅读】程序员应该具备的素养

做一个真正合格的程序员，或者说就是可以真正合格地完成一些代码工作的程序员，应该具有的素养有以下几点：

1. 团队精神和协作能力

把高水平程序员说成独行侠的都是在呓语，任何个人的力量都是有限的，即便如 Linus 这样的天才，也需要通过组成强大的团队来创造奇迹，那些遍布全球的为 Linux 写核心的高手们，没有协作精神是不可想象的。独行侠可以做一些赚钱的小软件发点小财，但是一旦进入一些大系统的研发团队，进入商业化和产品化的开发，缺乏这种素养的人就完全不合格了。

2. 文档习惯

良好的文档是正规研发流程中非常重要的环节。作为代码程序员，30%的工作时间写技术文档是很正常的，而作为高级程序员和系统分析员，这个比例还要高很多。

缺乏文档，一个软件系统就缺乏生命力。在未来的查错、升级以及模块的复用时都会遇到极大的麻烦。

3. 规范化、标准化的代码编写习惯

按照国外一些知名软件公司的规矩，代码的变量命名，代码内注释格式，甚至嵌套中行缩进的长度和函数间的空行数字都有明确规定，良好的编写习惯，不但有助于代码的移植和纠错，也有助于不同技术人员的协作。

4. 需求理解能力

程序员需要理解一个模块的需求，很多初学者写程序时往往只关注一个功能需求，他们把性能指标全部归结到硬件、操作系统和开发环境上，而忽视了代码本身的性能。性能需求指标中，稳定性、并访支撑能力以及安全性都很重要，作为程序员需要评估该模块在系统运营中所处的环境，将要受到的负荷压力以及各种潜在的危险和恶意攻击的可能性。

5. 复用性、模块化思维能力

复用性设计，模块化思维就是要程序员在完成任何一个功能模块或函数的时候，要多想一些，不要局限在完成当前任务的简单思路上。想想看该模块是否可以脱离这个系统存在，是否可以通过简单的修改参数的方式在其他系统和应用环境下直接引用，这样就能极大避免重复性的开发工作。如果一个软件研发单位和工作组能够在每一次研发过程中都考虑到这些问题，那么程序员就不会在重复性的工作中耽误太多时间，就会有更多时间和精力投入到开发新代码的工作中去。

6. 测试习惯

作为一些商业化正规化的开发，专职的测试工程师是不可少的，但是并不是说有了专职的测试工程师，程序员就可以不进行自测。软件研发作为一项工程而言，一个很重要的特点就是问题发现得越早，解决的代价就越低。程序员在每段代码、每个子模块完成后进行认真的测试，就可以将一些潜在的问题尽早发现和解决，这样整体系统建设的效率和可靠性就有了最大的保证。

7. 学习和总结能力

程序员是一个很容易被淘汰、很容易落伍的职业，因为一种技术可能仅仅在三两年内具有领先性。程序员如果想安身立命，就必须不断跟进新的技术，学习新的技能。

善于学习，对于任何职业而言，都是前进所必须的动力，对于程序员，这种需求就更加高了。

但是学习也要找对目标，coding fans 们津津乐道于自身的学习能力，一会学会了 ASP，一会儿学会了 JSP，一会儿学会了 PHP，他们把这个作为炫耀的资本，盲目地追逐一些肤浅的、表面的东西和名词。做网络程序不懂通讯传输协议，做应用程序不懂中断向量处理，这样的技术人员，不管掌握了多少所谓的新语言，他们的水平永远不会有质的提高。

善于总结，也是学习能力的一种体现。对程序员来说，每次完成一个研发任务，完成一段代码，都应当有目的地跟踪该程序的使用状况和用户反馈，随时总结，找到自己的不足，逐步提高自己的水平，才可能成长起来。

具备以上全部素养的人，应当说是合格的程序员了。这些素养都不是由 IQ 决定的，也不是大学某些课本里可以学习到的，需要的仅仅是程序员对自己工作的认识，是一种意识上的问题。

【训练活动】

- 活动：完成下列逻辑测试题，测试一下自己的逻辑思维能力。

（1）假设有一个池塘，里面有无穷多的水。现有 2 个空水壶，容积分别为 5 升和 6 升。如何只用这 2 个水壶从池塘里取得 3 升的水。

（2）周雯的妈妈是豫林水泥厂的化验员。一天，周雯来到化验室做作业。做完后想出去玩。“等等，妈妈还要考你一个题目，”她接着说，“你看这 6 只做化验用的玻璃杯，前面 3 只盛满了水，后面 3 只是空的。你能只移动 1 只玻璃杯，使得盛满水的杯子和空杯子间隔起来吗？”爱动脑筋的周雯，是学校里有名的“小机灵”，她只想了一会儿就做到了。请你想想看“小机灵”是怎样做的？

（3）1=5，2=15，3=215，4=2145，那么 5=?

（4）烧一根不均匀的绳要用一个小时，如何用它来判断半个小时？烧一根不均匀的绳，从头烧到尾总共需要 1 个小时。现在有若干条材质相同的绳子，问如何用烧绳的方法来计时一个小时十五分钟？（微软的笔试题）

（5）小明和小强都是张老师的学生，张老师的生日是 M 月 N 日，2 人都知道张老师的生日是下列 10 组中的一天，张老师把 M 值告诉了小明，把 N 值告诉了小强，张老师问他们知道他的生日是哪一天吗？

3 月 4 日 3 月 5 日 3 月 8 日

6 月 4 日 6 月 7 日

9 月 1 日 9 月 5 日

12 月 1 日 12 月 2 日 12 月 8 日

小明说：“如果我不知道的话，小强肯定也不知道”。

小强说：“本来我也不知道，但是现在我知道了”。

小明说：“哦，那我也知道了”。

请根据以上对话推断出张老师的生日是哪一天。

5.3 院校人到职业人的转变

5.3.1 准职业人定位

（1）即将进入企业。

（2）按企业对员工的标准要求自己，初步具备职业人的基本素质，能够适应未来企业的发展。

5.3.2 企业眼中职业人的必备素质

不同企业由于所从事的行业、特定的发展时期、业务要点、经营战略等的差异，对人才素质的要求是不尽相同的。在同一个企业里，不同的职务、不同的岗位对人才素质也有不同的要求。如用友、联想、IBM 等国内知名公司，虽然同为 IT 企业，但对人才的素质要求有不同的标准。

（1）专业、敬业、创业、诚信、务实、合作，这六点是用友公司判断人才的基本标准。

（2）联想公司对职业人的要求可归纳为以下五点：

- 知识。这是必不可少的要求。知识是基础，但知识只能是你走向成功的一半，仅有知识是远远不够的。
- 人际交往。现代企业中越来越重视合作和团队精神，人际交往也就相应地变得更为重要。
- 责任感。对自己所做的事情负责是作为一个职业人的先决条件。
- 能力。前面三点综合起来，就形成了一个职业人的能力，能力和知识不能划等号。
- 敬业。“干一行，爱一行”，真正爱好自己从事的工作、事业，才能全身心地投入。

（3）IBM 公司的标准：

- 品德优秀。
- 逻辑分析能力，快速、持续学习的能力。
- 环境适应与应变能力。
- 团队精神与团队协作能力。
- 创新能力。

【案例】

优秀企业家眼中的职业人

《对话》栏目的第 29 期请到了两位嘉宾，第一位是现在网通的总经理田溯宁，第二位是 UT 斯达康（主营业务：系统集成）的总经理吴鹰，这两位可以说是这个时代叱咤风云的人物。主持人问两位老板你们天天吵吵喜欢职业人，到底你们喜欢的人是什么样子的？主持人给出了八种类型的人，分别是第一种勇敢，不计后果；第二种点子多，但是不听话；第三种踏实，但是没有创意；第四种有本事，但过于谦虚；第五种，听话，却没有原则；第六种能力强，但不懂合作；第七种机灵，但不踏实；第八种有将才，但也有野心。要求两位老板只能选择其中三种。

【训练活动】

- 活动：假如你是这两位老板，你会选择哪三种？为什么？

5.3.3 由院校人到企业人需要什么转变

院校人一般具有以下几个特点：

- 可以只与喜欢的人在一起。
- 可以喜形于色。
- 只要考试通过，上不上课都无所谓。

- 事情是自己做的，成绩当然只归功于自己。
- 喜欢做“与众不同的人”。

院校人最初踏入职场，会出现很多问题：

- 由于缺乏明确的人生规划而感到迷茫困惑。
- 由于不适应职场规则而导致人际关系不理想，自信心受挫。
- 由于个人英雄主义，缺乏团队精神而导致很难融入团队。
- 很多人表现出：恃才孤傲，夸夸其谈，眼高手低，心气浮躁。
- 沮丧之余，不反求诸己，自我检讨，反而频繁跳槽，给企业和个人都带来损失。

院校人到企业人需要实现意识和行为的转变。具体来讲，这种转变体现在以下四个方面。

1. 个人导向到团队导向——放下个人英雄主义，寻求团队合作，在共赢中实现自己

在学校中，以自我为中心的模式将不再适合于企业，个人的成功必须与整体的成功结合才有意义。这其中的转变包括：重个性转变到重标准；以个人为衡量标准转变到以集体为衡量标准；讲独创转变到讲协作；独行转变到合作。

2. 情感导向到职业导向——放下个人情绪，聚焦团队目标，树立职业形象

情绪化是学生的显著特征之一，这与职业人的高度理性行为是格格不入的。这里的具体转变包括：情感人转变到职业人；个人好恶转变到敬业精神；情绪左右转变到职业驱动。

3. 思维导向到行为导向——放下“光说不练”，快速行动，在行动中寻找有效方法

学生学习，重在开发智力、学习知识，往往都是思维的训练。这又和职业人的情况有很大的不同，转变也就必不可少。具体包括：思维至上转变到产品至上；想到就行转变到做到才行；理论家转变到实干家；注重是非分析转变到注重是否合适。

4. 成长导向到责任导向——放下“小我”，主动承担团队责任，在责任中成长

在学校中，学生考虑的往往是自己的成长，更多是凭借自己的兴趣，而职业人的一个基本特征就是职责所在，义不容辞。这里的转变包括：兴趣所在转变到承担责任；个人利益为本转变到公司利益为本；追求快乐转变到追求信任。

【训练活动】

- 活动一：请思考你身上具备院校人的哪些特点？你准备如何实现由院校人到企业人的转变？
- 活动二：请您根据表 5-1 中的要求，列出自身目前的 IT 职业能力和素质状况，制定提升能力和素养的行动计划表。

表 5-1　职业素养自评及整改表

类别	项目	列出自己的情况	制定改进计划
职业观念和职业精神	乐观		
	向上		
	自信		
	积极		
	不怨天尤人		
	不迷失方向		

续表

类别	项目	列出自己的情况	制定改进计划
职业道德	勤奋工作		
	敬业爱岗		
	诚实守信		
	团队合作		
职业习惯	执行		
	自动自发		
	不找借口		
	要事第一		
	身心健康		
职业技能	学习技能		
	专业技能		
	沟通技能		
	演讲技能		
	面试技能		
职业礼仪	仪表优雅		
	举止大方		

5.4 怎样成为合格的IT职业人

5.4.1 自我学习意识的增强

IT 行业由于就业环境好、薪资水平高而成为众多年轻人择业的首选，怎样才能成为一个满足企业需求的合格 IT 职业人，下面给出以下几点建议：

1. 终身学习，时刻保持危机意识

作为一个合格的职业人没有危机意识是不行的，尤其是 IT 这个领域，更要时刻保持一定的紧迫感，不断提高自身的核心竞争力，不然会在这个行业中落后甚至遭到淘汰。众所周知当今科技的发展速度是日新月异的，旧的事物会很快被新生事物所代替。而 IT 行业更是一个需要终身学习的行业，要想在这个行业很好地发展，就需要不停地为自己充电，保持自己的技术永远处在行业的前端。

2. 深入了解，至少精通一门语言

任何行业都有一定的门槛，IT 行业从业者需要一定的技术背景，不是任何人都能随便进入的，也不是所有人都能成为一个合格的 IT 职业人。目前的现状是很多希望从事 IT 职业的人在计算机基本技能方面还比较欠缺，要想做一个合格的 IT 职业人，至少要精通一种当前比较流行的基本技能，而不是仅仅停留在了解的基础上。

3. 加强技能，选择合适的培训方式

想成为一个合格的 IT 职业人，想不被这个行业所淘汰，那么加强自身的技能是不可缺少的，选择职业技能培训进行充电是一种行之有效的方法。那么如何选择适合自己的培训方式呢？

一是所参加的职业培训课程必须和其职业发展方向相一致，即选择的课程不但不背离其规划的未来职业前景，而且在一定程度上要加速实现短期内既定的职业目标。

二是所选择的具体专业要和个人能力、素质相切合。要理性评估自己的能力，给自己一个清楚的定位，然后找准适合自己的发展途径。

5.4.2 自我素质能力的培养

在注意自身技能提高的同时，在大学期间就应注重自我能力的培养，可以使用以下的方法：

1. 从身边的小事做起

哪怕只是平时对交通法规的遵守、环境卫生的爱护。做到守时不迟到、离开前整理好物件等，一些细小的行为，都是个人素养在社会生活中的实践和锻炼。一个连基本的社会规范都不能遵守的大学生，如何指望他在未来工作中能有效地管理自己。

2. 从自我修养中锻炼

正确认识自我，客观看待自己，正视自己的缺点，扬长避短，把个人素质的基本要求，自觉地转化为个人内心的要求和坚定的信念。要乐于接受“360 度”的评价，多听取他人意见和建议，如老师、同学、家长等，接受表扬的同时还要能欣然接受批评。

3. 从校园文化中学习

校园文化能塑造良好的性格和高尚的品格，影响学生的思想品质、价值观念和生活方式的选择，完善学生的知识结构，提升其现代审美观念和审美能力。如一些校园文化中讲到的“严谨”、“勤勉”等，都是学校和个人发展理念精髓。懂得学习校园文化的学生，未来也会懂得学习企业文化。

4. 以实习生的态度努力工作

作为初入社会的大学生，要不断适应环境，以实习生的心态努力工作，抱着一颗“适者生存”的心，有一定的危机感，并在拼博中学会将压力转化为动力。越经受得起磨砺和考验的大学生，生命力就越顽强，发展的前景就会越好。

5. 以主人翁的精神负起责任

懂得为自己负责的人，才有资格说能为团队负责。能“吃亏”是好事，对于一些分工不明确的工作，多做一些没有关系，不要斤斤计较，但首先得做好自己手里的本职工作。

6. 以亲友团的真心支持同学

企业中有句话，叫“成就他人、成就自己”。而大学时代，就要学着真心地把同学看作自己的家人，不论门第高低、出身贵贱，都应像兄弟姐妹们一样平等、互爱地相处。在互助友爱的环境下，在团结奋进的集体中，大家可以更加愉悦、积极。高效学习的同时，也能快乐生活。良好的人际关系，既为自己、也为集体打开了更多的窗与门。

【案例】

小李大学毕业后，如愿进入了一家自己梦寐以求的公司。本来他是要应聘一个“网络管理员”的职位，心想自己一定要大施拳脚一番。可是进入公司，工作一段时间后，发现自己每天工作的实质就是备份网络服务器的数据、上传数据文件、收发电子邮件等。刚一开始还是兴致勃勃的，充满激情和动力，毕竟这是自己一直盼望进入的公司。可时间长了，就越来越没有工作的动力，每天的工作内容一致，缺乏新鲜感。他觉得自己好像不被重视，简直是大材小用了。同时，又看到公司新进的员工每天都看各种技术类的书籍，不停地充实自己，干劲十足，而自己依然在原地踏步，似乎没有什么业务技能的提高，心里十分担心。

【训练活动】

- 活动一：针对上述案例，请你思考：

（1）对于目前的工作岗位，如何提高业务技能，你会给小李怎样的建议？

（2）如果你是案例中的主人公，下一步会怎样做？

- 活动二：请观看一个《蝉的蜕变之舞》，谈谈蝉的蜕变对你看待生命成长的过程有何启示？

【资料分析】

1. 问题分析

资料中的老总对应届毕业生的要求很简单，概括起来主要是具有不怕苦的精神，脚踏实地、爱岗敬业，从基层做起；工作中有责任感，服务意识强，懂得团队合作。

对于“愿在基层工作几年”的提问，他的想法是，目前的岗位最多干 3 年，在此期间，视员工能力的表现，提升为领班、主管，甚至今后发展为经理、总经理。但是很多大学生对自己缺乏正确定位，尚未意识到自身的差距，另一方面也对自己缺乏自信，生怕被一直安排在基层岗位上。

2. 解决方案

大学生在求职的过程中不应将当前工作、当前岗位作为最终的工作目标，很多老板或民营企业家都是从基层做起的，因此应从以下几个方面来定位自己：

（1）找准定位，调整期望，保持良好的心态；

（2）磨去棱角，适应环境；

（3）积极面对工作，认真对待每一件事，从小事做起；

（4）提高学习力，不断学习，努力提高业务技能，时刻保持自信；

（5）守诚信，有责任感与事业心，敬岗爱业；

（6）放下个人英雄主义，寻求团队合作，在共赢中实现自己。

【本章总结】

- 冰山模型认为，真正决定一个人能否在工作中做出突出绩效的，并不是他（她）的知识和技能这些表层的因素，而是水面以下的潜在的个人特征。
- IT 职业素养是在具备基本的职业素养外，还应具有 IT 行业特性的内在要素和品质。
- 职业人应具备良好的职业素质和优良的职业道德。
- 可以通过不断完善自我来培养职业素养。

【思考练习】

（1）IT 职业素养应包含哪些？

（2）阅读下面的案例并分析。

芳是个天性活泼开朗的女孩子，平时对人也非常热情，有些不拘小节。她大学毕业后去了一家电脑公司上班，可实习才过了三个星期，她就被主管告知明天不用再来上班了。芳很不服气，要主管说明辞退她的原因。主管只是很委婉地告诉她，有时候不拘小节这种好的个人品质也会变成不好的因素，提醒她在以后的工作中要多加注意。芳为此很是想不通，她不明白，既然不拘小节是一种好的品质，为什么还会变成不好的因素，并直接导致公司将自己辞退呢。

片段回放：

上班第一天迟到。

主管让芳处理一份客户资料，并要求将客户按地区进行分类归档。芳用一小时完成但却弄错了一家客户的名称。

打印一份业务合同，不注意将一个数字后面遗漏了一个零。

请你分析：

（1）她犯错的根本原因是什么？

（2）她的心态对吗？

（3）她为什么会被辞退，公司这样做的道理何在？

第6章　学习管理

【背景资料】

小刘是计算机系软件专业的一名大二学生，主修.NET课程。在一次大学生创新大赛中，发现自己学的这个专业只能做一些网站类的系统平台，没有创新性且感觉实用性不大，而物联网专业的同学却能开发一些智能家居、远程控制类的系统和产品，感觉高深大气。于是就去网上、书店购买各类物联网相关书籍，包括WinCE操作系统、单片机应用技术、嵌入式系统硬件设计与实现、无线通信与应用等，还经常去相关论坛，了解最新动态，开始自学之路。由于小刘已经失去了本专业的兴趣，课堂上听课就不那么认真，课后也不去多实践多编程，导致成绩大幅滑落。对于充满好奇的新专业，平时又是看操作系统类、软件类、又是硬件类书籍，结果一样都没学会。没坚持两个月，小刘就放弃了，感觉自己不是那块料，只能重新认真学习自己的本专业。

【问题】

- 小刘学习的方法是否正确？
- 在学习新知识前应做好哪些充足的准备？
- 如何才能做到合理利用有限的学习时间，达到事半功倍的效果？

【本章目标】

通过本章的学习和训练，你将能够：

（1）知道如何选取学习方向。

（2）了解常见的一些学习误区。

（3）明确自我学习应做好的准备。

（4）掌握程序设计的相关学习方法。

【知识引导】

6.1　学习的必然性

IT是一个需要活到老，学到老的行当。业界有一个非常出名的摩尔定律：每过18个月，集成电路的价格降低一半，性能提高一倍。技术领域的革新和提高每天都在发生，这使得IT领域的工作者必须不断地学习，才能紧跟技术的脚步。

IBM公司在其总部大楼上写着“学无止境”4个字，公司每年都要花费十多亿美元进行130万人次的职业化技能培训。在培训过程中，每天长达十多个小时的紧张学习压得学员们喘不过气来，但是却很少有学员抱怨，几乎每个学员都能按时完成学业。因为他们知道在这个时代，如果不学习、不会学习、不终身学习，是无法跟上变化的需求的，其结果肯定会遭到淘汰。

可见，只有学习才能适应变化的需要！

【案例】

李嘉诚的学习管理

曾经有位记者这样问亚洲首富李嘉诚：“今天你拥有如此巨大的商业王国，靠的是什么？”李嘉诚回答说：“知识。”有位外商也曾经问过李嘉诚：“李先生，您成功靠什么？”李嘉诚毫不犹豫地回答：“靠学习，不断地学习。”的确，不断地学习知识，是李嘉诚成功的奥秘！

李嘉诚勤于自学，在任何情况下都不忘记读书。青年时打工期间，他坚持“抢学”；在经营自己的“商业王国”期间，他仍孜孜不倦地学习。一位熟悉李嘉诚的人说，晚睡前是他雷打不动的看书时间，他喜欢看人物传记，无论在医疗、政治、教育、福利哪一方面，对全人类有所帮助的人他都很佩服，都心存敬仰。早在办塑料厂时他就订阅了英文塑料杂志，既学英文，又了解世界塑料行业最新的动态。在当时，懂英文的华人在香港是“稀有动物”。也正是因为懂得英文，使得李嘉诚可以直接飞往英美参加各种展销会，谈生意可直接与外籍投资顾问、银行高层打交道。如今，尽管李嘉诚已事业有成，但仍爱书如命，仍坚持不懈地学习。

李嘉诚说：“在知识经济的时代里，如果你有资金，但缺乏知识，没有最新的资讯，无论何种行业，你越拼搏，失败的可能性越大；但是你有知识，没有资金的话，小小的付出就能够有回报，并且很有可能达到成功。现在跟数十年前相比，知识和资金在通往成功的道路上所起的作用完全不同。”

6.2 学习的方向

庄子说“吾生也有涯，而知也无涯，以有涯随无涯，殆也”。庄老先生的意思是，生命是有限的，而知识是无限的，用有限的生命去追求无限的知识，必定会把自己给累死。有人说这句话是读书无用论的经典诠释，而我觉得，针对 IT 领域知识的学习，这个描述再恰当不过了。我们需要对所学的知识有个选择，绝对不能采取“人有多大胆，地有多大产”的死磕到底态度，而是要选择去学那些比较用得上的，而放弃那些不太可能用上的。所以，首先需要讨论的是关于“学什么”的问题。

每个人都有自己工作的领域，需要的知识结构也不一样，但是事情总是存在一些共性的东西，对于 IT 行业的学习来说，把握“心法与招式”的平衡，是至关重要的。

所谓心法，就是理论基础知识，是底层的原理性知识，是那些跟特定的厂家无关的跨平台的共性知识；所谓招式，就是应用层面的技能，配置、操作和调试的步骤，跟具体的软件或者硬件紧密关联的特殊知识。IT 行业的工作领域虽然千差万别，但是在知识的学习上，都存在心法与招式的区别，表 6-1 列举了部分岗位的心法和招式。

表 6-1 工作领域的心法与招式

IT 工作领域	心法	招式
系统管理员	操作系统的基础知识 程序的结构和执行原理 目录服务，Web，邮件等系统的基本知识 纠错排错的思路和技能	活动目录下 DNS 的配置 SendMail 系统的架设和管理 用 PHP 与 MySQL 架设电子商务网站 Windows 的集群配置

续表

IT 工作领域	心法	招式
网络管理员	TCP/IP；RFC 网络安全的基础知识 网络设计和规划能力	路由器的具体配置命令 特定网管软件的使用 一些网络诊断工具
数据库管理员	关系型数据库的原理和设计 SQL 查询语句和编程 数据库设计与应用平台的结合	SQL Server 或者 MySQL 的操作 与特定编程平台相关的数据库指令 特定数据库产品的维护或者调优
图形美工设计人员	色彩的原理 颜色搭配的技巧 设计能力和表现能力	“Photoshop”磨皮大法等 Flash 动画制作或者编程 Dreamweaver 网页设计

下面以一个 IT 人的成长和学习路径说起：

1．菜鸟上路

这是在校学生和刚毕业 1～2 年的 IT 人所经历的一个阶段。概括地说，就是“什么都不懂，什么都想学，精力旺盛，求知欲超强”的一个阶段。在这个阶段，需要牢记两句话“学以致用”和“兴趣是最好的老师”。在校学生往往对老师讲授的“心法”类基础知识毫无兴趣，而对书店中诸如“21 天精通 XXX 技术”这一类的“招式”充满激情。这一点是可以理解的，但是需要把握一个度，切忌在应用层面涉猎过多，浅尝辄止。可以在兴趣的导向下涉足一些领域，做一些“招式”的学习和实践，但是需要时刻牢记，不要为“招式”上的小有成就而沾沾自喜和止步不前，而是需要通过这样的学习和实践来明确自己擅长的方向和领域。菜鸟上路以“招式”的学习为主，通过学习、收获、反馈和思考，来扩大自己的知识面，为自己找出擅长的方向。找到方向了，菜鸟才真的上路了。

2．初出茅庐

在开始工作的头两三年，处在一个初出茅庐的阶段。不同于学校的象牙塔环境，在工作中，有来自各个方面的压力，有实际操作中的磨练，也有来自同事及“师傅”的指导。对于所从事的工作，往往会经历新奇→挑战→得心应手→逐渐厌倦这样的一个“心路历程”。在公司里，“三人行，必有我师”，跟周围同事和资深员工的交流，会使“招式”方面的应用技能快速提高，甚至在某个领域达到独当一面的成果。某个领域应用和操作水平的独当一面，并不代表整体技术能力的综合水平。这个阶段的学习，要在联系到实际应用的前提下，对所工作领域的“心法”类知识做一个深入的理论学习甚至是补课。系统管理员这时应该把《操作系统原理》翻出来仔细地读一读，网络管理员应该看 TCP/IP 协议，这样才能触类旁通，对具体工作有更好地指导。初出茅庐阶段以“心法”的学习为主，这样才能打下扎实的基础，在技术道路上实现可持续发展。

3．小试牛刀

再工作几年，你的名片上可能已经印着“高级工程师”甚至“技术主管”的头衔，此时切忌在你熟悉的领域“自扫门前雪”“坐井观天”。IT 是一个需要综合知识的领域，此时不妨学习一些自己不熟悉，但是却跟自己目前或者未来的工作有关的平台或者系统，多做一些实践操作，做一些试验，动动手。论语上说，“学而不思则罔，思而不学则殆”，IT 人也要拳不离手，曲不离口。工作小有成就后，要学习一些新的“招式”，让自己时刻保持良好的状态，坚决避免思路和操作能力的僵化。

4. *游刃有余*

此时你可能已经是“首席工程师”“技术总监”或“架构师”。对于技术方面的问题，往往在公司内有着“一语定乾坤”的决定性能力。而这一阶段的学习要求往往也更高，不仅要打破平台的限制，也要站在更高的高度，从“集成”的角度出发，把各个 IT 领域联系在一起，需要有总揽全局的能力和视野。此时，初出茅庐时学习的“心法”（提高你的能力），和小试牛刀阶段不断补充的“招式”（开阔你的视野），都将在这个阶段厚积薄发。此时的学习，不仅仅局限在特定领域的一招一式，而是要融会贯通，把“各门各派”的心法为我所用，总结提炼自己的思维方式和决断能力。

5. *手中无剑*

这是一个你我都在追求的状态。金庸笔下的独孤求败，一生用过五种不同的剑，分别为无名利剑、紫薇软剑、玄铁重剑、木剑乃至无剑。这五种不同的剑，事实上代表了独孤求败剑学的五个不同境界。“自此精修，渐进于无剑胜有剑之境”，说的是在积累、经验和知识上的深度达到一定境界后的自如应对。

从这个简单的成长学习路径中，我们可以清楚地看到，IT 领域的理论知识和操作技能实际是相辅相承的，在学习过程中需要很好的平衡。这样才能把握好学习的“度”，不能在汪洋大海中迷失方向。

【训练活动】

- 活动：请结合你现在所学专业方向，谈谈将来想从事什么岗位，未来五年打算学习哪些心法和招式？

6.3　学习的误区

下面我们来谈一谈“怎么学”的问题。磨刀不误砍柴工，要提高学习效率，首先需要找到自己学习方法上的误区。

1. *资料导向型*

每个人的硬盘上可能都有一个名为“XX 资料”的文件夹，里面保存着大量精心收集的电脑教程、电子书、培训材料、课程视频等，容量在几 GB 甚至几十 GB 之巨。也许你的书架上堆满了购买的各类计算机书籍、杂志，涵盖了从编程、Windows 管理、UNIX/Linux 一直到美工。

这是很多人都会经历的一个“资料导向型”的学习误区。仔细统计一下，你电脑中的资料和书架上的书籍，有多少是从来没有看过的？有多少是看过超过 1/3 的？又有多少是真正看完并且对你的技术和工作产生了实质性帮助的？

在此提出一个概念，叫做“有效学习时间”，意思是说在学习所花费的所有时间中，对自己掌握新知识、大脑思考和学习新技术、动手操作并且积累经验直接有关的时间。据统计，在学习时，有 50%的时间在收集资料、30%的时间在整理资料、20%的时间在翻看资料！统计一下自己的“有效学习时间”是多少？

“有效学习时间”的多少，直接决定了你的学习结果和效率。有的人在 IT 行业沉浮多年，涉猎领域广泛，电子版的资料和各类图书“汗牛充栋”，但是常常觉得自己非常迷茫，很多技术都不够精通和深入。这时，需要从学习的基本效率和学习的有效时间上反思一下。保存在硬盘和书架上的并不能直接成为你的能力，不是硬盘有多大，知识就有多丰富；也不是书架有多高，技术就有多牛。你需要大量的"有效学习时间"，把这些转化为自己的积累。

2. 似懂非懂型

这种类型，换句话说，就是不求甚解。一些IT的概念和产品，往往是比较容易理解的，粗略地翻一下书，心里也许就知道个十之八九了。可是，IT 技术和产品往往是跟特殊的环境和场景相关联的，懂得概念，并不见得能够在应用上融会贯通。

因此，如果认定要学好一门技术，就要抱着打破沙锅问到底的决心，不给自己的知识结构上留下漏洞。资料导向型这个误区说的是学习要有足够的效率，要把握"有效学习时间"。似懂非懂型这个误区，就是说学习的结果和质量，花费了足够的有效学习时间，必须保证产出的结果是一个过硬的，经得住检验的知识结构。

3. 丢西瓜捡芝麻型

前面说了学习需要建立一个"经得住检验的知识结构"，这并不等于你需要对所学技术或者产品的每一个细节都烂熟于心。过于关注细节，就犯了"丢西瓜捡芝麻"的错误了。有些人学 Linux，要对每个命令的参数都仔仔细细地背下来，有的人做 Windows 的网络管理，却非要花时间搞明白活动目录的数据库结构。"吾生也有涯，而知也无涯，以有涯随无涯，殆也"。在这些细节问题上死磕，无异于浪费生命。

那么到底如何定义西瓜和芝麻？学习，到底需要学到什么样的深度？这其实也是一个非常难以把握的问题，我们可以这样理解：

西瓜，就是宏观层面的概念、方法、最佳实践，一些短期之内不会随着产品的变化而变化的知识；一些可以活学活用，体现产品设计思想的理念；它可以是一些技术细节，前提是掌握这些细节会对产品的设计、优化或者故障排除等方面发挥作用。

芝麻，往往是一些需要机械性记忆的信息，或者一些被厂商封装在"黑盒"中的部分。把 Linux 的命令悉数背诵下来，并不能让你成为专家，反向工程厂商的"黑盒"，也只会做一些徒劳无益的努力。

谈到这里，可能大家对"芝麻"和底层原理这类"心法"级别的学习会产生混淆。其实，这是有区别的。前面所提到的底层原理这类"心法"级别的知识，是指独立于任何厂商产品的理论知识，是放之四海皆准的真理；而"芝麻"，是指特定产品的细节和被厂商有意封装的底层部分，是那种今天学完，明天就过期作废的东西。

【训练活动】

- 活动：请谈谈你是否也走入某个或几个学习误区？

6.4 学习的准备

6.4.1 突破自我局限

故事：

狗鱼综合症

北美狗鱼是一种食肉鱼。狗鱼被放置在一个用玻璃隔开的鱼缸中，鱼缸的另一半里养着一些小鱼，可望而不可及。这条饥饿的狗鱼为吃到小鱼进行了无数次尝试，但结果总是撞到玻璃上。它最终明白了，自己无论如何也吃不到那些小鱼。然后玻璃隔板被拿掉了，但是狗鱼并不去袭击小鱼。狗鱼随后的行为就是狗鱼综合症的表现，特点如下：

对差别视而不见。

自以为无所不知。

滥用经验。

墨守陈规。

拒绝考虑其他可能性。

缺乏在压力下采取行动的能力。

【训练活动】

- 活动：请问在你认识的人当中，是否有人曾表现出狗鱼综合症？是些什么样的例子？我们怎样帮助自己摆脱狗鱼综合症？

6.4.2　你做过列队的毛毛虫么

故事：

列队行进的毛毛虫

有一种毛毛虫叫做列队行进的毛毛虫，之所以这么叫它们，是因为一旦有一只毛毛虫选定了方向，其他毛毛虫都会紧随其后，沿着同一条路爬行。实际上，跟随者的行为已经变成机械的反应了，因此它们的眼睛半闭着，把周围的世界都挡在了视野之外。所有思考都让领头的毛毛虫去做，朝哪个方向走也让它去决定，它们的行为只是机械地例行公事。

法国自然学家亨利·法布尔做了一个实验，诱使领头的毛毛虫围着一个大花盆绕圈。其他毛毛虫紧紧地排成一队，跟着它走，形成了一个头尾相连的圆圈，谁是领头者、谁是追随者都分不出来了，道路也无始无终。毛毛虫并没有对这种徒劳无功的行为感到厌烦，相反，它们没头没脑地走了几天几夜，直到由于没有进食而饥肠辘辘，疲惫不堪地从花盆上掉下来为止。这群完全依靠直觉、经验、习俗和传统的毛毛虫最终劳而无功，因为他们选错了行为方式。

【训练活动】

- 活动：请问你是否做过列队行进的毛毛虫？我们应怎样防止自己成为这些毛毛虫似的人物？

6.4.3　不找借口

故事：

老鼠偷油失败

三只饥寒交迫的老鼠一起去偷油。它们决定采用叠罗汉的方式，轮流喝油。当其中一只老鼠爬到另外两只老鼠的肩膀上，“胜利”即将在望时，不知什么原因，油瓶突然倒了，巨大的响声惊醒了主人，它们只好抱头鼠窜，落荒而逃。

回到鼠洞后，它们聚在一起开了个内部会议，讨论这次集体偷油失败的潜在原因。

最上面的老鼠说：“因为下面的老鼠抖动了一下，所以我不小心碰倒了油瓶。”

中间那只老鼠说：“我感觉到下面的老鼠抽搐了一下，于是我抖动了一下。”

而最下面的老鼠说：“我隐约听见有猫的叫声，所以抽搐了一下。”

原来如此——谁都没有责任

在职场中也经常会遇到类似的情景。

在某企业的季度会议上就可以听到类似的推诿。

营销部经理说:“最近销售不理想,我们得负一定的责任。但主要原因在于对手推出的新产品比我们的产品先进。”

研发经理“认真”总结道:“最近推出新产品少是由于研发预算少。大家都知道杯水车薪的预算还被财务部门削减了。”

财务经理马上接着解释:“公司成本在上升,我们能节约就节约。”

这时,采购经理跳起来说:“采购成本上升了10%,是由于俄罗斯一个生产铬的矿山爆炸了,导致不锈钢价格急速攀升。”

于是,大家异口同声说:“原来如此!”言外之意便是:大家都没有责任。

最后,人力资源经理终于发言:“这样说来,我只好去考核俄罗斯的矿山了?”

这样的情景经常在不同企业上演着——当工作出现困难时,各部门不寻找自身的问题,而是指责相关部门没有配合好自己的工作。相互推诿、扯皮,责任能推就推,事情能躲就躲。最后,问题只有不了了之。

【训练活动】

- 活动:请问大家在学习、生活、工作中是否遇到过这种情况?

6.5 如何学习程序设计

Java是一种平台,也是一种程序设计语言,如何学好程序设计不仅仅适用于Java,对C#等其他程序设计语言也一样管用。有编程高手认为,Java也好,C#也好,没什么分别,拿来就用。为什么他们能达到如此境界?是因为编程语言之间有共同之处,领会了编程的精髓,自然能够做到一通百通。如何学习程序设计理所当然也有许多共同的地方。

6.5.1 培养兴趣

兴趣是能够让你坚持下去的动力。如果只是把写程序作为谋生手段的话,你会活得很累。多关心一些行业趣事,多想想盖茨。不是提倡天天做白日梦,但人要是没有了梦想,你觉得活得还有味道吗?可能像某些地方的暴发户一样,打打麻将,喝喝功夫茶,拜拜财神爷,每个月就有几万、十几万甚至更多的进账,凭空多出个“食利阶层”。你认为,这样活着有味道吗?有空多到一些程序员论坛转转,你会发现,他们其实很乐观、幽默,时不时会冒出智慧的火花。

6.5.2 要脚踏实地,快餐式的学习不可取

故事:

蝴蝶的启示

有一个小朋友,他很喜欢研究生物学,很想知道那些蝴蝶是如何从蛹壳里出来,变成蝴蝶便会飞的。有一次他在草地上看见一个蛹,便带回了家,然后天天看着。过了几天以后,这个蛹出了一条裂痕,可以看见里面的蝴蝶开始挣扎,想抓破蛹壳飞出来。这个过程达数小时之久,蝴蝶在蛹里面很辛苦地拼命挣扎,怎么也没法子出来。这个小孩看着看着不忍心,就想不

如让我帮帮它吧，便随手拿起剪刀将蛹剪开，使蝴蝶破蛹而出。但蝴蝶出来以后，因为翅膀力量不够，变得很臃肿，飞不起来。

这个故事给我们的启示是：欲速则不达。

浮躁是现代人最普遍的心态，也许是贫穷落后了这么多年的缘故，就像当年的大跃进一样，都想大步跨入共产主义社会。现在的软件公司、客户、政府、学校、培训机构等到处弥漫着浮躁之气。社会环境如是，我们不能改变，只能改变自己，闹市中的安宁，弥足珍贵。许多初学者 C#或 Java 没开始学，立马使用 VS 或 Eclipse，会使用 VS 或 Eclipse 开发一个 Hello World 程序，就忙不迭地向世界宣告，“我会软件开发了”，简历上也大言不惭地写上“精通 C#/Java”。结果到软件公司面试时要么被三两下打发走了，要么被驳得体无完肤、无地自容。到处碰壁之后才知道捧起《C#编程思想》、《Java 编程思想》仔细钻研，早知如此何必当初啊！

“你现在讲究简单方便，你以后的路就长了。”这是佛经中的劝戒。

6.5.3 多实践，快实践

故事：

穷和尚与富和尚

从前，四川边境有两个和尚，一个贫穷，一个富有。一天，穷和尚对富和尚说：“我打算去南海朝圣，你看怎么样？”富和尚说：“这里离南海有几千里远，你靠什么去呢？”穷和尚说：“我只要一个水钵，一个饭碗就够了。”富和尚劝他说：“几年前我就打算买条船去南海，可至今没去成，你还是别去吧！”一年以后，富和尚还在为买船筹钱，穷和尚却已经从南海朝圣回来了。

这个故事可解读为：任何事情，一旦考虑好了，就要马上上路，不要等到准备周全之后，再去干事情。假如什么都准备周全了再上路的话，别人恐怕就要捷足先登了。

软件开发是一门工程学科，注重的就是实践，“君子动口不动手”对软件开发人员来讲根本就是错误的，他们提倡“动手至上”，但别害怕，他们大多温文尔雅，没有暴力倾向，虽然有时候蓬头垢面的一副“比尔·盖茨”样。有前辈高人认为学习编程的秘诀是：编程、编程、再编程。不仅要多实践，而且要快实践。我们在看书的时候，不要等到完全理解了才动手敲代码，而是应该在看书的同时敲代码，程序运行的各种情况可以让你更快更牢固地掌握知识点。

6.5.4 多参考程序代码

程序代码是软件开发最重要的成果之一，其中渗透了程序员的思想和灵魂。初学程序，大多数会感到头疼，但是如果边看别人的代码示例，边自己实践，就可以举一反三了。我们还可以结合几个实例，组成新的程序，这样不但事半功倍，还有更上一层楼的感觉。

对 JAVA 而言有 API 类的源代码（JDK 安装目录下的 src.zip 文件），也可以研究一些开源的软件或框架。

6.5.5 加强英文阅读能力

对学习编程来说，不要求精通英语，但不能一点不会，最起码像 Java API 文档这些东西还是要能看懂的。看多了就会越来越熟练。在学 Java 的同时学习英文，可一箭双雕！

另外好多软件需要到英文网站下载，你要能够找到它们，这些是最基本的要求。学好英语会对你的学习有很大的帮助，口语好的话更有机会进入管理层。

【训练活动】

- 活动一：请你提供至少两个有关计算机专业英语的学习网站、论坛或博客？
- 活动二：请你准备一份英文的自我简介，包括个人基本信息、所学专业及课程等。

6.5.6 有效查找和利用资源

百度和 Google，应该是大家首要的信息来源。但是，这些来源都是被动的，搜索引擎不会自动地把好东西送到你面前，它的前提是你自己必须知道关键字。另外，还有一些渠道，是可以主动地把最新的信息推送给你，比如 Blog、RSS 订阅等。对于被动的搜索，要掌握好方法，提高效率。对于主动性的信息获取，要选择最权威、最高端的信息来源。这样才能让自己站在巨人的肩膀上，看得更远。

现在大家接触的信息量非常大，对于海量的信息，一种处理方法是泛读，目的是帮助自己获取新知，把握大方向，知道世界上发生了什么，不至于落伍；另一种处理方法，就是精读，深入地了解来龙去脉，必要时再去查找一些相关的资料，把这部分内容融入到自己的知识体系中。

【训练活动】

- 活动一：请列举出至少三种可以检索到中文科技期刊的数据库，并给出相应的检索网址，简要叙述各个数据库的特点。
- 活动二：以你现在所学某门专业课为方向，选择其中一种你认为权威的数据库检索至少十篇以上该方向的论文，并要求以参考文献的格式一一列举下来，并请详细说明你的检索方式和过程。

6.5.7 万不得已才请教别人

老师在在线辅导系统中解决学生问题时发现，大部分的问题学生只要稍作思考就可以解决。请教别人之前，应该先回答如下几个问题：

你是否在 Google 中搜索了问题的解决办法？

你是否查看了 Java API 文档？

你是否查找过相关书籍？

你是否编写代码测试过？

如果回答都是“是”的话，而且还没有找到解决办法，再问别人不迟。要知道独立思考问题的能力很重要。要知道程序员的时间是很宝贵的。

6.5.8 多读好书

书中自有颜如玉，书中自有黄金屋。比尔·盖茨是一个饱读群书的人。虽然没有读完大学，但 9 岁的时候比尔·盖茨就已经读完了所有的百科全书，所以他精通天文、历史、地理等各类学科，可以说比尔·盖茨不仅是当今世界上金钱的首富，而且也可以称得上是知识的巨富。

老师在给学生上课的时候经常会给他们推荐书籍，到后来学生实在忍无可忍开始抱怨：“天呐，这么多书到什么时候才能看完呢？”“学软件开发，感觉上了贼船”。这时候老师可以回答：“别着急，什么时候带你们去看看我的书房，到现在我每月花在技术书籍上的钱是 400

元，这在软件开发人员之中还只能够算是中等的。”没准学生们会当场晕倒。

【资料分析】

1．问题分析

（1）小刘的学习方向不够明确，容易被身边的环境所影响，在对新专业、新方向缺乏深入了解的情况下，盲目选择和放弃，显示缺乏理智思考，是不可取的学习方式。

（2）小刘显然已经走进了资料导向型、似懂非懂型和捡了芝麻丢了西瓜的学习误区，自己并没有把本专业的知识学好学透，在没有前期知识积累的基础上，选择学习新专业的知识，一味根据资料清单列出的内容苦学，而没有进行泛读和精读的分类，没能进行独立思考、学习总结，没有重点与取舍的学习，最终只能以放弃而告终。

2．解决方案

（1）小刘在选择新专业前，需要进行充分的调研，了解该专业的难易程度、需要的前期知识储备、自学掌握该门技术需要花费多少时间等，在经过多方面权衡下，再去做是否放弃本专业，改学新专业的决定，这样才能做到带着兴趣去学、做好准备去学。

（2）一旦学习方向确定，就要持之以恒、坚持不懈、不找借口。

首先明确自己的学习目标。物联网方向知识很广泛，有偏软和偏硬之分，有基于 Android、WinCE 操作系统的，因此，需根据实际情况确定专业方向。

其次制定明确的学习计划。“凡事预则立，不预则废。”学习计划的确定首先要明确学习的具体内容，采取的措施和方法，科学合理地利用和分配时间。

然后积极实施学习计划。在学习中会遇到各种障碍，如学习太忙、缺少时间；好奇心减退或失去学习兴趣；环境干扰等，这些都需要你排除各种因素，按时落实学习计划，当遇到问题和困难时，要积极思考，寻求帮助，立即解决，不要拖延、迟疑不决。

【本章总结】

- IT 行业的特性决定了 IT 人员终身学习的必然性。
- IT 人员在不同的时期需要有明确的学习方向。
- 自我学习应避免走入资料导向、似懂非懂、拣了芝麻丢了西瓜的误区。
- 自我学习应不断培养独立思考、获取自己观点的习惯。
- 自我学习要擅于利用搜索资源、书籍、论坛及有经验的人。
- 自我学习要脚踏实地、多实践。
- 加强英文的阅读能力帮助学习。

【思考练习】

1．请同学们结合下述资料分析，针对下面的提问，模拟面试过程：

面试官：你认为在你过去三年多的学习过程中最主要的三个收获是什么？

求职者：

资料：

某个世界 500 强公司的面试实录

面试官：编辑是一份需要不断学习的职业，能否给出一个你快速学习解决工作问题的实例？

求职者：作为一名编辑，我至今认为我最大的成功是为杂志社的市场发行部门撰写促销方案并实施。当时杂志社成立不久，为了开拓市场，要举行一系列的杂志推广活动。由于市场部人员配备不足，所以社长要求我来负责促销方案的撰写。我本身是读中文的，对于市场营销和管理都不甚了解，所以在一开始我十分担心不能按时完成任务。为了克服自己本身对这方面了解的不足，我看了许多营销和管理类的书，边学习边着手撰写促销方案，并不断修改。虽然每天只能睡几个小时，但是最后我终于完成了促销方案，并得到领导的好评。在后来的实施中，我的方案也被证明是十分有效的，帮助新杂志开拓了市场，并争取到了相当一部分的稳定读者。

分析：

（1）该求职者虽然是一名编辑，但是却用市场营销的事例来阐述自己的成功，是十分新颖的。利用这个例子，既强调了自己对新知识的接受和学习能力，还能作为编辑本身的相关能力蕴涵其中。

（2）回答这一类的问题，应注意对事例的描述要尽量清晰，给出当时情况是怎样的，为什么学习，怎样学习，最终达到怎样的效果。

2. 阅读下面资料，请帮助小李摆脱困境，以提升小李充分利用时间的能力、沟通能力和学习能力。

资料：

小李刚刚大学毕业，供职于某家软件开发公司，负责软件的市场销售。公司规定，小李每个月必须完成20万元的销售额。为此，小李必须每天要拜访5位客户，打20个销售电话。最近，他越来越觉得工作有点力不从心，主要的原因有四个：一是与客户沟通的能力还存在许多不足；二是朋友之间的应酬特别多；三是父母身体不好，需要有人照顾；四是每天除了销售还需要完成领导交代的其他事项。

第 7 章　时间管理

【资料背景】

李梅是某大学计算机系的学生，出于对 IT 行业的爱好，小李上大学以来一直认真学习，在大一、大二也取得了不错的成绩。但是她发现自己过得很累，每天除了上课，就是学生活动，有时还要和同学逛街，结果搞得自己的课外实训作业都不能按时完成。每天晚上回到宿舍，小李都哀叹时间怎么过得这么快，她还没完成当天的事情呢，然后就下定决心明天一定要完成计划的事情。但是到了第二天，原来想好的事情，又被其他事情给耽误了。就这样一天一天过去了，快到考期了，小李一看自己平时课程没有学好，只能临阵磨枪了，为了不挂科，弄得身心疲惫。

【问题】

- 李梅的经历反映了大学生中普遍存在的一种什么现象？
- 时间管理的误区是什么？
- 如何优化时间管理方式？

【本章目标】

通过本章的学习和训练，你将能够：

（1）知道时间的重要性。

（2）理解时间管理的误区。

（3）能熟练运用时间管理法则。

（4）掌握时间管理的原则。

（5）掌握时间管理工具的使用方法和技巧。

【知识引导】

7.1　认识时间管理

时间是人生最宝贵的财富和资本，无论我们做什么事情，即使不花费任何精力，但都必须花费时间。因此，时间管理能力的高低决定着我们事业和生活的成败。在时间面前，应该做一个善于管理时间的高手。

故事：

有两个人，到非洲去考察时迷路了，正当他们在想怎么办时，突然看到一只非常凶猛的狮子朝着他们跑过来，其中一人马上从自己的旅行袋里拿出运动鞋穿上。另外一人看到同伴在穿运动鞋就摇摇头说："没用啊，你怎么跑也没有狮子跑得快。"同伴说："嗨，你当然不知道，在这个紧要关头最重要的是我要跑得比你快。"

这个故事让人联想到：人们正处在一个竞争激烈的世界中，我们必须参与各种人生的竞赛，而这场竞赛的对手可能是你的同学，可能是你的同事，也可能是你生意场上的对手。然而，不管怎样竞争，最让你感到束手无策的一样东西就是时间。时间就好比故事里的狮子一样，怎么跑也不能跑得比它快。但只要你比竞争对手跑得快，你就会赢得时间，最终赢得胜利。

7.1.1 认识时间

时间是过去、现在、未来组成的一连串事件。——韦氏字典

时间具有公平性——每人每天都是 24 小时，每小时都是 60 分，每分都是 60 秒。

时间具有单程性——时间一去不返，人生是一次单程旅行。

“时间就是金钱”这个比喻是贝内特辩论的主要部分：为什么不更多地关心怎样靠给定的时间获得生存而不是靠给定的金钱获得生存。谁能充分利用一天的 24 小时？谁没有在一生中一直对自己说，“如果有更多的时间，我将改变那种状况？”

【训练活动】

- **活动一：**你是如何看待时间和金钱的关系？它们对你来说哪个更有价值、更有意义？

7.1.2 认识时间管理

时间管理学者杰克·弗纳对时间管理的定义是：有效地应用时间这种资源，以便我们有效地达到个人的重要目标。卡内基认为：竞争的实质就是在最短的时间内做最好的东西。简单地讲，时间管理就是如何以最小的时间投入来获得最佳的结果。

时间管理的核心就是要分清事情的轻重缓急，排列出优先顺序。

时间管理是一种习惯，这种习惯的好坏决定了生命的价值。如果你的时间管理非常好，那么你的生命也就会越来越丰富。

故事：

一位母亲看见的

一位母亲在杂志上看到一则有关美国华裔体操名将马思明的报导，感到非常惊讶。这位母亲并非对她以十七岁的小小年纪，而获得泛美运动会体操全能金牌感到吃惊，而是佩服她运用时间的能力。

马思明每天早上五点半起床，六点出门，六点四十至七点做暖身运动。然后练习到九点半。十点开始上学校的正规课程，下课之后再去体育馆练习，从四点一直到七八点，才开车回家做功课，并在十一点钟就寝。

母亲暗自想：

当我的孩子还在被催着起床，或坐在床边发呆的时刻，马思明已经做完暖身运动。

当我的孩子正在浴室挤青春痘和吹头发的时刻，马思明已经在平衡木上跳跃。

当我的孩子在电视前吃着零食，嘿嘿傻笑时，马思明正离开体育馆，驾车穿过黑暗的夜色。

当我的孩子坐在餐桌前细细品味他的宵夜，一刀一刀往小饼干上涂乳酪时，马思明已经做完功课、上床睡觉了！

这位母亲相信马思明的身体是很疲惫的，但是她疲惫得健康，第二天的早上，又以一副轻爽的身躯，投向新的战斗。我也相信马思明的时间是不够用的，但是她安排得有条不紊，由

于都在计划之中，所以反而从容。我更相信马思明会希望像一般十七岁少女一样，细细妆扮之后，赴一个又一个的约会。但是追求更高境界的理想，使她不能，也不敢有一刻松懈。

记住！上帝给每个人的时间都一样，但是每个人使用的效果却不相同。如果你没有崇高的理想，就不能战胜自己的惰性；无法战胜惰性，就很难把握时间。这位母亲尤其欣赏马思明的教练唐•彼得斯所说的两句话：

“我认为她是美国最好的体操选手，她有能力把握每一天的时间！”

他没有用任何词语形容马思明辛苦的练习，却强调她有能力把握每一天的时间。是因为每一个堪称为“最佳体操选手”的人，必然都经过辛苦的练习。其中唯独“有能力把握每一天时间”的，才能站到巅峰。

【训练活动】

- 活动一：谈谈你对时间管理的认识与看法？
- 活动二：请说说你是如何利用一天 24 小时的？

7.2　时间管理常见问题

所谓时间管理就是有效地利用时间资源，以便有效地取得个人重要目标。时间管理可以使工作系统化、条理化，工作更有效、更有成果。

目前，人们的时间管理现状并不尽如人意。具讽刺意味的是，最严重的浪费者通常是那些工作努力并且长时间工作的人，他们看上去很忙，但效率很低。他们没有管理好自己的时间，主要问题和原因如下：

1. 缺乏明确的目标

面对高节奏的现代生活，人们往往处于一种过度忙碌或者不知所措的状态，无论是学习、工作和生活都缺少一个目标，随波逐流，很难围绕一个中心展开。

2. 干扰太多

现代社会，干扰绝对是时间的头号杀手。你有没有遇到过这种情况，当你专心坐在电脑前面，准备完成编程作业。突然，QQ 上滴滴滴的声音响起，人人网的新鲜事在跳跃。突然，你的同学一个电话过来，约你出去玩；Outlook 弹出一封邮件，是学生会发来的，要你做 ABCDEFG 的事情。当你花 m 分钟一一顺利处理完这些事情，或许编程的思路已经被中断了无数次，于是，你不得不再花 n 分钟找回你原来的思路，如果思路找错了，你又得花 p 分钟来纠错。于是，干扰给你带来的额外时间损失就变成了 m+n+p 分钟。

3. 拖延

拖延通常指那些光思考而不付出实际行动的人的恶习。正如谚语所说，拖延就是“浪费时间”。拖延本质上是没动力的一种表现形式。但和普通的“没动力”的区别是，那些拖延的事情，你可能有很大的动力去做。但是动力越大，你就越不敢下手，怕把事情给做坏了，于是，你一再提醒自己，要等条件成熟了，积累够多了才去做这个事儿。事情就这么被一拖再拖，时间就在其中蹉跎了……如果你想成为一个好的时间管理者，就必须从你的生活中驱除它。从现在开始对你自己严格要求，去做一直被你推迟的事情。

【案例】

罗伯特·迪尔在许多方面是一个有潜力的好的管理者，尤其是在与员工的关系方面。但是员工发现他拖延的习惯令人不快。甚至是小事情，他都倾向于拖延到明天再作决定，并且从来不会有明天。他的两个下属有时从他的办公室出来相互抱怨："他拥有我们花费时间才能获得的信息，并且现在到了他作出决策的时间。但是，他再次让我们做更多的工作。"迪尔先生不是不能作决定，他只是陷入了把事情拖到明天的习惯。当他面对一些不愉快的事情时，这种现象更显而易见。这种习惯已悄然进入他的工作之中。一个主要人事问题需要解决，两个问题都被拖延到一个更合适的时间，但是这时间永远看上去不合适。报告、信件和紧急需求都被堆积在他桌上。最后，这种拖延的习惯让他尝到了苦头。他耽误了看一封即将到来的会议预告信，并且毫无准备地参加了这个会议，结果新的首席执行官在会后解雇了他。

4. 缺乏优先顺序

这是一个隐性的时间杀手。假设你是一个不拖延的人，遇到什么事情，当下马上就去做。但还是会造成时间的浪费，为什么呢？对事情不分轻重，一概以事情发现发生的顺序去做，缺乏顺序安排，你很有可能发现，到了 the end of the day，你做的都是琐事，真正重要的事情，有一半以上还没有做。

5. 不能拒绝请托

拒绝请托是保障自己的工作、学习时间的有效手段。倘若勉强接纳他人的请托无疑会干扰你自己的工作。在现实生活中，很多人都会走入"不能拒绝请托"的时间管理误区中。

在诸多请托中，有一类是职务所系而责无旁贷的；另一类虽然也是职务所系，但请托本身却是不合时宜或是不合情理的；尚有一类请托则属于义务履行的请托。后两类请托经常会引起我们的困扰。

为什么很多人不好意思拒绝请托而去干那些浪费时间的事情呢？其原因可能有：

（1）接纳请托比拒绝更为容易；

（2）担心拒绝之后导致请托者的远离；

（3）想做一个广受欢迎的人；

（4）不了解拒绝他人请托的重要性；

（5）不知道如何拒绝他人的请托。

消除以上几种原因，必须从改变自我观念入手，理解拒绝请托的益处所在，要有自己行事的原则，耐心地讲给请拖者你拒绝的原因。

【训练活动】

- 活动：在接受请托之前不妨先问自己以下几个问题，经过"成本—效益"分析后，进行取舍。

（1）这种请托是属于我的职责范围内吗？

（2）对实现我的目标有帮助吗？

（3）如果接受它，将付出什么代价？

（4）如果不接受它，则需承担什么后果？

6. 整理整顿不足

办公桌的杂乱无章与办公桌的大小无关，因为杂乱是人为的。"杂乱的办公桌显示杂乱的心思”是有道理的。让一个不富条理的人使用一个小型的办公桌，这个办公桌会变得杂乱无章，即使给他换一个大型的办公桌，不出几日，这个办公桌又会遭遇同样的命运。套用“帕金森定律”——“工作将被扩展，以便填满可供完成工作的时间”，我们也可以导出“文件堆积定律”——“文件的堆积将被扩展，以便填满可供堆积的空间。”

当你的上司向你索取一份技术资料，你是否能在第一时间从容不迫地递给他？当你需要一份信息时，是否满文件夹地翻个底朝天？如果你的回答是肯定的，无疑，你会在寻找文件的过程中浪费大量本不必浪费的时间。

所以减少时间的浪费，可以从整理整顿桌面开始，并逐渐养成一种习惯。

7. 进取意识不强

我们经常说到：“人最大的敌人就是自己”。有些人之所以能够让时间白白流逝而毫无悔痛之意，最根本的原因就是个人缺乏进取意识，缺乏对工作及生活的责任感和认真态度。主要表现在以下几个方面：

（1）个人的消极态度；

（2）做事拖拉，找借口不干工作；

（3）唏嘘不已，做白日梦；

（4）工作中闲聊。

如果我们一直处于迟钝的时间感觉中，换句话说，当你觉得时间可有可无，不愿面对工作中的具体事务，沉溺于“天上随时掉下大馅饼”的美梦时，那就需要好好反省自己了，因为你随时在丧失宝贵的机会，随时可能被社会所淘汰！

【训练活动】

- 活动：如果你在时间管理上做得不够好，请说出主要是因为以上哪几点。

7.3　时间管理法则

【案例】

我们先来玩一个小游戏。桌上放有六七块大小不一的石头和两个大小相同的类似水盆的容器，其中一个容器中盛有一大半的细沙，另一个容器是空的。现在让你把所有石头和所有细沙都放到那个空的容器中，但条件是细沙和石头都不能冒过容器的上端平面，你会怎么做？有的人会先把细沙全倒入空容器中，然后费了九牛二虎之力也无法按要求将所有石头都塞进细沙中。可如果你先把所有的石头都放进空容器中，然后再倒入细沙你会发现在摇一摇、抹一抹之后，轻而易举地就完成了任务。

思考：在这个游戏中容器象征着什么？细沙象征着什么？石头象征着什么？这个游戏又说明了什么？

分析：容器象征着我们每个人有限的时间，不管是一天也好一生也罢。细沙象征着那些每天纠缠着我们的似乎永远也忙不完的紧急的琐事。石头象征着关乎人生效能的大事。这个游戏说明倘若我们总先忙琐事那么很难成就大事。而如果我们能做到要事第一，那么处理起琐事来也会游刃有余。

7.3.1 时间管理矩阵

事务依重要性与紧急性可分为四类，如图 7-1 所示。第一象限是既紧急又重要的事件，第二象限是重要但不紧急的事件，第三象限是紧急但不重要的事件，第四象限是既不紧急也不重要的事件。大学生可以根据实际情况来进行划分，如图 7-2 所示。

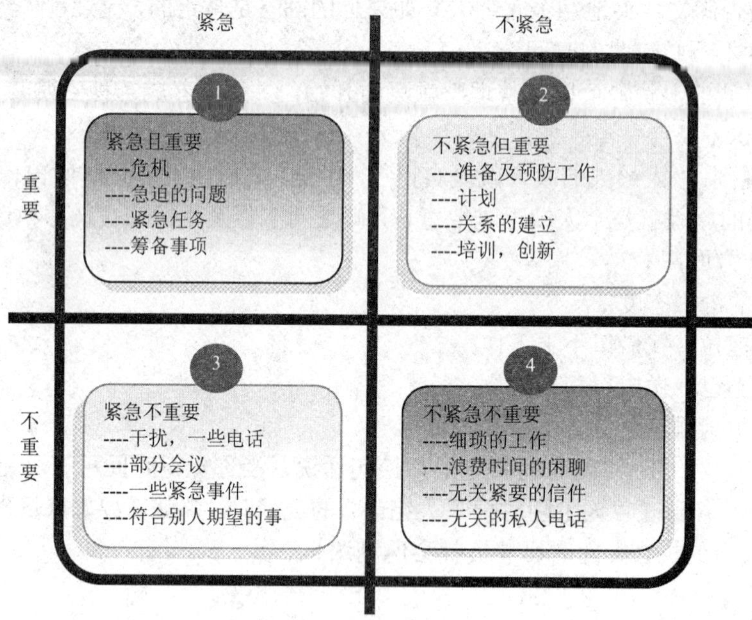

图 7-1　将事件进行划分

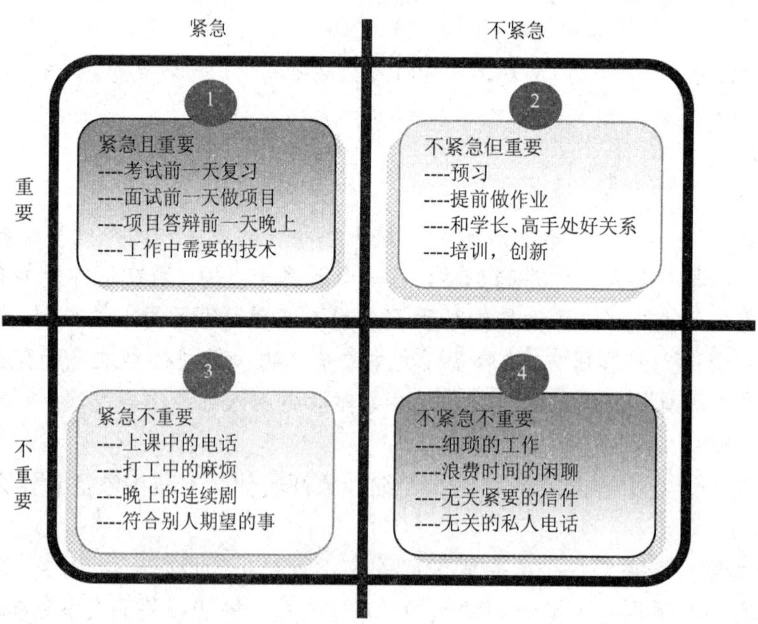

图 7-2　大学生根据实际情况划分事件

我们每个人对这四类事务都会有自己的判断，但不管怎样，我们在现实中却常常落入这样的错误倾向：偏重第一类事务，导致压力大、筋疲力尽、危机处理、对自己失去信心；偏重第三类事务，轻重不分，未能有效完成本职工作，缺乏自制力、怪罪他人，面临危机压力，失去目标与计划。

因此一定要减少过多地或被迫处理的紧急之事，平时必须首先关注重要但不紧急的事务，紧急但不重要的事务可以委托授权，不紧急也不重要的事务尽力去放弃。

【训练活动】

- 活动一：请按照时间管理矩阵原理，把下面的任务按照重要性和紧迫性程度进行划分，并填写在图 7-3 中。

	紧急	不紧急
重要	1	2
不重要	3	4

图 7-3　时间管理矩阵

吴经理今天的工作主要包括：接电话、辅导下属工作、与财务经理商谈销售费用的预算、与行政部门经理闲聊、向营销总监汇报工作、与人事经理谈某下属的奖金问题、撰写招聘计划、喝茶、下属请示工作等。

- 活动二：假如现在是周一的早上，面前是这五天要做的事情：

A．重要、紧急　　B．重要、不紧急

C．不重要、紧急　　D．不重要、不紧急

①你从昨天早晨开始牙疼，想去看医生

②星期六是一个好朋友的生日——你还没有买生日礼物和生日卡

③你好几个月没有回家，也没有打电话或写信

④有一份夜间兼职不错，但你必须在周二或周三晚上去面试（19:00 以前），估计要花一小时

⑤明天晚上有一个 1 小时长的电视节目，与你的工作有密切关系

⑥明晚有一场演唱会

⑦你在图书馆借的书明天到期

⑧外地一个朋友邀请你周末去他那儿玩，你需要整理行李

⑨你要在周五交计划书前把它复印一份

⑩明天下午 2:00－4:00 你有一个会议

⑪你欠某人 200 元钱，他明天也要参加那个会议

⑫你明天早上从 9:00－11:00 要听一场讲座

⑬你的上级留下一张便条，要你尽快与他见面

⑭你没有干净的内衣，一大堆脏衣服没有洗

⑮你要好好洗个澡

⑯你负责的项目小组将在明天下午 6:00 开会，预计 1 小时

⑰你身上只有 5 元钱，需要取钱

⑱大家明晚聚餐

⑲你错过了周一的例会，要在下周一前复印一份会议记录

⑳这个星期有些材料没有整理完，要在下周一前整理好，约 2 小时

㉑你收到一个朋友的信一个月了，没有回信，也没有打电话给他

㉒星期天早晨要出一份简报，预计准备简报要花费 15 个小时而且只能用业余时间

㉓你邀请恋人后天晚上来你家烛光晚餐，但家里什么吃的也没有

㉔下周二你要参加一个业务考试

讨论：

（1）对上述事件你如何用 A、B、C、D 分类？

（2）请根据上述 24 件事情的重要和紧急程度，为你未来一周的工作做一个计划表，如表 7-1 所示。

表 7-1 计划表 1

时间		A	B	C	D
周一	上午				
	下午				
周二	上午				
	下午				
周三	上午				
	下午				
周四	上午				
	下午				
周五	上午				
	下午				
周六	上午				
	下午				
周日	上午				
	下午				

（3）对于不重要的事情你打算怎样处理？

7.3.2 80/20 法则

在时间管理中，必须要学会运用 80/20 法则，要让 20%的投入产生 80%的效益。从个人角度来看，要把握一天中 20%的精华时间用于关键的思考和准备，这个可以根据你的生活状态、生物钟来确定 20%的精华时间是在哪个时候。

80%最佳效果的工作来自 20%的时间；20%较为次要的工作花去 80%的时间。我们需要寻找 20%的努力就可以获得 80%效果的领域，这就要求我们必须遵循这样的原则：集中精力解决少数重要问题，而不是解决所有问题；在每天思维最活跃的时间内做最有挑战和最有创意的工作；把精力用在最见成效的地方。

当然，你还需要用 80%的时间来做 20%最重要的事情。

善用 80/20 法则要求你必须对所要处理的事务在优先顺序上有明确清醒的认识。

7.4　时间管理的原则

怎样才能有效利用 24 小时呢？下面介绍时间管理的六个原则。

1. 不要被时间所管理，而要去管理时间

积极地对待工作，向工作挑战。这就是说，平时要明确认识自己的任务和自己想做些什么。这一点对软件工程师来说极其重要。大学生可以通过时间日志来了解自己的情况。时间日志要准确地记录每天做的事情，至少连续记录一周，记录的人通常会惊讶地发现，自己在某些活动上花费的时间比原来自己认为得要多，而某些重要事情占据的时间却比自己预想得要少。通过记录和评价，大学生会了解自己的时间利用情况，这将帮助其明确下一步努力的方向。

2. 要有自己的梦想（或愿望、目标）、想法和计划

能列出具体计划去实现自己的梦想、目标或目的的人就是善于利用时间的人。这样的人会开动脑筋努力工作，并为实现自己的目标去充分利用时间、精力和经营资源。

【案例】

姚剑军，网名阿飞，1982 年生于福建永春，先后创办站长之家、CNZZ 数据统计、光环游戏等网站与企业。其中站长之家帮助了中国数百万名个人站长，许多知名站长都从这里走出来的；CNZZ 是中国最大的第三方数据统计服务商，2008 年获 IDGVC 投资，2011 年被阿里巴巴集团收购；而光环游戏所出品的神仙道获得多项荣誉，2011 年收入名列页游圈前三。2012 年，姚剑军被福布斯中国评选为中国三十位三十岁以下优秀创业者。

在姚剑军看来，真正的成功应该是梦想的实现，是价值的体现，而非单纯的金钱多寡，财富的多少对于创业者来说，太过世俗。成功的创业者就应当在不断修行，又不断享受的过程中前进。

不管碰上了什么事都要坚持，对自己经常做总结并做调整，阶段性地做一些事情。

要将眼光看远一点。做任何事情都要有明确的目标和详细可行的计划，还要有敢说敢做的性格，如果仅有计划和目标而不动手，那么计划永远都是停留在笔记本上的计划，只有用双手实践才能让它完美。

3. 做事要分轻重缓急，要有先后顺序

善于利用时间的人会在有限的时间内去做最重要的事情取得更大的成果。这就是说要善于安排时间和集中时间。每天要把该做的事情，按其重要程度编码排队，列出一览表，然后按顺序去做，用 80%的精力做 20%的主要工作。

一些人发现有一个字母系统、数字系统或是星号系统对各种不同的优先权排序是有帮助的。例如，一个字母系统可能包括：

A：今天必须做的

B：今天应该做的

C：今天可能要做的

【案例】

有益的建议

查尔斯·施瓦布把伯利恒钢铁公司改造成世界上最大的钢铁独立生产商。他曾经在饭桌上向管理顾问艾维·李发起一个挑战："告诉我在我的时间里能做更多事情的方式，只要合理，我将付给你钱。"李递给他一沓白纸："每天晚上写下你明天必须做的事情。"他说："按照重要性给它们编号。早上的第一件事是从第一项开始工作，并且继续，直到它完成了。然后开始第二项……然后是第三项……第四项。如果你没有全部完成，也不必担心。如果你不能按这种方式做，那么通过其他任何方式，你都不能做。每天使用这个系统。"

没过多久，施瓦布送给李一张 25000 美元的支票。后来他说那是他在经商生涯中所上的最有收益的一课。

4. 学会利用别人的时间

一个项目经理有必要弄清什么工作应由自己来做，并把它们具体地写出来。非得自己去做的事情是什么？哪些事情可以让程序员或技术总监去做？自己现在所需要的时间是多少？能否通过让程序员或技术总监去做而得到这些时间？

5. 要有计划地进行工作

有效利用时间的一个基本原则就是制定出好的计划来。由于计划不周密往往会产生时间的浪费。即使战略目标正确，如果实行步骤不合适，同样会浪费时间。

6. 学会说"不"

工作中的效率依赖于知道做什么和不要做什么。过多的承诺必定通向失败之路，它能导致你身体的崩溃。

【训练活动】

- 活动一：请对照下面两个情景，哪个是你？

情景 1：

6:30 起床。
7:45 到教室，上次作业没有写，现抄。
8:00 上课。
10:00 上机课，先复制同桌的作业，然后上交。
10:30 做上机练习，因为不会，玩了 1 个小时游戏。
11:30 下课，没有记下作业的内容，就冲出教室。
12:30 吃完午饭回宿舍，打开电脑，继续昨天没有完成的游戏（或小说），直到 13:15。
13:30 冲到教室，开始下午的课程，一觉睡到下课。
15:30 回宿舍，直接回到电脑旁继续，直到凌晨。
凌晨 3:00 睡觉，因为第二天不上课，所以睡到 12:00。
……

情景 2：

6:30 起床。

7:45　到校，整理上次上课的笔记，做课前预习。

8:00　上课。

10:00　上机课，已经把本次上机课的内容完成，但是还有些问题，询问任课老师。解决后，学习下次课程的内容。

11:30　下课，在学校吃午饭。

12:30　回宿舍，午休一会。

13:30　下午课程。

15:30　在公共机房上机，练习下次课程的内容，并且询问学长技术问题。

17:00　下午练习结束，做好保存后，离开机房。

17:30　吃完晚饭回宿舍，和舍友聊天交流。

19:30　开始看书，学习在练习过程中比较模糊的理论知识点。

22:30　睡觉。

……

- 活动二：做出一周计划表。

概述

按照任务紧迫性和重要性的不同程度，可以把任务分为四类：

优先级 A：重要而且紧迫；

优先级 B：重要但不紧迫；

优先级 C：不重要但紧迫；

优先级 D：不重要也不紧迫。

请根据你的实际，把下周所要做的所有实务进行四类划分，并填写在表 7-2 中。

表 7-2　计划表 2

时间	优先级 A	优先级 B	优先级 C	优先级 D
周一				
周二				
周三				
周四				
周五				
周六				
周日				

7.5　时间管理工具

借助时间管理工具，不仅可以很好地对任务和活动进行整体规划，而且可以帮助你更好地、更有计划性地去生活，去工作。效能时间管理（Efficient Calendar Free）工具可以帮你实现更加科学健康的生活，下面将介绍具体的使用方法。

（1）启动“效能时间管理”工具软件，显示界面如图 7-4 所示。

（2）进入左侧日历模块后，可以右键单击日期来添加事件或任务，如图 7-5 所示。也可以在事件或任务模块直接添加。还可以给它们添加备注信息、附件或进行分组管理。事件添加界面如图 7-6 所示，任务添加界面如图 7-7 所示。

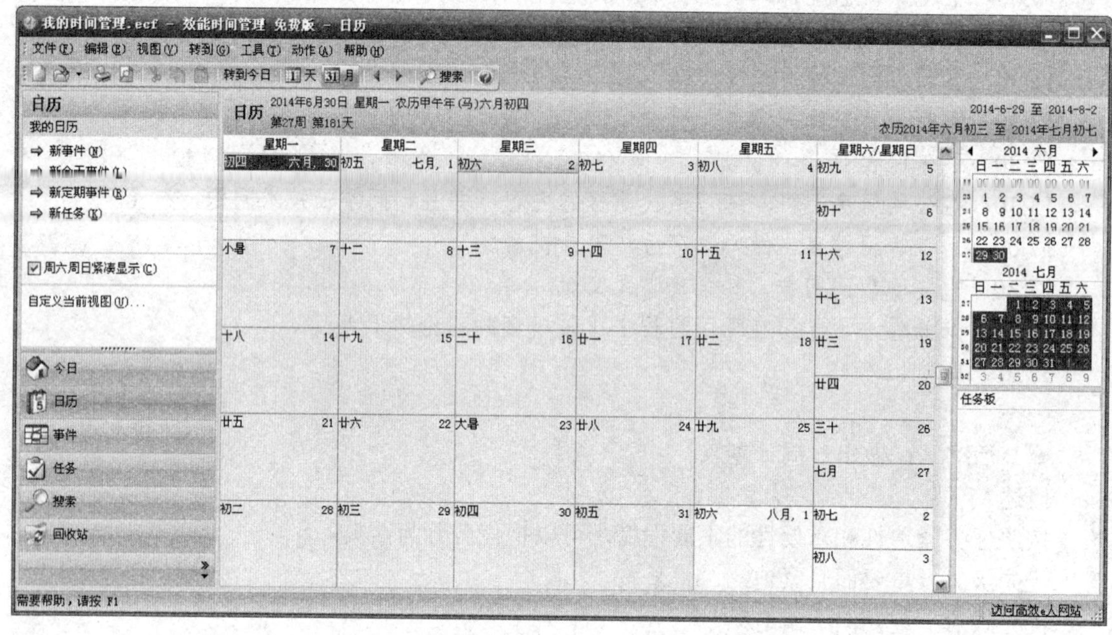

图 7-4 “效能时间管理”工具启动界面

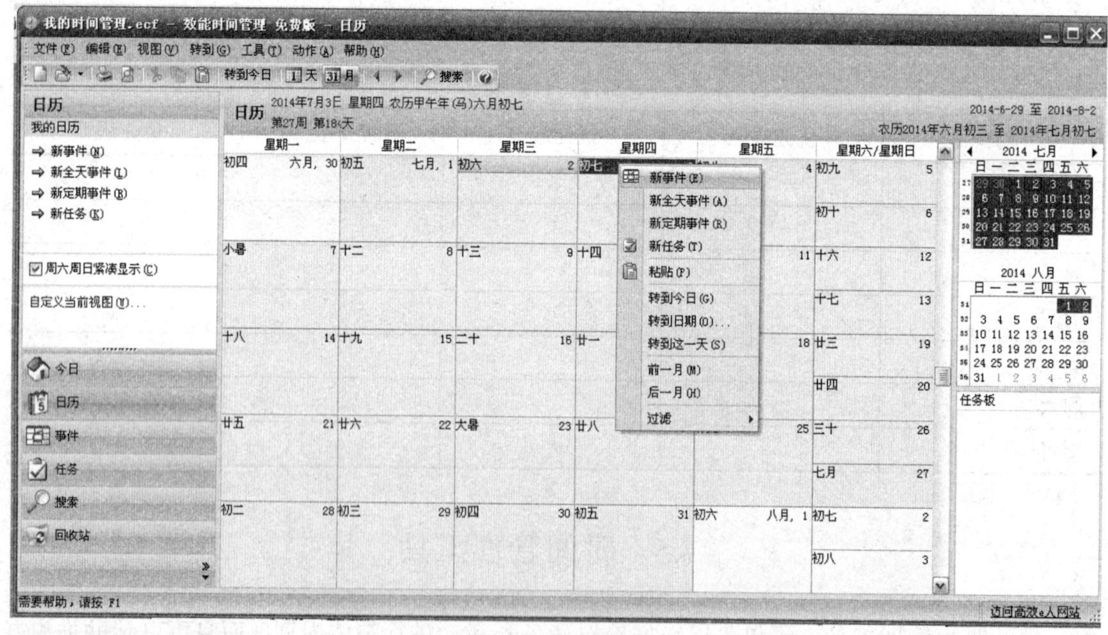

图 7-5 “效能时间管理”日历

（3）编辑好之后，可以进入今日模块查看你的日程安排，如图 7-8 所示。软件会根据设置的时间及时提醒你。如果某件事会重复发生，还可以设置它的周期，让软件定期提醒，重复周期设置窗口如图 7-9 所示。单击视图→提醒窗口，可随时查看各事项。

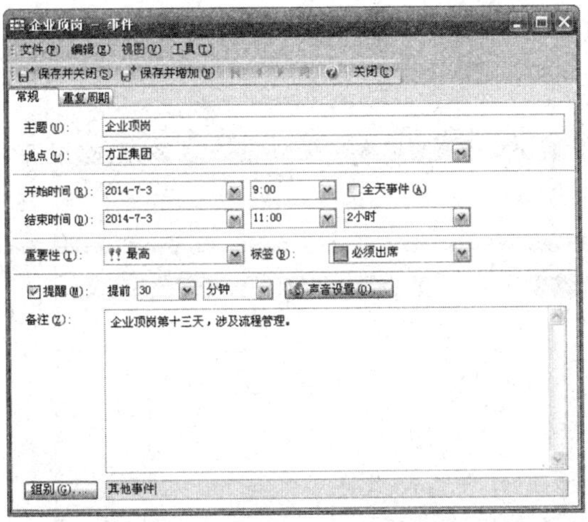

图 7-6　新事件添加界面

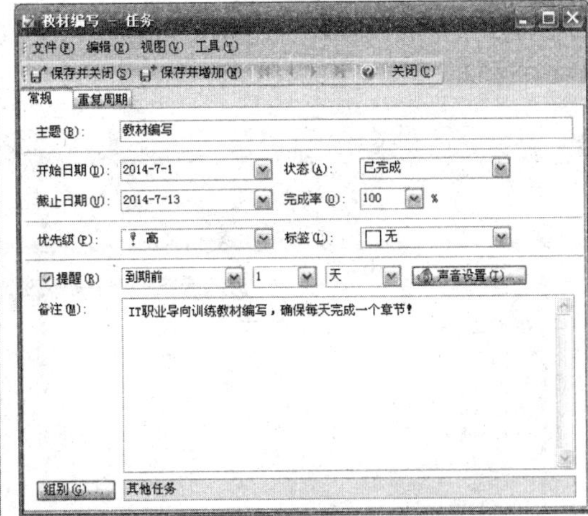

图 7-7　新任务添加界面

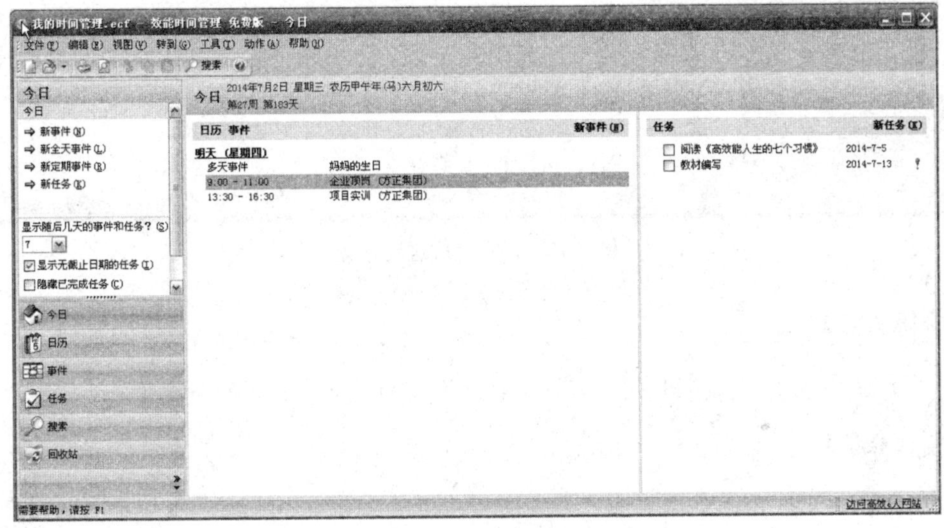

图 7-8　日程安排

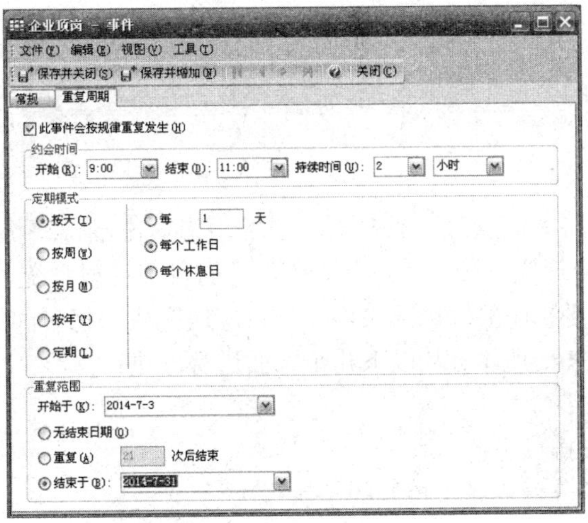

图 7-9　重复周期设置

（4）当完成某项任务之后，可以在任务或今日模块中打√标记。同时也可以记录其他任务完成的进度，参见图 7-10 所示。

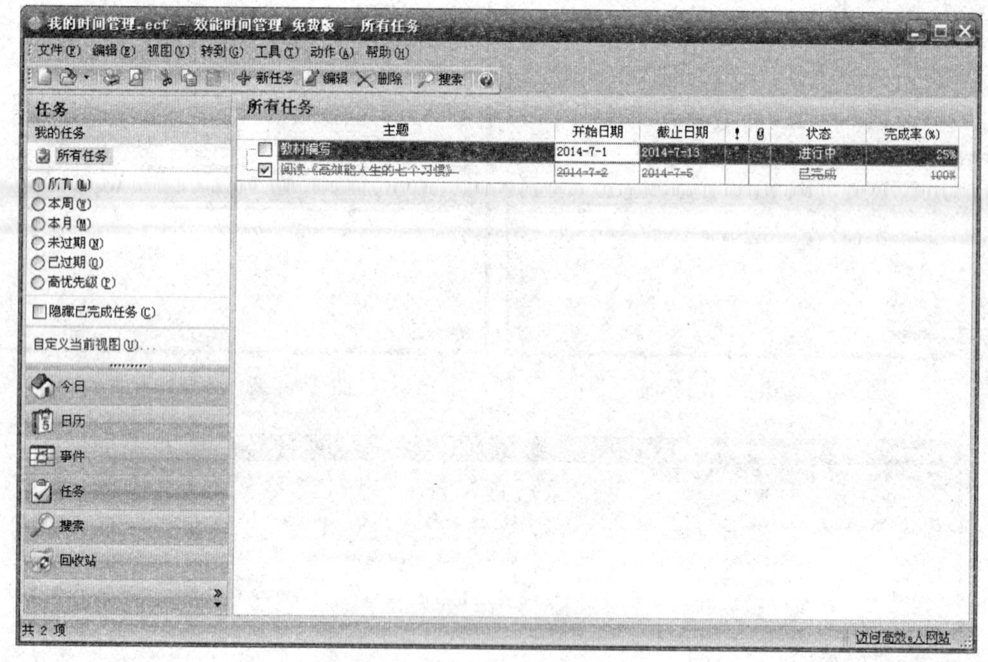

图 7-10 任务完成进度标记

【训练活动】

● 活动：请使用“效能时间管理”工具，制定自己一周的活动计划表。

【资料分析】

1. 问题分析

李梅的经历显然不是个案，反映出当代的大学生缺乏时间管理意识，普遍存在时间安排不合理，不能充分、合理利用时间的现象。

在自己的课外时间安排上，李梅完全没有时间的目标计划，遇事也不分轻重缓急。对于过多的学生活动与频繁的逛街不懂得拒绝或有效授权，在外来干扰下一味的拖延重要的事情，造成不必要的时间浪费。

2. 解决方案

大学生需要正确看待时间管理，首先对自己的习惯做出准确评价，认真制定并执行工作计划，分清轻重缓急，合理安排顺序，确定适合自己的时间管理系统。人的精力和注意力是有限的，大学生应该把重要的任务挑选出来，专心致志地完成，把时间用在更有意义的事情上，才能把握现在，赢得未来。具体可从以下几个方面进行改进：

（1）有计划的工作；

（2）根据生物钟安排任务；

（3）把较大的任务分解成易于控制的小块；

（4）充分利用零碎时间；

（5）学会说“不”；

（6）请人帮忙或授权。

【本章总结】

- 良好的时间管理能力会决定人们事业和生活的成败。
- 时间管理误区主要有缺乏明确的目标、干扰太多、拖延、缺乏先后顺序、缺乏进取心等。
- 要遵循时间管理法则，如时间管理矩阵、80/20法则等。
- 要学会正确的时间分配并能充分有效地利用时间，减轻工作和学习压力。
- 善用一些常用的时间管理工具。

【思考练习】

（1）讨论题：在工作、旅行或日常生活中，有大量的零碎时间，你会如何运用这些时间？

（2）阅读下面的案例并分析。

何经理，本科毕业，在东莞一家民营企业任人事经理。他8:28分打卡，到办公室刚好8:30，然后打一杯水，抽一支烟，正好工程部谭经理来找他说有一个工程师想离职，为了了解情况，两人又抽了一支烟。谈了半个小时没有结果，何经理说：“你找老板谈谈，按他的条件我没有权利给他加工资”。一看9:30了。然后开始签各部门交来的考勤单、奖罚单、请假单等，打开招聘网，顺便看看网易新闻，就已经是10:30。上厕所时在门口碰到几个新员工来应聘，文员服务又不好，多问了几句，说了文员几句，心情又不好。回到座位上，看看昨天写的报告还没有完，生产部反映天气热，行政主管不在岗，又亲自安排厨房烧凉茶，回来已经就差半小时吃饭了，看到做不成什么，就与下属聊天，还差十多分钟下班，就给东莞以前的同事打电话，然后就下班吃饭了。

下午13:30上班，昨晚打麻将没睡好，午休还没有睡好，迷迷糊糊地坐到办公桌前。自己泡了一杯浓茶。刚好看到应聘的人员不会填简历，又解释一通，回到办公桌前已14:30，这时下午开生产例会，因员工招聘不到，要求参加，大概花了5分钟介绍了招聘情况，散会已经16:30，碰到品管经理来找文员要培训名单，又来聊了一会。明天还要开会，提交一份月总结报告，还没有写好。刚写好就5:30到了。于是下班了。

试分析何经理在时间管理上存在哪些问题？

第8章　压力管理

【资料背景】

IT公司的“公民”已经成为高危人群——《计算机世界》在对包括微软、英特尔、戴尔、百度、金山、浪潮等20余家公司的293位员工的调查中发现：公司白领层普遍充满了职业枯竭感；暴躁、沮丧等负面情绪弥漫；由于长期的工作重压使得他们正经受着失眠、头疼等生理疼痛的折磨；有些个体还表现出诸如“暴食”、“暴走”等极端行为。

调查显示：57%的“公民”最关心的心理健康问题是“缓解工作压力”；50.6%是“调适自己的心理健康”；31.7%是“调适人际关系”；31.7%是解决家庭压力。超过50%的人认为自己有必要接受心理机构的辅导和治疗。

毋庸置疑，IT是一个高压力的职场，从2005年年仅38岁的网易代理首席执行官孙德棣猝死，到2010年37岁的腾讯网女性频道主编于石泓因脑溢血去世，“过劳死”已经成为IT界一个可怕的梦魇，“过劳死”时的平均年龄为44岁，其中IT阶层年龄最低，仅仅为37.9岁。

【问题】

- IT从业人员由于身处行业的特殊性，长期处于高压状态，请问这些压力主要来自哪些方面？
- 针对IT从业人员压力过重现状，请问该如何进行自我压力管理和缓解？

【本章目标】

通过本章的学习和训练，你将能够：

（1）正确理解压力的内涵。

（2）合理分析压力源。

（3）强化“压力管理”的意识。

（4）提升压力管理的能力。

【知识引导】

8.1　感知压力

【案例】

每当太阳从地平线上升起，草原上的猎豹就开始寻觅着他们的猎物——羚羊，而羚羊们更是高度警惕、时时小心，以免成为猎豹们的盘中餐。多少年来，从它们出现在这片草原时起，就开始了这种速度和生存能力的竞争。到如今，它们都已跻身地球上“奔跑最快的动物”的行列之中。

小猎豹问妈妈：“为什么我们总是要奔跑？”母猎豹告诉它：“孩子，你一定要注意那些羚羊，它们就是我们赖以生存的食物。你必须学会和提高奔跑的能力，这样才不会被饿死。”

与此同时，小羚羊也在问妈妈：“为什么我们总是要奔跑？”母羚羊说：“因为每时每刻，我们的敌人——猎豹都在等待着机会。我们只有不断地奔跑和闪躲，才能保证生命的延续。而且我们要争取跑得更快，因为猎豹跑输一次，顶多意味着一次猎捕的失败，不过是少吃了一顿午餐。但对我们而言，就是多了一次继续活下去的机会，我们也才能够继续看到明天的太阳。他们是为了午餐，我们是为了生存，这就是为什么我们要比猎豹跑得更快的原因。”

8.1.1　什么是压力

1. 压力的含义

第一，它是那些使人感到紧张的事件或环境刺激。

第二，它是一种主观的内部心理状态。

第三，它是人体对需要和威胁的一种生理反应。

2. 压力的本质

压力是一种无形的力量，存在于精神或心理层面，会导致心理上和社会适应方面不健康，进而影响生理健康！

8.1.2　压力的种类

1. 依压力产生的效应分类

（1）积极压力

所谓积极压力，是指就长期而言，会产生正面、积极与顺利结果的压力。如：就任新职、参加竞赛或结婚。

（2）消极压力

所谓消极压力，是指就长期而言，会产生负面、消极与不好结果的压力。如：失业、离婚或生病。

2. 依压力对个体负荷程度分类

（1）过度压力

所谓过度压力，是指超过个体所能容忍，无法适应且会造成严重后果的压力。

（2）轻度压力

所谓轻度压力，是指个体能够容忍，可以处理而且不会产生太多负面反应的压力。在一般正常的情况下，大部分的压力都属于轻度压力。

8.2　正视压力

8.2.1　困扰大学毕业生的四大压力

【案例】

小雅（化名）是南京工业大学 2012 届毕业生，这学期不仅报考了研究生，还报考了国家及地方公务员，以及计算机三级、英语六级等。然而，现在的她却感觉到前所未有的迷茫：“与当初考大学时的目标明确比较起来，现在我觉得自己失去了方向。不知道接下来到底该往哪个方向走。”为此，小雅患上了严重的失眠症，时常感到焦虑、抑郁、急躁不安。像小雅这种状态，在毕业生中存在率着实不低。

通过调查显示大学毕业生的心理压力主要分为以下几种。

1. 就业压力

就业是大学毕业生面临的首要问题。近年来，大学生找工作，或者说找比较理想的工作越来越困难，特别是一些比较“吃香”的单位或岗位已经出现了“千军万马过独木桥”的严峻局面。就业成为大学生普遍关注的话题，也形成了大学生诸多压力中最主要的压力。就业压力还来自个体家庭背景差异。一般有家庭背景的学生，不管在校学习成绩好与坏、素质高与低，最后一般都能找到相对理想的工作。而家庭背景比较差的学生即便成绩较好、素质较高，也较难得到令自己满意的工作。因此，一到面临找工作，一部分学生就会为自己的前途感到焦虑、担忧，感叹社会的不公。

同时，就业压力还导致大学生特别是女大学生对自身外貌的关注，调查中发现，41%的同学担心因自己长相平平而在就业中吃亏，而 21%的同学则已经开始担心自己毕业后面临的婚姻恋爱问题，甚至有一小部分同学萌发了整容、整形的念头。

建议：心理咨询专家指出，疏解这种压力要从主观与客观两方面入手。主观方面，降低期望值，明白一步到位很难，现在的状况只是一个起点，要努力提高自身竞争力，关键是看未来发展。客观方面，避免走入跟风的误区，比如在外貌问题上，它并非理想工作的必要条件，获得一份理想的工作更多地还是凭借才干、道德水平、风度气质等。同时，学校也应做好学生的就业指导工作，比如对择业种类、择业地区等问题进行综合指导和教育。

2. 交往压力

这里的交往包括两种：一种是学校师生之间、同学之间的交往；一种是和社会人群的交往。

美国社会心理学家的一项调查认为，使人们感到幸福的既不是金钱，也不是名利、地位和成功，而是良好的人际关系。在大学生群体中，渴求交往但又惧怕交往的现象非常普遍，对交往的渴求与自身实际交往能力不足之间的矛盾，以及目前生活中对交往能力的极度重视，这些都形成了某些大学生的交往压力。

很多大学毕业生步入社会，面临的第一个不适应就是人际交往。因为社会竞争是来自全方位的，周围什么年龄、脾气的人都可能会出现，难免会感觉跟其中有些人处不好关系。特别是部分实习过的同学，在短暂接触社会的过程中更是深切地感受到了这种压力。

建议：心理专家指出，要建立良好的人际关系必须做到以下几点。第一，要善良，能设身处地为他人着想；第二，要待人热情、坦诚，适当处理合作与竞争的关系；第三，必须清醒地把握住自己的角色，注意交往的分寸；第四，要适当学习，掌握交往的方法和技能。

3. 学习压力

很多大学毕业生为了适应社会激烈竞争的需要，或是拼搏于考研、考公务员或是忙于考取各种证书参加各种技能培训班。过多的学习头绪、过重的学习任务，都给大学生带来巨大的压力。同时 67%的同学在整理简历的过程中对自己的简历不满意，特别是在与用人单位交流中，更加觉得不够“光鲜亮丽”。还有 47%的同学表示很为毕业论文烦恼，不论是为了展示自己的水平，还是为了顺利毕业，确定选题、找指导老师、定稿、答辩等几乎每个过程都成了困扰大家的“心病”。

建议：心理专家指出，缓解这一压力的关键在于不要与同学横向攀比，只要自己比原来好就是进步。同时，还要明白现在的优秀与否并不代表以后，生命中每个时刻都是起点，一定要善于抓住机会，创造新的成绩。

4. 生活压力

生活压力主要来自两个方面：一是经济压力，一些贫困毕业生一旦走向社会就要偿还部分大学费用，甚至还要承担补贴家用的责任，这在就业形势不乐观的情况下给许多学生带来了莫大的压力；二是自理自律压力，毕业意味着自食其力，而一直以来学生所受的教育是"学习就是一切"，比较忽视基本生活技能的训练。因而不少人缺乏经济和生活上的自理和自律能力，很多人不会或不善于独立生活和为人处世。面对挫折和新的环境，往往缺乏相应的自我调节能力。

建议：心理专家指出，降低欲望，不要在物质上攀比，心情就会好。而对于毕业后的生活压力，不要杞人忧天地去担心目前还无力着手的事物，以"车到山前必有路"的乐观心理去处理这些问题。

此外，与父母在就业问题上的分歧、角色转换与适应的障碍、健康状况，失恋等问题和压力也困扰着许多大学毕业生。面对上述心理压力，建议大学生积极通过心理咨询、交友、运动、聊天等方式进行及时调节和释放。通过心理咨询室、校广播站、校园网等载体多个渠道开展心理健康教育，使大学生学会自我心理调适，消除心理困惑。

8.2.2 IT 从业人员的不同压力源

IT 群体是一个对自我能力相当肯定的群体，他们大多接受过高等教育，具备很高的专业素养，因此具有很强的工作能力。但是，工作能力强不代表内心的认可度高，对自我的高度期望与现实差强人意的表现恰恰是他们所不能忍受的落差，由此导致的压力也可想而知。

1. 知识、技术更新

由于技术含量高、知识更新快等工作特点，使得 IT 员工比其他工作者承受着更大的压力。员工们要面对沉重的工作任务、紧迫的完成时间、同行之间激烈的竞争，加之行业的知识更新迅速，需要他们不断进行自身的"充电"、"增值"以免落伍被淘汰，最终导致其身心疲惫不堪，健康状况令人担忧。

2. 社会地位

IT 行业以往被看作是高收入、高认知度的产业，现在光环褪去，IT 从业人员的心理落差也动摇了最初的动力。在这个 PC 当白菜卖，程序员当民工用的产业里，自我困惑折磨着曾经充满理想的 IT"公民"。

3. 职业发展

著名的压力研究专家理查德·扎拉斯勒认为："一个人如果老是体验不到生活的快感和情绪的振奋，也一样容易生病。"而且，这种影响相对于急性压力来说，对身体的影响更为不利。IT 人员因为长时间从事一项技术工作难免会产生一定的厌倦情绪，如果能够适时地进行工作的轮换或者有来自职位上的升迁，可能会缓解这种工作本身带来的压力。否则，便会带来工作成就感的挫折，对自我价值的怀疑等压力。

4. 人际关系

在人际关系中与他人割裂也是形成压力的主要原因，而人际关系冷漠恰恰是 IT 行业的特质。在一次采访中，被别人喻为技术天才的工程师和技术主管如是说：

“我不善于和人打交道。”

“我很害怕管理类型的工作。”

“我只喜欢宅，下班后最大的乐趣便是玩游戏。”

【训练活动】

- 活动一：请问针对以上IT人员的压力源，具体的压力反应是什么？
- 活动二：请问你有压力吗？如果有，有哪些？来自何处？为什么会有？

8.2.3 压力的双重作用

面对诸多压力，我们常常听人这样说，要顶住压力啊。生活是一定会有压力的，刘翔曾说过这样一句话，大赛前不可能不紧张，太紧张不好，完全放松也不对，适当的紧张会有利于创造好的成绩。所以我们不要顶住压力，而要利用好压力，让它成为我们成功路上的铺路石。

压力像“糖精”，一点点的糖精会使爆米花变甜，而大量的糖精却使得食物变苦。

压力像“香料”，适量的香料使香水变香，过量的香料使香水变臭。

一点点的压力是生活的动力，太多的压力却会使人崩溃。

1. 适度的压力可以激发潜能

【案例】

豆芽是如何粗壮的？

小时候自己曾经尝试过泡豆芽，但总发现豆芽长得又细又小，远没有街上买的豆芽粗壮。后来才发现，菜农泡豆芽是有窍门的：他们并没有给豆芽添加什么营养素或化肥，而是只在浸泡的豆子上面压一块塑料板。当豆芽想冒出来之前，就已经感受到上面的压力，于是它先茁壮自己，增强自己的实力，拼命往上顶。因为接受了压力的考验，豆芽就练得又粗又壮。

【案例】

《蓝色狂想曲》是如何诞生的？

作者乔治·格什温，原来一直默默无闻。但有一天他的朋友却在报纸上登了这样一条消息，说是“著名音乐家乔治·格什温要在两个星期以后在某剧院上演他的交响乐《蓝色狂想曲》”。虽然并不是很精通交响乐，但考虑到自己的声誉，他看到这个消息以后只好硬着头皮去做，两个星期以后《蓝色狂想曲》诞生了并引起了轰动，这也奠定了乔治·格什温在乐坛中的地位。

【训练活动】

- 活动一：分组讨论什么时候往往学习效率最高？
- 活动二：长颈鹿的脖子为什么那么长？查阅资料，世界上的生物还有哪些优胜劣汰的例子？

2. 过度的压力对人的影响

（1）对工作的影响

工作效率降低；

对工作缺乏兴趣；

与上下级或同事关系不良；
工作失误增加；
有非疾病导致的缺勤增加；
病假次数增加。
（2）对生活的影响
吸烟或饮酒量的增加；
脾气暴躁、易怒；
失眠或其他睡眠问题；
消极情绪产生；
生理疾病出现（如肠胃病）；
与伴侣关系不良、与子女关系不良。

8.3 管理压力

8.3.1 正确对待压力

【案例】

这杯水有多重？

教师手持一杯水问："同学们，你认为这杯水有多重？"有人说是半斤，有人说是一斤，老师："这杯水的重量并不重要，重要的是你能拿多久。拿一分钟，谁都能够；拿一个小时，可能觉得手酸；拿一天，可能就得进医院了。其实这杯水的重量是一样的，但是你拿得越久，就越觉得沉重。这就像我们承担着压力一样，如果我们一直把压力放在身上，不管时间长短，到最后就觉得压力越来越沉重而无法承担。我们必须做的是放下这杯水，休息一下后再拿起这杯水，如此才能拿得更久。所以，各位应该将承担的压力于一段时间后适时地放下并好好的休息一下，然后再重新拿起来，如此才可承担更久。"

分析：这就像我们在职场上一样，工作的压力越来越大，如果像拿起杯子一样拿起它而不放下，即使一点点压力也会让我们不堪重负，但如果我们将工作上的压力于下班时放下，回家后好好休息，明天再拿起压力，这样的话哪怕再大的压力也不会觉得苦了，甚至会把这种压力转化为一种动力！

8.3.2 压力管理策略

如果你想走出"高压状态"，放松心情，以积极的心态开始每一天，那就需要合理地释放压力，缓解压力。

判断解压方式是否科学有两个原则，一是达到自我放松的目的，二是不危害自我、他人和社会。这两个原则看似简单，却并不是那么容易做到。用过于放纵的生活方式来减压，在IT人群中也并不少见，这其实是一种恶性循环，用刺激的体验来填补空虚的心情，刺激过后，带来的将是更大的失落。因此，需通过阅读一些相关书籍或者网络资料，从而使个人的压力应对更有科学性和实效性。

常见的个人压力管理策略包括学会享受压力、了解自身抗压能力、培养自信心、社交支持、自我放松技术、健康的生活方式、时间管理等方面。

1. 享受压力

著名的心理学专家汉斯·塞利曾经在其畅销书《压力无烦恼》中这样说："我不能也不应该消灭我的压力，而仅可以教会自己去享受它。"

在压力管理研究中，缓解压力的第一步是自我认知的重构，这是最重要也最艰难的部分，而在自我认知中，自我肯定是重构自我的基础。IT"公民"是自我认知非常高的群体，高度的自我认知决定了 IT"公民"在压力来袭时，多半不会选择极端、悲观的泄愤方式，而是试着和"自己说说话"，试着在大自然中寻求解脱。

2. 了解自身抗压能力

个人应对工作压力，首先要对自己的性格以及压力管理能力有一个大概的认识。根据一位深度访谈者的状况我们发现，他经常被繁忙的工作包围，周围的同事和朋友经常认为他是工作狂，A 型性格特征很明显。那么，个体就应该自问"我是 A 型性格还是 B 型性格？""我是否正承受着很大的压力？""我能否有效地管理压力？""我的工作是否与性格相匹配？"在这里，"相匹配"不仅是从能力上而言，更是从性格上分析。针对此深度访谈者，他就应该有意识地让自己的工作节奏放缓，积极参加工作之外的休闲娱乐，松紧搭配，有张有弛。当然，由于社会等一系列因素的限制，往往不能完全自由地选择职业，但了解自身抗压能力还是非常必要的。

3. 培养自信心

抵御工作压力并保持快乐工作状态的一个重要因素就是自信心的培养，通过增强自信心，可大大缓解工作压力。面对工作上的问题，即使有实力而缺乏自信心也容易陷入"不行了、做不到"等消极思想中，从而增加工作压力。

自信心培养方法：

（1）强健体魄，这是培养积极自我的基础；

（2）思维方式的改变，遇到问题或沮丧情况时积极地看待问题；

（3）处理有挑战性的工作或问题，逐步培养起自己的自信心；

（4）积极主动地学习，努力提高工作能力；

（5）积极的自我对话，适度的自我赞美和自我激励。

4. 社交支持

我们的社交支持大多来自亲人、同事和朋友。有这样的支持系统，心理上就有了安全感和归属感，能增强我们的自信心，同时提高我们应对工作压力的能力。

与来自亲人朋友的支持相比，工作同事和督导的社交支持能更有效地缓解工作压力的影响，因为同事和自己所处工作环境相似，对工作内容更为了解，也对彼此承受的工作压力有更为深切的体会。因此，IT 从业人员需要在工作过程中有意识地建立与同事和主管人员的良好的人际关系网络。在遇到工作压力或者工作难题时，有可以倾诉或为自己提供客观分析及解决问题方法的人，从而使工作压力问题得到缓解。

5. 放松技术

放松技术不是万能药，它不能弥补工作技巧和专业训练的缺乏。但可以帮助我们判断什么时候对环境失去了控制，可以适度地降低过度的紧张感。旅游、运动、正确的呼吸方式都可以帮助我们放松身心，减轻紧张感，使人平静，从而达到缓解工作压力的作用。对于 IT 从业人员来说，学习一两种放松技术对缓解自身的工作压力很有必要。

6. 健康的生活方式

据一项调查显示，IT 行业内普遍存在着工作超负荷现象。每天工作 8 小时以上者的比例高达 77.8%，其中每天工作 11 小时以上者比例竟有 22.5%。而 95%的公司白领处于亚健康状态，尤其是高科技行业、IT 行业人士。因此，合理的饮食、充足的睡眠、适度的锻炼和健身运动都被证明对缓解工作压力起到了积极作用。

7. 时间管理

许多工作压力是由于时间不够造成的，管理好自己的时间，提高自己的工作效率是缓解工作压力的一种重要方法。有效管理时间首先要改变错误的思想观念和行为，如犹豫不决、精力分散、拖拉、逃避、中断和完美主义等。比如我们常会拖延自己不喜欢做的工作、有困难的工作、难以决定做的工作，结果问题并没有解决，最后到非处理不可的时候，发现时间已经来不及了，从而给自己造成更大的压力。

【训练活动】

- 活动一：你在遇到困难时能主动去请求别人的帮助吗？通常是得到哪些人的帮助？
- 活动二：做一做“我的支持系统”。

概述

在一张纸的开头写下“我的支持系统”，下面标上序号，你想标多少就标多少。

想一想，当你遇到困难或难题时你能够依靠的人有哪些？按你最先想到的顺序把这些人写在纸上，要求要有几种人以上。

8.3.3 缓解压力要诀

【案例】

砍柴的故事

有一个年轻人到山上工作，每天到森林里去砍木材，他非常努力地工作，别人在休息的时候，他依然还是非常努力地在砍材，非得到天黑，否则绝不罢休，他希望有朝一日能够成功，趁着年轻多拼一些；可是来了半个多月，他竟然没有一次能够赢过那些老前辈，明明他们在休息，为什么还会输给他们呢？

年轻人百思不解，以为自己不够努力，下定决心明天要更卖力才行；结果隔天的成绩反而比前几天还差；这个时候，有一个老前辈就叫这个年轻人过去泡茶，年轻人心想：成绩那么烂，哪来的时间休息啊。便大声回答：谢谢！我没有时间！

老前辈笑着摇头说：傻小子！一直在砍材都不磨刀，成绩不好迟早要放弃的，真是精力过剩。原来，老前辈利用泡茶、聊天、休息的时候，也一边在磨刀，难怪他们很快就能够把树砍倒；老前辈拍拍年轻人的肩膀说道：“年轻人要努力！但是别忘了要记得省力，千万可别用蛮力！”，老前辈闪着他刚磨好发亮的斧头！

你呢？别忘记！你要的是效率，不是有事情做就好。提升你的技巧、能力，才会有时间做你应该做的事情。

学习解压的方法很重要，下面提供几个舒缓压力的要诀：

1. 深呼吸

当自己觉得有压力时，先做几个深呼吸，让自己稍微平静一下。

2. 暂时离开

有时短暂的离开压力情境，事情反而更容易处理。

3. 笑一笑

不管目前如何，都让自己笑一笑，不管是假笑、苦笑都好，让自己看看微笑的自己。

4. 动一动

让自己活动一下，身心是一体的，让身体藉由运动放松，心理也会有同样的效果。如果能让自己养成运动的习惯，自己的身体健康及抗压指数，都会有大幅提升！

5. 一次一件事

有压力，常常是自己同时面对很多事情，因而才会困扰其中。此时，让自己一次只想一件事，一次只处理一件事。

6. 整理一下再出发

让自己整理一下再出发。有时事情无法处理，常常是因为自己慌了，让自己静一静，想一想究竟发生了什么事，过程中有哪些方法会是有帮助的。

【案例】

张朝阳压力管理经验

张朝阳 1996 年创建了爱特信公司，1998 年，爱特信正式推出“搜狐”产品，同时更名为搜狐公司，于 2000 年在美国纳斯达克成功上市。搜狐公司目前已经成为中国最领先的新媒体、电子商务、通信及移动增值服务公司，是中文世界最知名的互联网品牌之一。

作为企业家，张朝阳每天面临来自各方面的压力，但他并不惧怕压力，反而成功地应对了压力，他管理压力的经验给我们提供了很多有益的借鉴。

张朝阳非常关心自己的健康问题。“如果从现在开始要吃健康的食品，过健康的生活，也许活 80 岁还来得及。”他认为只要身体好，一切才有可能。他还曾说过：“人不能太执着，一旦执着就会将执着无限放大，使它成为自己心中挥之不去的阴影，人的烦恼和不快乐由此而来。从健康、长寿的角度按照自己的方式来活，让自己比较 Comfortable，比较从容、自由，比较健康、清爽，活在当下，让每天都是快乐的，这种活法才符合现代的潮流。”

在创立搜狐公司时，张朝阳认为人们压力的来源是因为没有房子、汽车和优质的生活。当他走上成功之路并获得这些后，他发现自己并不快乐，他依然抑郁烦躁。经过一段时间的寻思，他发现对人性关怀的哲学思想可以让他从压力的桎梏中解脱出来。于是有了自己舒缓压力的精神食粮。

张朝阳还是一个登山爱好者，只要一有空，他都会通过登山等活动来享受生活，释放压力。2002 年，他被万科集团董事长王石拉进了业余登山队。2003 年 5 月 22 日下午，张朝阳所在的登山队有 12 个人成功登上了海拔 8848 米的珠穆朗玛峰，而张朝阳爬到 6666 米时便撤了下来。他的解释是：“6666 米是我的目标，我登山训练的时间比较短，体能不足以支撑自己登顶，虽然登山是件快乐的运动，但我没有必要为了达到力所不能及的目标，而把快乐的运动变成一种巨大的危险。”

【训练活动】

- 活动一：根据上述案例，请你思考张朝阳采取了哪些措施来应对压力？有哪些经验你可以借鉴？

- 活动二：团队抗压能力训练——当网络中断时

情境

早上，整个团队都在工作，努力完成一个大型项目。在紧张和忙碌的工作中，网络断了！而且得到的消息是晚上才能联网。行政部门规定谁都不能离开工作岗位，你们必须待到正常的下班时间，这意味着还有 6 个小时的工作时间。

概述

将团队分成 3～4 人小组，每个小组用 12 分钟的时间对给出的情境制定应急预案，最后向整个团队阐述他们的方案。要求他们的计划必须包含他们希望团队成员接受的所有行动、行为和态度。（活动时间为 35～50 分钟）

【资料分析】

1. 问题分析

压力问题越来越成为当代社会人们关注的重要话题，越来越快的生活和工作节奏成为一系列疾病的重要影响因素，也成为工作效率下降、旷工和离职的重要肇事者。随着国际竞争的加剧，职业的变迁和流动性加大，员工与组织之间的关系逐渐松散，工作压力呈现不断增加的趋势，工作压力正在成为人们生活中必然的组成部分。目前的工作压力主要来源于以下几个方面：

（1）职业生涯发展压力；

（2）角色压力；

（3）组织程序与结构压力；

（4）人际关系压力；

（5）工作本身压力；

（6）知识、技术更新压力。

2. 解决方案

工作压力应对策略包括社会支持、积极态度的所有项目，可以选择向朋友或家人倾诉；向有经验的同事寻求帮助；从积极角度看待问题；制定更周全的计划；运动或者旅游等休闲活动；回忆高兴的片段等。

【本章总结】

- 压力，每天都围绕在生活中，有积极和消极，有过度和轻度，需要合理地正视和排解。
- 压力超出了心理承受能力，就会导致心理失衡，引起抑郁、焦虑等心理疾病。
- 掌握压力管理策略，能达到自我放松的目的，提升工作技能和业绩，改善人际关系，发挥团队协作能力。
- 学会舒缓压力的要诀，妥善处理自己的负面情绪，能化压力为动力。

【思考练习】

（1）通过本章的学习，我们知道缓解压力有很多方法，请你列举其他有效的解压方法。

（2）作为一名在校学生，你希望学校给予你什么样的帮助以释放你的压力？

（3）试针对下述资料分析，他们快乐的钥匙在哪里？不快乐的根源是什么？

资料：

每人心中都有把“快乐的钥匙”，但我们却常在不知不觉中把它交给别人掌管。
一位女士抱怨道：“我活得很不快乐，因为先生常出差不在家。”
一位妈妈说：“我的孩子不听话，叫我很生气！”
婆婆说：“我的媳妇不孝顺，我真命苦！”
我很难过，因为老板总找我岔。

第 9 章　沟通表达

【背景资料】

某系统集成商 B 负责某大学城 A 的 3 个校园网的建设，是某弱电总承包商的分包商。田某是系统集成商 B 的高级项目经理，对 3 个校园网的建设负总责。关某、夏某和宋某是系统集成商 B 的项目经理，各负责其中的一个校园网建设项目。

系统集成商 B 承揽的大学城 A 校园网建设项目，计划从 2010 年 5 月 8 日启动，至 2012 年 8 月 1 日完工。期间因项目建设方的资金问题，整个大学城的建设延后 5 个月，其校园网项目的完工日期也顺延到 2013 年 1 月 1 日，其间田某因故离职，其工作由系统集成商 B 的另一位高级项目经理鲍某接替。鲍某第一次拜访客户时，客户对项目状况非常不满。和鲍某一起拜访客户的有系统集成商 B 的主管副总、销售部总监、销售经理及关某、夏某和宋某 3 个项目经理。客户关于项目的反馈意见非常尖锐：

你们负责的校园网项目进度一再滞后，你们不停地保证，又不停地延误。

你们在实施自己的项目过程中，不能与其他承包商配合，影响了他们的进度。

你们在项目现场，不遵守现场的管理规定，造成了现场的混乱。

你们的技术人员水平太差，对我方的询问，总不能提供及时的答复。

……

听到客户的意见，鲍某很生气，而关某、夏某和宋某也向鲍某反映项目现场的确很乱，他们已完成的工作经常被其他承包商搅乱，但责任不在他们。至于客户的其他指控，关某、夏某和宋某则显得无辜，他们管理的项目不至于那么糟糕，他们项目的进展和成绩客户一概不知，而问题却被扩大甚至扭曲。

【问题】

- 请问发生上述情况的可能原因有哪些？
- 项目在进行过程中是否有进度计划表、日报/周报、问题反馈及解决方案等文档材料？
- 多个承包商之间是否保持有效沟通？
- 高级项目经理之间、高级项目经理和客户经理、客户经理和客户、总承包商与分包商之间是否经常沟通，沟通方式是否合理、有效？

【本章目标】

通过本章的学习和训练，你将能够：

（1）知道 IT 职场的主要沟通方式。

（2）理解语言沟通的技巧。

（3）能进行有效的表达能力训练。

（4）理解文档沟通的主要方式。

（5）能编制简单的 FAQ 和日报。

【知识引导】

9.1 IT 职场的常用沟通方式

在日常生活中，一个人只有与他人准确、及时地沟通，才能建立起牢固的、长久的人际关系，进而能够使得自己在事业上左右逢源、如虎添翼，最终取得成功。

在软件开发中，在项目启动前期，最重要的工作莫过于了解用户的需求了。用户表达的每一个信息点都可能是项目需要实现的功能，此时的沟通显得尤为重要。在项目开发过程中，项目组组内成员之间的沟通，更直接地影响着软件生产的效率和质量。

软件开发中经常使用的沟通方式有口头沟通、会议沟通和文档沟通。

1. 语言沟通

语言沟通指运用口头表达的方式进行信息的传递和交流，如电话、当面等。

【案例】

小刘是信息化管理项目的项目经理，他在服务器上创建好项目文档结构目录后，直接口头通知项目组内成员文档的上传路径。

分析：口头沟通的优缺点。

优点：

- 传达信息方便、快捷。
- 信息传递后能及时得到回馈信息。

缺点：不能保留和保存信息。

2. 会议沟通

会议沟通是一种成本比较高的沟通方式，沟通的时间一般比较长，常用于解决较重大、较复杂的问题。

【案例】

信息化管理项目启动后，小刘身为项目经理，立即组织组内成员召开会议，讨论该项目使用什么技术构建项目架构。

分析：会议沟通的优缺点。

优点：适于解决较复杂、较困难的问题。

缺点：成本高、时间长。

3. 文档沟通

文档沟通需要同时占用多人的时间，又名“书面沟通”，是指采用书面形式进行的信息传递和交流方式。

【案例】

小周是信息化管理项目的实施人员，负责需求调研。经过几个月的需求调研，他整理出信息化项目的《用户需求规格说明书》，该文档清晰地记录了用户需求，然后交给项目经理小刘。

分析：文档沟通的优缺点。

优点：信息能保留和保存，传递基本无衰减。

缺点：

- 沟通有一定的延迟。传达者获取信息后需要花一定时间撰写、整理后再传达给对方。
- 沟通用时较长。需要对方花较长时间阅读、理解。

9.2　语言沟通

9.2.1　沟通技巧

1．倾听与应答

在沟通时，当你把注意力集中在他人所说内容的时候，你已经成为一个倾听者。当你把谈话时重要的观点在头脑中进行勾画，并考虑提出问题或对提出的观点进行质疑时，你就成为一个主动的倾听者。

【案例】

他们听懂了吗？

王经理意识到他的秘书李丽近来工作负担很重，非常感激她，想要减轻李丽的工作负担，就把李丽叫到了办公室，有了如下谈话："近来你的工作很重，所以我想把客户回访的事交给小马去做，你看怎么样？"

李丽听到之后的第一反应是：上司认为她工作能力不强，无法承受现有的负荷，她觉得受到了伤害，感到很委屈。但是她又不想让上司知道自己的这种想法，然后勉强挤出一丝微笑，说了声："谢谢。"上司以为李丽理解了自己的意思，并且很感激他做出的安排。

【训练活动】

- 活动一：请问李丽是一个主动倾听者吗？如果你是李丽，碰到这样的事情，应该如何去应答？
- 活动二：用心倾听角色扮演。

概述

3 人一组开展活动，扮演 3 个不同的角色，分别是说话者、倾听者和观察者。角色描述如下。

说话者：向倾听者叙述对你来讲一般重要的一件事情。当你讲述时，一定要注意表达自己现在或当时的感受。你并不一定要说出自己的情绪，可以通过很多非言语的形式来传达。一些情绪可能需要大声表达出来，还有些可能存在于内心。注意观察者能否注意到它们。

倾听者：不但要注意所说的话，还要注意非言语的线索。你可以发表评论或与说话者对话，不过要尽量少发表评论，你主要的任务是倾听。

观察者：仔细观察、倾听说话者和倾听者。

3 分钟后，说话者结束发言，小组花 3 分钟时间讨论一下从中得到的收获，并为彼此提供建议。（活动时间 20 分钟）

回到整个群组来讨论你们的收获，分享有效倾听的意义以及如何提高倾听技能水平。

2. 积极交流

掌握并善于使用积极交流的技巧，对于软件人员特别是销售人员来说具有莫大的助益。

首先，成功地促使他人改变态度和行为的原则是既要解决问题，又不伤害双方的关系或对方的自尊。因此，措辞是否恰当是非常关键的，而采用恰当的措辞是积极交流的前提。

其次，在积极交流的过程中，要善于使用“换挡”的技巧，即销售人员和客户（发送者和接收者）的角色互换，积极鼓励对方将想说的说出来，当客户表述的时候，销售人员要仔细倾听；当客户准备倾听时，销售人员又要尽快转而阐述自己的思想、观点和情感。“换挡”技巧对于销售人员的好处在于使客户愿意听你讲；从客户的“诉说”中了解与掌握其不满意和反驳的理由；给客户提供一个畅所欲言的场所等。

最后，积极的交流还要求销售人员在销售前主动与客户接触，在销售后主动与客户保持联络。

【案例】

怎样处理合同的变故

海南某县属公司与另一个县的工厂签订购物合同，定于一个月内交货。可两星期后，该工厂见物价暴涨，就想撕毁合同，将货高价转卖。于是，某县公司的经销人员马上前往谈判，力争使对方履行合同。

该工厂早就准备舌战一场，然而，某县公司经销人员的一席话，使对方改变了想法。公司代表说：“这次和贵厂打交道，我们都感到你们做生意确实非常精明，特别是领导经营有术，更令我们钦佩，值得我们学习，这次我公司向贵厂订购的货物，是同另一家大公司合作经营的，若我们不能按期交货给那家公司，就可能闹出麻烦，也许到时要请贵厂出面解释一番。我们的困难，想必你们是可以理解的。另外，我们是老主顾了，此次虽出了些矛盾，但将来还要打交道的。若贵厂无意间让我公司蒙受损失，不仅中断了我们的生意交往，也会使想同贵厂做生意的新客户退而三思。再说，目前贵厂客户众多，业务兴旺，倘若他们知道贵厂单方面撕毁这项合同，就会觉得你们不守信用，不可信赖，难以合作，极可能减少或中断业务。那样，贵厂就得不偿失了……

9.2.2 表达能力提升训练

一提到演讲，人们随之想到的是“口才”，需要我们“口吐莲花”。但是实际上，我们无时无刻不在演讲，并且在演讲过程中，希望让听众接受我们的情感、观点和主张。让人接受你的观点并非易事，因为任何一个人，特别是成年人，都有自己的人生观念、处世之道，想改变他们的观念比登天还难。

但是，每一个初出茅庐的年轻人都会遇到这样的情况——面试，面试就是希望能改变对方的观念。不论是正式的面试，还是与各种人士打交道，我们都在不停地演讲，希望能让他们接受我们。

【案例】

申请新设备的演讲

陈华是一家企业设计部的经理。近几年公司发展很快，订单不断，但设计部的办公设备没有跟上，严重滞缓了整个公司的发展进度。因此，在一次部门经理工作会议上，陈华准备向公司领导做一次当众演讲，申请一台新设备。那么，陈华怎样才能让领导同意他的申请呢？

经过充分准备之后，在工作会议上，他做了 10 分钟的演讲：

“在公司领导的带领下，我们圆满地完成了上个月的任务，扩大了公司的知名度，我对领导的英明决策十分佩服。同时，我们又接到了几家大公司的订单，这样一来，要想完成本月的任务，肯定就得有平面造型设计的新设备。我的意思是说，想要完成工作量，就得增加新设备。”

接着，陈华在黑板上作了一个情况分析：

1. 设备老化
2. 只有一台机器
3. 员工加班带来高成本
4. 员工工作效率很差
5. 任务推迟完成

分析结果：要想完成工作量我们需要购买新设备。

然后，陈华就购买设备所带来的好处进一步说明了自己的观点，他还讲了一个有关他个人的故事作例证。最后，就购买什么样的设备提出了自己的建议，并展示出提前准备好的两种不同类型的设备图片供领导参考选择。

经过陈华 10 分钟的演说，公司领导同意了他的申请。

【训练活动】

- 活动一：请问陈华之所以取得成功的原因是什么？他在演讲前、演讲中是如何表现的？
- 活动二：模拟面试。

概述

2 人一组开展活动。要求轮流扮演面试官和求职者，针对面试官的提问，求职者做出相应的回答。具体内容如下：

案例背景介绍，如表 9-1 所示。

表 9-1　案例背景介绍

应聘职位：软件测试工程师	
姓　　名	张　强
学　　校	××职业技术学院
专　　业	软件技术
社团与实践	● 校学生会信息部副部长 ● 校青年志愿者大队成员 ● 社区信息化建设情况调查
实　　习	某软件公司 IT 专员

面试过程如下。

面试官：你好，我是 IT 部经理 Tracy，欢迎你来我们公司面试。首先，你可以介绍一下自己吗？

求职者：（提示：关键介绍自己的专业、在校期间的表现、社会实践活动、所获荣誉等。）

面试官：谢谢你的介绍，从你的介绍中可以看出你是一名非常优秀的学生。你可以谈谈你认为在你的大学生活中真正学习到了什么，你认为什么是最重要的呢？

求职者：（提示：从知识、能力角度阐述。）

面试官：哦，你知道，我们的工作是需要非常严谨的态度的，正如你刚才所谈到的。你可以举个具体的例子来说明一下吗？

求职者：（提示：具体举实训或实习工作中有代表性的例子展开。）

面试官：谢谢。那能否谈谈你的特点，你自认为适合我们这份工作吗？

求职者：（提示：从专业、社会活动、项目经验、工作态度、个人爱好等方面有针对性地讲述。）

面试官：谢谢。那今天的面试就到这里，请等候我们的通知。

求职者：谢谢，再见。

9.3 会议沟通

会议是一种很好的沟通方式，当你的工作需要其他方面的支持时，随时可以邀请相关人员开会沟通协调相关问题。其要领如下：

（1）要先明确会议的目标，并准备好相关资料；

（2）如需发言，事先在稿纸上简要列出自己的发言提纲；

（3）相关人员做好会议纪要，并将后续的行动计划商量确定下来；

（4）会议开始前需要定好会议时间，避免陷入无休止的争论和拖延；

（5）需要在会议上进行裁决的问题，在会前必须与具有裁决权的人员充分沟通，取得共识。

头脑风暴法是一种集体研讨行为，其基本程序如下：

1. 确定议题

一个好的头脑风暴法从对问题的准确阐明开始。因此，必须在会前确定一个目标，使与会者明确这次会议需要解决什么问题，同时不要限制可能的解决方案的范围。一般而言，对于比较具体的议题能使与会者较快产生设想，主持人也较容易掌握；而对于比较抽象和宏观的议题引发设想的时间较长，但设想的创造性也可能较强。

2. 会前准备

为了使头脑风暴畅谈会的效率较高，效果较好，可在会前做一点准备工作。如收集一些资料预先给大家参考，以便与会者了解与议题有关的背景材料和外界动态。就参与者而言，在开会之前，对于要解决的问题一定要有所了解。会场可作适当布置，座位排成圆环形的环境往往比教室式的环境更为有利。此外，在头脑风暴会正式开始前还可以准备一些创造力测验题供大家思考，以便活跃气氛，促进思维。

3. 确定人选

一般以 8～12 人为宜，也可略有增减（5～15 人）。与会者人数太少不利于交流信息、激发思维；而人数太多则不容易掌握，并且每个人发言的机会相对减少，也会影响会场气氛。在特殊情况下，与会者的人数可不受上述限制。

4. 明确分工

要确定 1 名主持人，1～2 名记录员（秘书）。主持人的作用是在头脑风暴畅谈会开始时重申讨论的议题和纪律，在会议进程中启发引导，掌握进程。例如，通报会议进展情况，归纳某些发言的核心内容，提出自己的设想，活跃会场气氛，或者让大家静下来认真思索片刻再组织下一个发言高潮等。记录员应将与会者的所有设想都及时编号，简要记录，最好写在黑板等醒目处，让与会者能够看清。记录员也应随时提出自己的设想，切忌持旁观态度。

5. 规定纪律

根据头脑风暴法的原则，可规定几条纪律，要求与会者遵守。例如，要集中注意力积极投入，不消极旁观；不要私下议论，以免影响他人的思考；发言要针对目标，开门见山，不要客套，也不必做过多的解释；与会之间相互尊重，平等相待，切忌相互褒贬等。

6. 掌握时间

会议时间由主持人掌握，一般来说，以几十分钟为宜。时间太短，与会者难以畅所欲言，太长又容易产生疲倦感，影响会议效果。经验表明，创造性较强的设想一般要在会议开始 10～15 分钟后逐渐产生。通常，会议时间最好安排在 30～45 分钟之间。如果需要更长时间，就应把议题分解成几个小问题分别进行专题讨论。

9.4　文档沟通

软件开发过程中，必然会遇到前期考虑不周、项目需求不够明确、项目需求变更等情况，如何预见和有效地控制此类情况、有效地控制项目进度和项目风险呢？

9.4.1　FAQ 沟通方式

1. FAQ 概念

FAQ（Frequently Asked Questions，常见问题解答）主要解决口头表达不规范、通用问题无法周知、整个过程无法控制等问题。

2. 为什么用 FAQ

【案例】

小张、小郭、小斌是信息化项目的开发人员，一天小张负责的模块有 Excel 导出功能，于是小张开始搜索资料，花了一天时间终于实现 Excel 导出功能。过了数天，小郭负责的模块也有 Excel 导出功能，于是小郭也开始搜索资料，花了一天时间终于实现 Excel 导出功能。又过了数天，小斌负责的模块还有 Excel 导出功能，于是小斌也开始搜索资料，花了一天时间终于实现 Excel 导出功能。同样一个 Excel 导出功能，居然花了三天时间，代价真不小。

分析：同一个 Excel 导出功能的实现方法，为什么不可以在组内共享，固化开发技巧和经验？

FAQ 可以帮助我们解决通用问题的周知、经验无法固化等问题，提高项目开发效率和开发质量。

3. 什么是 FAQ

FAQ 究竟包含哪些内容项呢？标准的 FAQ 模板如表 9-2 所示。

表 9-2 FAQ 内容

FAQ-常见问题列表												
文件号：												
序号	项目名称	对应任务点	提出时间	提出人	类型	问题描述	解答人	解决方案	工作量	是否解决	解决时间	备注

项目组内人员发现问题后，在 FAQ 中提出问题，项目组内各成员经常查看该问题列表，遇见自己可以解答的问题，将解决方案写入 FAQ。

下面对 FAQ 表中的各列进行说明。

- 文件号：文件号的格式为项目代号，由项目经理填写。
- 序号：发现问题或提出问题的序号。
- 项目名称：问题所属项目名称，由提出人填写。
- 对于任务点：项目中任务点编号，由提出人填写。
- 提出时间：提出问题的时间，由提出人填写。
- 提出人：提出问题人的姓名，由提出人填写。
- 类型：该问题所属的类别，比如是技术方案咨询、系统缺陷，或者是经验总结，由提出人填写。
- 问题描述：对于所发现问题的描述。注意描述要准确、到位、抓住要点，便于问题受到重视。
- 解答人：该问题由谁来解决。
- 解决方案：对问题解决方法的描述，由解答人填写。
- 工作量：解答人解决该问题所花的时间和精力，由解答人填写。
- 是否解决：由问题提出人判断，由提出人填写。
- 解答时间：解答人解决问题所花的时间，由解答人填写。
- 备注：对于该问题的附加说明，由提出人或解答人填写。

4. 如何填写 FAQ

【案例】

如何针对网上商城系统中购物车的实现填写 FAQ

分析：我们先思考去超市购物的情景。首先推一个购物车，然后选择商品，最后去收银台结账。在整个过程中购物车主要用于存储商品。

那我们就可以提出以下问题。

- 使用什么技术，实现购物车的商品存储？
- 购物车对象如何设计？

如何回答这些问题？

对于第一个问题，可以这样回答：

我们已经了解了什么是会话以及如何进行会话跟踪。对于不同用户，服务器在内存中为每个用户创建了一个 HttpSession 对象，并保存当前用户信息。因此，我们可以使用 Session 来存储商品，Session 的具体使用请参考 Session 用法。

对于第二个问题，可以这样回答：

购物车中放的是商品，因此购物车对象应该包含商品信息和商品数量。

最后，如果已经解决了购物车的问题，问题提出人还需要在 FAQ 中修改问题的当前状态，即修改“是否解决”列为“是”。

完整的 FAQ 如表 9-3 所示。

表 9-3　完整的 FAQ

FAQ-常见问题列表

文件号：BUG-TR-Y272

序号	项目名称	对应任务点	提出时间	提出人	类型	问题描述	解答人	解决方案	工作量	是否解决	解决时间	备注
1	美食网	PROJ001	2013-10-9	小张	技术方案咨询	使用什么技术，实现购物车的商品存储	小顾	我们已经了解了什么是会话以及如何进行会话跟踪。对于不同用户，服务器在内存中为每个用户创建了一个 HttpSession 对象，并保存当前用户信息。因此，可以使用 Session 来存储商品，Session 的具体使用请参考 Session 用法	1	是	2013-10-11	
2	美食网	PROJ001	2013-10-9	小张	技术方案咨询	购物车对象如何设计	小顾	购物车中放的是商品，因此购物车对象应该包含商品信息和商品数量	1	是	2013-10-11	

【训练活动】

- 活动：在毕业论文排版过程中，针对以下问题，编写 FAQ。

（1）如何设置摘要页页脚为希腊字母页码，正文页为阿拉伯数字页码？

（2）如何为正文内容设置奇数页页眉为“苏州健雄职业技术学院毕业论文”，偶数页页眉为“张三：班级网站设计与制作”？

（3）如何自动生成目录？

9.4.2　日报/周报沟通方式

日报/周报可以明确工作成果、显示项目进展、预知项目风险，通过日报/周报可以严格控制项目开发的整个过程。

1. 为什么需要日报

【案例】

小郭和小斌是信息化系统的开发人员，分别负责各单位计划管理、周例会管理功能模块。由于各单位计划管理中有 Excel 导入、周例会管理中有 Word 导出技术难点，他们没有提出各自的问题，而是隐瞒了自己的问题。接下来好几天，他俩都在研究自己的技术难点。项目经理小梁看了项目计划表，于是安排他们开发新的功能模块。在新的功能模块中，又碰见一些技术问题，同样他们也没有提出来，继续隐瞒。随着项目进行，小郭和小斌负责的功能模块越来越多，遗留的问题也越来越多，最后临近系统上线，小葛在测试过程中发现很多功能模块都存在问题，提交了足足 200 个系统缺陷，此时即使所有开发人员通宵加班，也不可能修改完所有问题。

分析：无法按期上线的直接原因是项目经理无法了解组内人员的工作情况，无法确认项目发展的进度，小郭和小斌没有及时提出自己未解决的问题，没有制定开发计划。如何避免这种问题，日报可以帮我们解决。

假设使用了工作日报，情况又如何？

从小郭和小斌的角度来看，需要执行以下操作。

- 填写各自完成什么任务，例如完成各单位计划单个录入，周例会材料录入。
- 填写明天计划，例如完成各单位计划汇总，周例会材料汇总展示。
- 提出技术难点，例如各单位计划 Excel 导入、周例会材料 Word 导出。

从项目管理者小梁的角度来看，需要执行以下操作。

- 随时了解组内成员的工作情况，例如小郭和小斌都完成什么任务，还差什么任务没有完成。
- 掌握整个项目组的工作进展，是否符合项目进度计划。
- 知道开发过程中遇到的问题，及时调整。例如立即召开组内会议，知道小张以前做过 Excel 导入和 Word 导出有经验，于是派小张帮助小郭和小斌解决 Excel 导入和 Word 导出问题。

2. 如何编写日报

先看一份完整的工作日报，如表 9-4 所示。

表 9-4 完整的日报

日　报			
To:	小梁	部门/项目：	信息化管理系统
From:	小郭	日期：	2013-10-10
A. 问题和风险 1. 如何实现 Excel 导入？			
B. 变更 1. 无			
C. 完成的工作 1. 各单位计划单个录入、修改、删除功能。 2. 各单位计划上报审核功能。			

续表

D. 明日计划
1. 各单位计划汇总功能。 2. 各单位计划汇总打包下载。
E. 意见和建议
1. 无

下面对日报进行说明。

- To：接受者。
- From：发送者。
- 部门/项目：所属的项目组名称。
- 日期：填写日报的日期。
- 问题和风险：当日完成任务中遇到的问题和问题可能引发的风险。
- 变更：当日是否按照前日制定的计划执行，如果不是，需要详细说明计划变更后的内容。
- 完成的工作：当日主要完成的工作任务。
- 明日计划：次日需要完成的工作任务。
- 意见和建议：对项目的意见和建议。

3. 日报的管理和提交

在我们的阶段项目开发过程中，日报管理以小组为单位，组长和组员的职责如下。

（1）组长的职责如下

- 负责督促组员填写日报。
- 负责对当日计划执行情况进行描述。
- 负责明日的工作计划安排。
- 负责汇总当日已经解决的问题和遗留的问题。

（2）组员的职责如下

- 按时填写日报。
- 如实填写日报的各项内容。

【训练活动】

- 活动：填写今天的工作日报，主要思考以下几个方面：

（1）今天已经完成了什么任务？

（2）今天遇到了什么问题，如何解决，是否还有没解决的问题，是什么？

（3）明天将完成什么任务？

【资料分析】

1. 问题分析

（1）田某是系统集成商 B 的高级项目经理，但后来离职，由鲍某接替。而鲍某接任高级项目经理时，似乎对整个项目一无所知，这至少说明系统集成商 B 的内部管理有问题，没有及时把项目经验累积为组织资产，没有让田某在离职之前完成交接手续。

（2）“期间因项目建设方的资金问题，整个大学城的建设延后 5 个月”，这说明客户自己本身的原因，导致项目发生延迟以后的混乱状况。

（3）“至于客户的其他指控，关某、夏某和宋某则显得无辜，他们管理的项目不至于那么糟糕，他们项目的进展和成绩客户一概不知，而问题却被扩大甚至扭曲”，这则说明，系统集成商 B 没有或极少与客户进行直接沟通，导致客户对自己的工作不熟悉。客户从总承包商或其他承包商那里获得的信息有失真。从资料描述来看，显然，总承包商的报告渲染了问题，推卸了责任。

2. 解决方案

（1）系统集成商 B 在内部管理时，需要定期召开各级各类会议，参会人员如实汇报工作进度和进展情况，并形成会议纪要。同时相关人员需提交周报/月报等沟通文档，便于了解项目进度情况。

（2）分包商和客户之间应保持直接沟通方式（如口头沟通），保持信息的准确性和及时性。如由于客户本身的原因导致工期延后，承包商 B 应明确告知对方，在对方许可的情况下继续开展项目建设，同时应通过补充协议等方式加以体现。

（3）在项目建设初期，应制定项目进度计划。在进行过程中，分包商应定期向总承包商和客户反映进展情况，并要求对方现场查看，便于一些问题的及时发现和改进。

（4）需定期召开总承包商、分包商、客户多方参与的会议，以进行重大问题的决策，同时确保信息传递的真实，避免资料中出现的客户从总承包商或其他承包商那里获得的信息失真现象。

【本章总结】

- 软件开发团队常用的沟通方式有口头沟通、会议沟通、文档沟通。
- 语言沟通时要注意倾听和应答，演讲时要目标明确，注意谋略。
- 使用文档沟通可以避免口头传达造成遗漏、固化成功经验或失败教训、避免软件开发过程失去控制。
- 编写 FAQ 主要包含如何设计问题和如何回答问题。
- 日报填写主要包含完成的工作任务、明天的工作计划、问题总结。

【思考练习】

（1）邮件编写也是人际沟通的一种重要方式，请通过信息检索查询邮件沟通的要领，并将结果通过 E-mail 邮件发送至老师邮箱。

（2）IT 文档沟通中一种重要的形式是报告，根据撰写报告的人员不同，可以分为高层汇报、中级报告、初级报告。请阅读相关报告，结合自己的理解，总结编写报告的统一规则。

第 10 章　团队合作

【资料背景】

赵某最近被公司任命为项目经理，负责一个“重要但不紧急”的项目实施。公司项目管理部为其配备了 5 位项目成员。这些项目成员均来自不同的部门，大家都不太熟悉。赵某召集大家开项目启动大会时，说了很多谦虚的话，也请大家一起为做好项目出主意，一起来承担责任。会议开得比较沉闷。

项目开始以后，项目组成员只要一发现问题，就去找项目经理讨教，请赵某给主意。赵某为了树立自己的权威，表现自己的能力，也总是身体力行，甚至很多细节上的技术问题，他也都有问必答，甚至有时候与程序员打成一片，就软件程序的编写进行交流和协商。其实，有些问题项目成员之间就可以互相帮助，但是他们怕自己的弱点被别人发现，作为以后攻击的借口，所以，互相之间不沟通，而是一发现问题，就找项目经理。其实赵某的做法有时候也不全对，但是成员发现了也不吭声，因为他们认为“我是按照你项目经理所说的方法来做的，有问题由你项目经理负责。”

这样一来，团队成员之间表面上一团和气，看似没有任何团队冲突，赵某自己也感觉很好。在项目组内部，“你还有问题，找经理去”、“我们听赵经理的”已经成为了该项目团队的口头禅。

但是，随着时间的推移，这个貌似祥和团结的团队在进度上很快就出现了问题。项目性质调整时，该项目也由“重要但不紧急的项目”变成了“重要还紧急的项目”。公司总经理觉得，有必要找赵某谈谈。

【问题】

- 赵某带领的项目团队遇到了什么问题，使得总经理要找他谈话？
- 如何发挥团队的最大能量？
- 团队成员间该如何协作？

【本章目标】

通过本章的学习和训练，你将能够：

（1）知道团队的定义、要素、特点。

（2）知道团队合作的重要性。

（3）知道团队合作的基本要求。

（4）了解 IT 项目管理中的团队建设。

【知识引导】

10.1　团队的定义

【案例】

Cisco 成立于 1984 年，其主打产品为路由器，作为连接互联网的主要设备，网络技术的迅速发展使得市场对其产品的需求不断增长。一些专家曾预测，Cisco 将继 Microsoft 和 Intel 之后，成为第三位引领数字化革命的垄断公司。

早在 1993 年，随着公司规模不断壮大，需要对公司的信息系统进行多部门共同参与的整体转换。经研究，公司决定实施 ERP 项目。公司从各部门挑选最优秀人员，并邀请著名实施顾问，组成了一支 20 人的核心团队。

1. 建立技术环境

- 培训实施队伍，将培训时间由正常的 5 天压缩为 2 天，每天 16 小时；
- 建立软件环境，配置 ERP 软件包；
- 设定参数，实施团队组织 40 人，利用 2 天的时间（通常需要 3～4 周），提出建议。会议结束后一周，完成了环境配置环节，演示了该系统在 Cisco 订单业务方面的运行能力。

2. 各个工作模块运行

- 每周项目管理办公室都要召开三个小时的会议，讨论解决在流程测试中出现的错误；
- 实施团队对存在的问题进行评价，并分成 Red、Yellow、Green 三种类型，由实施团队的不同层面负责解决；
- 组成 30 人的一个工作小组，在 3 个月内对 Oracle 软件不能支持的业务完成制定开发。

3. 调试阶段

- 由于需要对 Oracle 的软件进行调整，对项目下游的影响超过了预期的情况，所有实施团队决定进行大的技术更改，建立一个集中的数据库，每个模块都需要访问唯一的数据资源。

4. 测试阶段

- 测试数据：整天的实际数据；
- 测试过程：一个模块一个模块地测试。

由于 Cisco 公司拥有优秀的项目执行团队，在这个实施过程中，都坚定不移地以实际行动支持实施 ERP 工程。尽管遇到许多困难，但都能坚持不断完成项目实施流程，始终保持清晰的实施团队架构，保证了 ERP 项目的层层推进，有条不紊，测试仔细，逐一解决各个问题，ERP 项目获得最终成功！

看到这里，你也许已经给出了团队的定义：

团队就是为了实现某一目标而由相互协作的个体组成的群体。

【案例】

有个人到俄国旅游，早餐时坐在饭店的窗边，看到街上有两个穿着工人服装的人在挖洞，前面一位才在地上挖个小洞，后面的人接着就把泥土回填进去。他观察了很久，越看越奇怪，实在想不透这两个人在干什么？于是走出饭店，亲自向他们询问：“请问你们在干什么？”

回答说："我们在种树苗。"

游客东看看、西看看，别说是树苗，连种子也没看到，于是问："树苗在哪儿？"

对方一人回答说："是这样的。我们三个人一组，我负责挖洞，他负责填土，那个负责拿树苗的今天请假。"

虽是一则笑话，却明白地说明，只知道分工，不知道共同的目标，不知道彼此的责任，不知道分工合作与团队的意义，有团队也等于没团队，即使分工也等于没分工，平白浪费资源与薪金。

有人最终这样给出团队的定义：

团队是一个由少数成员组成的小组，小组成员有着共同的目标，具备相辅相成的技术或技能，有共同的评估和做事的方法，他们共同承担最终的结果和责任。

10.2　团队的组成要素

团队的组成要素有目标（Purpose）、人（People）、定位（Place）、权限（Power）和计划（Plan）。

1. 目标（Purpose）

团队应该有一个既定的目标为团队成员导航，使我们知道要向何处去，没有目标这个团队就没有存在的价值。

2. 人（People）

人是构成团队最核心的力量，2 个（包含 2 个）以上的人就可以构成团队。目标是通过人员来具体实现的，所以人员的选择是团队中非常重要的一个部分。在一个团队中可能需要有人出主意，有人订计划，有人实施，有人协调不同的人一起去工作，还有人去监督团队工作的进展、评价团队最终的贡献。不同的人通过分工来共同完成团队的目标，在人员选择方面要考虑人员的能力如何、技能是否互补、经验如何。

3. 定位（Place）

团队的定位包含两层意思：团队的定位，团队在企业中处于什么位置，由谁选择和决定团队的成员，团队最终应对谁负责，团队采取什么方式激励下属；个体的定位，作为成员在团队中扮演什么角色，是制定计划还是具体实施或评估。

4. 权限（Power）

团队当中领导人的权力大小跟团队的发展阶段有关。一般来说，团队越成熟领导者所拥有的权力就越小，在团队发展的初期阶段领导权是相对比较集中的。

影响团队权限的两个方面：

- 整个团队在组织中拥有什么样的决定权，比如财务决定权、人事决定权、信息决定权等。
- 组织的基本特征，比如组织的规模多大，团队的数量有多少，组织对团队的授权有多大，它的业务是什么类型等。

5. 计划（Plan）

计划有两个层面的含义：

（1）目标最终的实现，需要一系列具体的行动方案，可以把计划理解成目标的具体工作程序。

（2）提前按计划进行可以保证团队的任务进度。只有在有计划的操作下团队才会一步一步地接近目标，从而最终实现目标。

【训练活动】

- 活动一：请对下述故事进行点评，重点评价大雁团队的工作方法。
  现在的企业大致可分为几种团队。一种是螃蟹团队，当集体被困在竹篓里，如果有一只想爬上去，下面或身边的其他螃蟹就拼命拉住，结果谁也上不去，全部坐以待毙；第二种是野牛团队，第一头牛的方向正确了，跟着的牛也就正确了，如果错了，整个牛群就都错了；还有一种是大雁团队，随时调整队形，任何一只大雁都可以根据天气状况和自身能力被推荐为领头雁。
- 活动二：将学员进行 5～6 人分组，给定一篇长文稿，要求小组分工协作，每人用修订方式修改一个段落，最后由组长通过 Word 中的“比较并合并文档”功能进行整合，生成目录，形成一个规范完整的文档。

10.3 团队合作的要求

以前听过一个故事：三个皮匠结伴而行，途中遇雨，便走进一间破庙。恰巧破庙也有三个和尚，他们看见这三个皮匠，气不打一处来，质问道：“凭什么说‘三个臭皮匠胜过诸葛亮’？凭什么说‘三个和尚没水喝’？要修改辞典，把谬传千古的偏见颠倒过来！”

尽管皮匠们谦让有加，和尚们却非要“讨回公道”不可，官司一直打到佛祖那里。

佛祖一言不发，把他们分别锁进两间神奇的房子里——房子阔绰舒适，生活用品一应俱全；内有一口装满食物的大锅，每人只发一只长柄的勺子。

三天后，佛祖把三个和尚放出来，只见他们饿得要命皮包骨头，有气无力。佛祖奇怪地问：“大锅里有饭有菜，你们为啥不吃东西？”和尚们哭丧着脸说：“我们每个人手里拿的勺子，柄太长送不到嘴里，大家都吃不着呵！”佛祖磋叹着，又把三个皮匠放出来。只见他们精神焕发，红光满面，乐呵呵地说：“感谢佛祖，让我们尝到了世上最美味的东西!”和尚们不解地问：“你们是怎样吃到食物的？”皮匠们异口同声地回答说：“我们是互相喂着吃的!”

佛祖感慨万千地说：“可见狭隘自私，必然导致愚蠢无能；只有团结互助，才能产生聪明才智啊！和尚们羞愧满面，窘得一句话也说不出来。”

一个团队要实现内部成员间的良好合作，需要具备很多条件：不具备这些条件，便不能算是一个真正的团队，要么成员间的合作就会出问题。那么，团队合作有哪些要求呢？

1. 团队成员要具有共同的目标和愿望

自然界中有一种昆虫很喜欢吃三叶草（也叫鸡公叶），这种昆虫在吃食物的时候都是成群结队的，第一个趴在第二个的身上，第二个趴在第三个的身上，由一只昆虫带队去寻找食物，这些昆虫连接起来就像一节一节的火车车厢。管理学家做了一个实验，把这些像火车车厢一样的昆虫连在一起，组成一个圆圈，然后在圆圈中放了它们喜欢吃的三叶草，结果它们爬得精疲力竭也吃不到这些草。

这个例子说明，在团队失去目标后，团队成员就不知道该往何处去，最后的结果可能是饿死，那么这个团队存在的价值就要打折扣。团队的目标必须跟组织的目标一致，此外还可以把大目标分成小目标具体地分到各个团队成员身上，大家合力实现这个共同的目标。同时，目标还应该有效地向大众传播，让团队内外的成员都知道这些目标，有时甚至可以把目标贴在团队成员的办公桌上、会议室里，以此激励所有的人为这个目标去工作。

思考：你的身边是否有团队没有目标或者目标不一致的情况？请举例。

2. 团队成员要有良好的沟通和开放的交流

有人说："沟通就是，我说的便是我所想的，怎么想便怎么说，如果团队同伴不喜欢，也没办法!"从目的上讲，沟通是共同磋商的意思，即团队成员们必须交换想法并适应互相的思维模式，直到每个人都能对所讨论的问题有一个共同的认识。简单来说，就是让他人懂得自己的本意，同时自己明白他人的意思。我们认为，只有达成了共识，才可以认为是有效的沟通。团队中，团队成员越多样化，就越会有差异，也就越需要团队成员进行有效地沟通。

思考：团队成员间的沟通和交流需要注意哪些问题？

3. 团队成员需要相互信任和相互尊重

信任是合作的开始，也是团队的基石。团队成员之间彼此的信任程度、关系好坏是影响工作绩效的一个关键因素。要想取得一个人的信任，你就必须要加倍努力。一个真正融为一体的团队，相互之间的信任早已融在了一起。能否做到互相信任，很大程度上是取决于你自己，取决于你有没有主动去信任、接纳身边的人。

思考：你所在的团队是否具备以下条件？

（1）团队成员相互支持。

（2）工作有相关性。

（3）对工作忠诚，即使是工作不按自己的愿望进行。

（4）彼此之间相互尊重。

4. 团队成员可按专长做某一方面的领导

群体成员的技能可能是不同的，也可能是相同的，而团队成员的技能是相互补充的；因此，可以把不同知识、技能和经验的人综合在一起，形成角色互补，从而达到整个团队的有效组合。

团队中有各种不同类型的人，如活力型的、开拓型的、保守型的、外向型的、内向型的等。而每个人又有各自独特的，甚至他人无法代替的优势和长处，当然每个人也都有弱点和短处。将每个人的优势和长处，依据工作实际需要合理地搭配起来，优势互补构成有机的整体，大家团结一致、齐心协力，就能发挥最佳的整体组合效应。

思考：你所在的团队成员各有什么特点和特长？在项目开展过程中，他们的优势是否得到了发挥并得到其他成员的认可？

5. 团队要有高效的工作程序

【案例】

在 F1 赛车比赛中，赛车在比赛过程中都需要有几次加油和换轮胎的过程。要知道，在紧张刺激的赛车比赛中，每部车都是要分秒必争的，因此，赛车每次加油和换胎都需要勤务人员的团结协作。一般地，赛车的勤务人员有 22 个人，在这其中，有 3 个是负责加油的，其余的都是负责换胎的，有的人柠螺扣，有的人压千斤顶，有的人抬轮胎……这是一个最体现协作精神的工作，加油和换胎的总过程通常都在 6～12 秒之间，这个速度在日常情况下，再熟练的维修工人也是无法达到的。因为，如此快的过程，不仅有分工的原因，更是多人协作的结果。

思考：如何建立团队高效的工作程序？

6. 团队内部成员要求同存异

团队精神的核心思想是求同存异。

团队中的每个人各有长处和不足，关键是成员之间以怎样的态度去看待。能够在平常之中发现他人的美，而不是挑别人的毛病，培养自己求同存异的素质，对培养团队精神尤其重要。

同时，尽管团队成员存在不同的观点，但为了追求团队的共同目标，各个成员要求同存异并对团队目标达成一致性理解。对于团队工作中出现的不同意见或者观念，需要拿出来讨论，形成最有利于团队目标的共同意见。

思考：你是如何处理身边的不同意见的?

【训练活动】

- 活动：通过创建团队价值观和行为来强化团队认同感。

要求：

（1）团队成员单独、安静地填写“创建团队价值观”材料；

（2）每个团队经过成员分享提炼出一个价值观；

（3）整个团队一起讨论选出团队的核心价值观，并至少确认支持价值观的两种行为，从而使这一定义具体化。一定要确保这些行为能够体现在团队成员间的日常行为中。

10.4 IT 项目管理中的团队建设

一个项目的成功离不开一个好的团队，团队的建设和管理在项目的实施过程中起着非常重要的作用。以团队成员为本，从团队成员的角度去思考问题，可以很快增强团队凝聚力和团队的效率。团队分裂和骨干流失是项目的一个重大风险，所以建设一个健壮、高能力的团队是十分重要的，他更是一个项目顺利实施的重要支持与保证。

10.4.1 挑选优秀的项目经理

一个合格的项目经理应该具备哪些素质？

首先要懂管理。管理是一门重要的学问。管理者不仅要懂得管理这门学科，还要熟悉自己直接下属所从事的工作。

其次一个合格的项目经理还要头脑灵活，思维敏捷，知识面宽广，考虑问题比较全面。现在 IT 技术发展非常快，常常是一眨眼的功夫，一项新技术就出来。多运用一项成熟的新技术就意味着节约大量的人力物力。

再者，项目经理必须技术精湛，足以服众。项目经理面对的是最直接的技术问题。当项目遇到困难时，需要项目经理能正确而迅速地做出决定，能充分利用各种渠道和方法来解决问题。

第四，作为项目经理，还要能跟踪任务，有很好的日程观念。不能干什么事，都要说这个项目还需顺延时间。要是竞争对手先把同类的产品开发出来了，市场份额也就被人抢得差不多了，产品也过了最高利润点。

第五，项目经理还应该善于协调，并且具有良好的沟通技巧。

10.4.2　项目人力资源管理

一个开发团体，小至两人，多则几十人甚至几百人。除了项目经理外，可能还有系统分析员、程序员、数据库管理人员、文档开发人员、测试人员等。项目管理中的人力资源管理，主要包括对团队所有成员的监督、培植和激励。

监督。主要根据预先制定的日程安排和进度表，核对所有成员的开发进度。如果项目大，参与人员众多，进度则制定得详细些；反之，进度订个大概就可以了。

培植。项目经理带领自己的团队做项目，要教团队成员新的知识。或者帮助他们学习新知识。要是别人跟你干，什么也学不到，甚至连学的机会也没有。他们是不可能长久地跟着你的。除非是那种碌碌无为没有什么抱负的人。

激励。以前流行的观点认为工作成果主要取决于更高的工资、更多的监督，以及更吸引人的工作环境。实际上人们工作的主要激励因素来自于个人成绩表现以及由此获得的认可度。大胆提拔或向上级主管推荐可造之才，是项目经理的一个重要责任。

10.4.3　团队沟通

一个 IT 项目需要进行大量的沟通协调。通常有口头沟通、会议沟通、电话沟通、邮件沟通、文档沟通这几种形式。

适当的有规律的会议对于团队成员来说是彼此之间沟通的最好的途径，成员在发表自己的见解和聆听别人的观点的时候，就达成了一种思想上的交流。如果能选定一个共同关心的主题，或者共同困惑的问题展开讨论会议，对各自的提高一定会起很大的作用。

文档沟通在 IT 项目管理中作用很大，先不细说它在整个项目需求分析、开发和后续完善过程当中起到的巨大作用。如果将写文档作为团队成员相互交流的方式，那也是很好的方式。

10.4.4　团队冲突管理

团队工作不同于一般的工作的地方在于它是一个管理矛盾的过程。与一团糟的团队相比，优秀的团队中不见得冲突更少。要了解团队冲突在团队中的作用，理顺团队中的人际关系，处理好团队冲突，我们的团队才能增加凝聚力。有些人在看别人时，第一眼就不太喜欢，以致对他很多的观点也不赞成，甚至讨厌他的一言一行，如果和他一起共事，冲突就在所难免。个人价值观和个人特性的差异，价值观方面的差异对冲突的影响非常大，两人本没有矛盾，但就是因为个人价值观不同而导致冲突。专制、缺乏自尊的人，也是冲突潜在的原因。

【案例】

一软件公司项目团队因为圆满完成任务而获得一笔奖金，这时团队成员围绕着如何使用奖金发生了一些争议：有人主张把奖金发放给全体成员，也有人主张留下来用于团队的继续发展和提高，这就出现了两者的争议。一个项目经理希望储备这笔奖金，因为他觉得日常的工作使大家很少有体力运动，很多同事体质明显没有以前那么好，所以为了大家的健康考虑，他提议用这笔经费办理一些健身活动会员卡，每月组织所有团队成员参加一些健身活动。但对于团队成员来说，这是除每个月固定工资的额外收入，很多人希望能自己保管这笔钱，用它来做一些自己喜欢的事情。

分析：

在以上这两种情况中，所有人的意图都很好，但如果都坚持各自的观点，冲突就不可避免。学会了解团队中的其他成员，这是一切感情存在的基础，了解对方的好恶可以增进感情。

【训练活动】

- 活动：针对下面的提问，模拟面试过程（主题：团队合作，处理冲突）。

面试官：如果你已经成为了我公司的一名主管，由你负责管理一个项目。项目团队中一共有六人，在一次会议上，由于观点不同，产生对立的两方，进行了激烈争论，这时，你作为领导者该如何协调？如果两方面不能达成共识，你又会怎么办？

求职者：

【资料分析】

1. 问题分析

（1）赵某作为项目经理没有意识到团队成员之间沟通与合作的重要性，而是事无巨细都亲自沟通和解决，缺乏内部成员的沟通，没有调动团队成员的工作热情和积极性，没有建立一种“互相帮助，共克难关”的工作氛围。所以员工习惯的思维模式是项目经理做决定，我照你说的做就是。

（2）赵某在整个项目管理过程控制上花费的时间过多，精力过大，缺乏对目标管理的重视，最终导致项目目标难以实现。

（3）团队成员间缺少交流，看似一团和气，没有团队冲突，其实一个优秀的项目团队中团队冲突是必不可少的，但要在冲突中求同存异。

2. 解决方案

（1）项目经理应掌握好项目实施过程中的参与度，如果技术性比较强，要带一些顾问的性质，否则看到员工一些工作不会做、做不好，就都亲自动手，眉毛胡子一把抓，这样不但会降低员工之间的沟通性、解决问题的能力，还会影响团结精神的建设。

（2）在整个项目实施过程中，要有明确的目标管理，严格的目标考核机制，这样可以保证项目成员按目标任务阶段性完成工作，确保项目整体进展速度。

（3）出色的项目经理一般都无法专心做一个项目，所以项目中主要实施工作还是要依赖其他团队成员完成，经理要信任和授权成员独立完成任务，坚决大胆要求团队成员努力学习，独立掌控局面。团队中对于软件实施有不同认识和意见是很正常的，只要采取合理的冲突解决方式，就可达到目标一致的效果。

【本章总结】

- 大多数组织的成功，管理者的贡献平均不超过两成，任何组织和企业的成功，都是靠团队而不是靠个人。
- 团队的组成要素有目标（Purpose）、人（People）、定位（Place）、权限（Power）和计划（Plan）。
- 团队合作要求成员间有共同的目标、良好的沟通、相互的信任、高效的工作程序、求同存异等要求。
- IT 项目管理中的团队建设需要挑选合适的项目经理、采取合理的人事资源管理、采用多种沟通方式及正确对待团队冲突等。

【思考练习】

（1）在团队执行过程中，你与团队的意见是否相同？如果有什么相左的地方，你们是如何解决的？彼此应该怎样交流？

（2）游戏：传话。

这个活动需要 30 人参加。将活动者分为 3 个小队，每个小队 10 人。每个小队呈纵队排列，人与人的前后距离在 30 厘米以内。

事先虚拟一个通知，其内容包括人物、时间、地点、原因、作法等要素。参考内容：

3 月 23 日晚，到机场接上海到深圳的客人张大千，航班为 DH9313，起飞时间为北京时间下午 4 点。

在所有人事前不知道通知内容的前提下，将通知的书面资料交给每个纵队的第一个人。

默读一分钟后，收回资料。三个队同时开始，逐个向后面的人口头转达通知的内容。最后，要求排在最后的那个人，写出通知的内容。

第 11 章　软件项目管理与应用

【背景资料】

当前，通过计算机网络进行在线考试，已经成为高校信息化建设中非常重要的一部分，而综合考务管理系统是集用户管理、试题录入、试卷生成、在线考试、成绩查询、新闻公告等功能于一体的、基于 B/S 模式的一种应用软件。本章以某公司为一所高校开发的“综合考务管理系统”为项目实例，全面介绍了项目启动、项目招投标、项目需求管理、项目进度管理、项目实施、项目控制、项目收尾与验收等项目管理全过程的相关知识。

【本章目标】

通过本章的学习和训练，你将能够：

（1）掌握软件项目管理的整体工作流程。

（2）学会撰写招投标公告书。

（3）学会使用 Microsoft Visio 绘制用例图。

（4）学会使用 Microsoft Visio 绘制软件开发过程。

（5）学会使用 Microsoft Project 制定项目计划。

（6）了解项目管理知识在实际项目中的应用。

【知识引导】

11.1　项目的启动准备

1. 获得项目来源

A 省某高职学院打算委托软件公司建立一套综合考务管理系统，主要功能包括：试题录入、试题难易程度设置、学生注册、考生信息维护、系统自动组卷、网上考试、客观题自动改卷、考试成绩快速查询等。目前，A 省某高职学院已经给北京 DE 网络技术有限公司等几家 IT 企业发送了招标邀请书，打算邀请这些企业投标。

2. 项目背景分析

随着我国高校教育信息化系统的快速发展，很多高校都希望能够建立一套具有试题录入、在线考试、成绩查询等功能的综合考务管理系统，目的是充分利用学校现有的计算机软、硬件资源和网络资源实现无纸化考试，以避免传统考试模式的不足。

与传统考试模式相比，网上考试包含了更多的技术环节，对实现安全性的途径、方法也提出了更高的技术要求。通过 Internet/Intranet 来实现在线考试，是现代教育技术的一个具体实现，具有很重要的现实意义。它可以实现“教考分离”，以及考务工作的全自动化管理，可以有效地利用校园网的软硬件资源。综合考务管理系统极大地提高了教学的灵活性，现在许多领域已经有了广泛的应用。最有影响的案例就是 ETA（美国教育考试中心）举办的 GRE（美国研究生入学资格考试）的计算机化考试，它使考试由原来的每年只能有两次机会，变为每个工作日都可以参加考试。

本项目的目的就是开发一个基于 Web 的综合考务管理系统，以便能方便、快捷、高效地保证对考生的能力测试，并能保证考试的客观性、实时性、阅卷标准的一致性。

11.2　项目招投标和合同管理

1. 项目招投标的含义

项目招投标包括两个方面：对用户单位来说，就是招标；对开发单位来说，就是投标。具体来讲，软件项目招标是指招标人（用户单位）根据自己的需要，提出一定的标准或条件，向潜在投标商发出投标邀请的行为；而投标是指投标人（软件开发单位或者软件提供商、代理商）应招标人的邀请，根据招标公告和其他相关文件的规定条件，在规定的时间内向招标人应标的行为。项目招投标的最终结果是双方签订开发合同。

2. 项目招投标的流程

项目招投标的工作流程，总体上包括准备、招标、投标、开标、评标和定标阶段。

（1）准备阶段

在准备阶段，软件用户单位要对招投标活动的整个过程做出具体安排，内容包括：制订总体方案、项目综合分析、确定招标方案、编制招标文件、组建评标委员会、邀请有关人员。以上这些具体的准备工作可以由软件用户单位自己来组织，也可以委托给专业的招标代理公司来完成。

（2）招标阶段

这里的招标阶段，是指招标人发布招标公告吸引投标人应标的过程。其包括的主要环节有：发布招标公告（或投标邀请函）、进行资格审查、发售招标文件、招标文件的澄清与修改等。

（3）投标阶段

这里的投标阶段，是指投标人从公开的报刊、网络等媒体上看到感兴趣的招标公告，或者接收到投标邀请书后，准备相关材料，向招标机构投出标书的过程。其主要环节包括：编制投标文件、投标文件的密封和标记、送达投标文件等。当然，投标人也可以撤回、补充或修改已提交的投标文件，前提条件是必须保证在规定提交投标文件的截止日期之前。

（4）开标阶段

招标人应当按照招标公告（或投标邀请函）规定的时间、地点和程序以公开方式举行开标仪式。开标由招标人主持，邀请采购人、投标人代表和监督机关（或监理单位）及有关单位代表参加。评标委员会成员不参加开标仪式。

（5）评标阶段

开标仪式结束后，由招标人召集评标委员会，向评标委员会移交投标人递交的投标文件。评标应当按照招标文件的规定进行，最后评标委员会进行综合评审得出评标结论，最终向招标人推荐 1～3 个中标候选人。

（6）定标阶段

定标阶段就是根据评标的结果，最终确定中标单位并签订合同的过程。一般包括几个环节：审查评标委员会的评标结论，确定中标人，发出书面中标通知和签订合同。

【案例】招标公告

健雄职业技术学院综合考务管理系统项目招标公告

招标编号：TZCG2012033

太仓市政府采购中心受健雄职业技术学院委托，经太仓市政府采购管理办公室 2012 年 42 号审批单批准，对其所需采购的综合考务管理系统项目进行公开招标，确定 TZCG2012033 号公开招标的最终供应商。

一、招标项目概况

项目名称：健雄职业技术学院综合考务管理系统

招标项目编号：TZCG2012033

二、投标人资格要求

1. 遵守《中华人民共和国政府采购法》及其他有关法律、法规和规定；
2. 必须具备独立法人资格，所投标项目在其合法经营范围之内；
3. 具有独立承担民事责任的能力；
4. 具有良好的商业信誉和健全的财务会计制度；
5. 具有履行合同所必需的专业技术能力；
6. 参加本次采购活动前三年内，在经营活动中没有重大违法记录；

其他有关事项：购买招标文件时必须携带单位法人授权委托书、营业执照副本原件及复印件（加盖单位公章）、被授权人身份证及其复印件。

三、招标文件发布信息

招标文件发布：自招标公告在“苏州政府采购网”发布之日起可在“苏州政府采购网”上免费下载，网址：http://www.zfcg.suzhou.gov.cn。供应商如确定参加投标，请如实填写《参与投标确认函》（见招标文件）并于 2012 年 3 月 21 日前按要求以电子邮件的形式发送至以下邮箱：tczfcg01@126.com，邮件主题格式：“TZCG2012033 号—XXX 公司”，如供应商未按上述要求去做，将自行承担所产生的风险。有关本次招标的事项若存在变动或修改，敬请及时关注“苏州政府采购网”发布的补充公告。

答疑问题提交截止时间：2012 年 3 月 20 日下午 16:30 前。

请有疑问的供应商将疑问以传真和电子邮件方式发至我中心，中心统一答复，逾期提出的疑问我中心将不再受理。

四、投标文件接收信息

投标文件接收截止时间：2012 年 3 月 30 日 9:00（北京时间）。

投标文件接收地点：江苏省太仓市县府东街 99 号 3 号楼 3 楼第 2 或第 3 开标间。

五、开标有关信息

开标时间：2012 年 3 月 30 日 9:30（北京时间）。

开标地点：江苏省太仓市县府东街 99 号市行政服务中心 3 号楼 3 楼开标室。

其他有关事项：开标时投标人应派代表参加。

六、本次招标购买标书联系事项

政府集中采购机构：太仓市政府采购中心。

联系电话、传真：0512-53512539

地址：江苏省太仓市县府东街 99 号市行政服务中心 3 号楼 4 楼 3409 室。

邮编：215400

采购中心联系人：屈志强　顾红飞

七、本次招标投标保证金

投标保证金金额为人民币八仟元整，开标前请在太仓市政府采购中心财务室（3 号楼 4 楼 3411 室，0512-53517828）办妥，投标保证金必须在投标截止日期前提交（不要密封在投标文件中）。履约保证金：中标金额的 5%。

账户名：太仓市政府采购中心

账　号：489758214425

开户行：中国银行太仓新区支行

采购中心不接受现金形式的保证金。

十、其他应说明事项

投标文件份数：正本 1 份，副本 2 份。

太仓市政府采购中心

2012 年 3 月 3 日

【案例】投标函

投标函

致：太仓市政府采购中心

1. 根据你方招标软件项目编号为 TZCG2014033 的综合考务管理系统软件项目招标文件，遵照《中华人民共和国招标投标法》等有关规定，经项目分析和研究上述招标文件的投标须知、合同条款、用户需求及其他有关文件后，我方愿以人民币（大写）伍万陆仟肆佰元整（RMB:￥56,400 元）的投标报价并按上述合同条款的条件要求承包上述软件系统的开发、测试和维护，并承担任何质量缺陷保修责任。

2. 我方已详细审核全部招标文件，包括修改文件（如有）及有关附件。

3. 我方承认投标附录是我方投标函的组成部分。

4. 一旦我方中标，我方保证按合同协议书中规定的工期，在 61 个工作日内完成并提交全部软件系统。

5. 我方同意所提交的投标文件在招标文件的投标须知规定的有效期内有效。在此期间内，如果中标，我方将受此约束。

6. 除非另外达成协议并生效，你方的中标通知书和本投标文件将成为约束双方的合同文件的组成部分。

投标人：北京 DE 网络技术有限公司

单位地址：北京市 B 区 36 号

法定代表人或其委托代理人：刘××

【训练活动】

- 活动一：请根据上述案例中的招标公告和投标函，假设经过评标、定标流程，最终由北京 DE 网络技术有限公司中标，请为太仓市政府采购中心拟定一份中标公告，需要包含项目名称、中标单位、中标价格、评标成员名单等信息。

提示：请登录苏州政府采购网（http://www.zfcg.suzhou.gov.cn）搜索相关中标公告，参考完成本中标公告，要求文档内容完整、格式规范。

3. 项目合同管理

经过招投标程序，并确定了中标单位后，双方需要签订项目合同。项目合同对项目开发的双方都会起到重要的保障作用，它明确地表明了双方各自的责任、权力和利益。合同文本内容如下：

合同登记编号：12010295279823

技术开发合同

项目名称：综合考务管理系统

委托方（甲方）：A 省某高职学院

研究开发方（乙方）：北京 DE 网络技术有限公司

签订地点：太仓市

签订日期：2012 年 4 月 8 日

有效期限：2012 年 4 月 8 日至 2012 年 7 月 30 日

北京技术市场管理办公室

依据《中华人民共和国合同法》的规定，合同双方经协商一致，签订本合同。

一、标的技术内容、形式和要求

根据甲方的要求，乙方完成综合考务管理系统的研制开发。

1. 根据甲方要求进行系统方案设计，要求建立 B/S 结构的，基于 SQL Server 数据库、NT 服务器和 ASP.NET 技术的三层架构体系的综合服务软件系统。

2. 配合甲方，在与整体系统相融合的基础上，建立系统运行的软硬件环境。

3. 具体需求见 SOW。

二、应达到的技术指标和参数

1. 系统应满足并行登录、并行生成试卷、并行提交的速度要求。其中，主要内容包括：

（1）保证 1000 人以上可以同时登录系统。

（2）保证可以同时生成 1000 份内容不同的试卷。

（3）生成试卷速度应在 10 秒以内。

（4）工作日期间不能当机。

（5）数据库每天自动备份。

2. 系统的主要功能是应满足双方认可的需求规格，不可以随意改动。

三、研究开发计划

1. 第一阶段：乙方在合同签订后 7 个工作日内，完成合同内容的系统设计方案。

2. 第二阶段：完成第一阶段的系统设计方案之后，乙方于 50 个工作日内完成系统基本功能的开发。

3. 第三阶段：完成第一和第二阶段的任务之后，由甲方配合乙方于 7 个工作日内完成系统在 A 省高职学院网络中心的集成测试和系统测试。

四、研究开发经费、报酬及其支付或结算方式

1. 研究开发经费是指完成本项研究开发工作所需的成本；报酬是指本项目开发成果的使用费和研究开发人员的科研补贴。

本项目研究开发经费及报酬：伍万陆仟肆佰元整。

2. 研究开发经费中设备硬件费是__________元。

3. 经费和报酬支付方式及时限。

分期支付：在本合同签定并生效后，甲方支付乙方研究开发经费和报酬分别按下列时限支付：甲方在 7 个工作日内应付乙方合同总金额的 50%，计人民币贰万捌仟贰佰元整，验收后甲方在 5 个工作日内付清全部合同余款，计人民币贰万捌仟贰佰元整。

五、设备、器材、资料的财产权归属

利用本研究开发经费购置的设备、器材、资料的财产权归属委托方（甲方）。

六、履行的期限、地点和内容

本合同自 2012 年 4 月 8 日至 2012 年 7 月 30 日在太仓履行。

甲方责任：

1. 甲方全力协助乙方完成合同内容。

2. 合同期内，甲方为乙方提供专业性接口技术支持。

乙方责任：

1. 乙方按甲方要求完成合同内容。

2. 乙方愿意在系统实现功能的前期下，进一步对其予以完善。

3. 乙方在合同商定的时间内保证系统正常运行。

4. 乙方在项目验收后提供一年的免费维护。

5. 未经甲方同意，乙方不得向第三方提供本系统中涉及专业的技术内容和所有的系统数据。

七、技术情报和资料的保密

本合同中的相关专业技术内容和所有的系统数据，归甲方所有，未经甲方同意，乙方不得提供给第三方。

八、技术协作和技术指标的内容

见系统设计方案。

九、风险责任的承担

在履行本合同的过程中，确因在现有水平和条件下难以克服的技术困难，导致研究开发部分或全部失败所造成的损失，风险责任由甲方承担 50%，乙方承担 50%。

十、技术成果的归属和分享

履行本合同产生的技术成果申请专利的权利归乙方所有。

十一、验收的标准和方式

研究开发所完成的技术成果，达到了本合同第二条所列技术指标，按_________标准，采用已定的方式验收，由甲方出具技术项目验收证明。

十二、违约金或者损失赔偿额的计算方法

除因不可抗力因素（指发生战争、地震、洪水、飓风或其他人力不能控制的不可抗力事件）外，甲乙双方须遵守合同承诺，否则，视为违约并承担违约责任。

1. 如果乙方不能按期完成软件开发工作并交给甲方使用，乙方应向甲方支付延期违约金。每延迟一周，乙方向甲方支付合同总额 0.5%的违约金；不满一周按一周计算，但违约金总额不得超过合同总额的 5%。

2. 如果甲方不能按期向乙方支付合同款项，甲方应向乙方支付延期违约金。每延迟一周，乙方向甲方支付合同总额的 0.5%的违约金；不满一周按一周计算，但违约金总额不得超过合同总额的 5%。

十三、争议的解决办法

在本合同履行过程中发生争议，双方应当协商解决，也可以请求　　　　　进行调解。

双方不愿协商、调解解决或者协商、调解不成的，双方商定，采用以下方式解决。

1. 因本合同所发生的任何争议，双方应当尽力友好协商如来能解决，双方同意根据国家仲裁规章及方式中请__________仲裁委员会仲裁。

2. 按司法程序解决。

十四、名词和术语的解释

参见合同附件。

十五、其他

1. 本合同一式 6 份，具有同等法律效力。其中:

正式两份，甲乙双方各执一份；副本 4 份，交由乙方。

2. 本合同未尽事宜，经双方协商一致，可在合同中增加补充条款，补充条款是合同的组成部分。

登记机关审查登记栏:

技术合同登记机关（专用章）

经办人:（签章）

年　　月　　日

在进行合同签订的时候，要注意以下事项：

（1）严格规定项目的范围。

（2）明确合同的付款方式。

（3）注意合同变更索赔的风险。

（4）交代清楚系统验收的方式。

另外，在项目收尾阶段也要注意及时整理合同文件，即与项目采购或承包开发有关的所有合同文件，以便日后使用。并做好项目采购合同的审计工作。

【训练活动】

● 活动一：请阅读下述案例，思考讨论问题。

【案例】

张某是 B 技术研究中心的信息部经理。10 个月前，王某为中心某一领域的管理研发了一个需求建议书。其中，具体软件的功能、性能和管理流程说明很详细，并要求在项目收尾时必须编写项目的应用手册和帮助文档，软件开发时间为 8 个月，张某和他的团队预算估计该项目的整体开发费用为 35000 元。

该软件进行了公开招标，按照法律规定，合同最终授予了要价最低、功能合理的 W 软件公司，其投标价是 31500 元。他们的标书中说，应用手册和帮助文档的编写大约是 150 页，编写成本为 2000 元。

到了项目开发的第 8 个月的月底，W 软件公司通知张某说他们已经用完了项目的资金，所以就不能编写应用手册和帮助文档了；他们表示如果能再给他们 1000 元资金，他们才可以编写这些资料。

张某对此很不满意，想将 W 软件公司告上法庭，但如果告上法庭的话，诉讼费用、代理律师费用以及其他损失将超过 1000 元；而且，如果 B 技术研究中心在法庭上可以胜诉的话，W 软件公司就可以编写一个非常简单的只有 10～20 页的应用手册和帮助文档（因为后来的合同中，对其具体要求没有相关条款）。

张某陷入了一个"两难"的境地，该项目下一步到底该怎么办？是否给 W 公司追加资金？

请分析：

（1）为什么张某最终会陷入了一个"两难"的境地？

（2）如果运用法律手段处理，你认为谁将在法庭上获胜？

（3）B 技术研究中心可以避免类似事件再次发生吗？如果可以，怎么办？

4. 项目启动

一旦可行性研究得到通过，项目合同签订完成，就要制定项目的管理制度，并召开项目启动会议，公布项目的管理人员及组织机构，如图 11-1 所示。

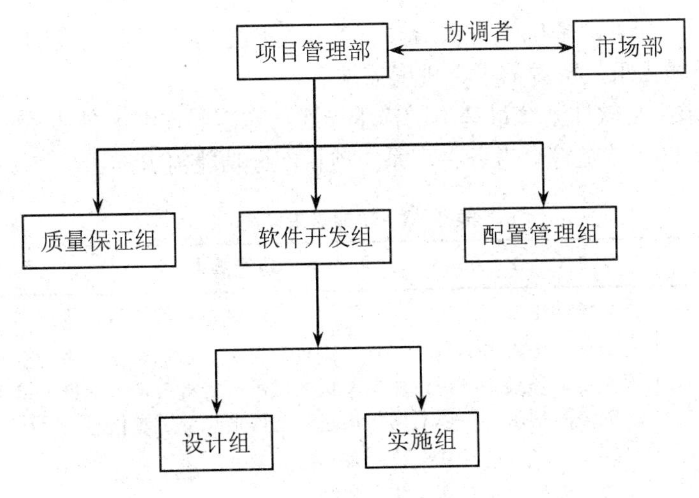

图 11-1　项目组织结构

其中，各个部门的主要职责，如表 11-1 所示。

表 11-1　项目组织中各个部门的职责

部门名称	主要职责
项目管理部	项目的组织和规划；项目计划制定和维护；项目的跟踪和管理；资源的分配和协调活动；各组织和计划之间的协调活动；与市场部的协调活动
市场部	与用户的协调；项目相关的商务活动；用户需求的接口；配合项目经理的资源协调活动；产品的验收活动
质量保证组	项目过程和产品规范的制定；项目过程的质量保证活动，包括过程评审和产品审计
配置管理组	项目的配置管理活动；软件产品的提交
软件开发组	软件的设计、编码；产品质量控制的工作；配合产品验收的相关活动

“美好的开始是成功的一半”，进行软件项目的启动管理，对后续工作的顺利开展至关重要。

11.3　项目的需求管理

1．用户需求分析

一个成功的交互系统必须能够满足用户的需要。这意味着不仅要能够识别各种用户群，而且还可辨别各个用户所掌握的技能、经验以及他们的偏好。为此，项目组派出专业的系统分析员采用到办公地点拜访用户、观察用户工作、让用户参与设计等方式同用户一起制订需求规格。表 11-2 就是用户对于综合考务管理系统需求的描述。

表 11-2　用户需求描述

系统名称	用户需求
综合考务管理系统	提供用户注册、登录功能，能够在线考试、在线生成试卷，维护考生的信息。

2．系统需求

系统需求在用户需求的基础上提供给开发者和用户方技术人员阅读的文档，包括功能需求、性能需求、环境需求、资源需求、进度需求等。

（1）功能需求。是软件系统最基本的需求表述，它需要详细地描述系统的功能特征、输入输出接口等。表 11-3 就是综合考务管理系统项目部分功能需求描述。

表 11-3　功能需求描述

系统名称	功能需求
综合考务管理系统	本系统的主要用户有 3 类：考生、批改试卷人员和后台管理员。 考生登录综合考务管理系统后，只能报名、参加考试、查询分数等操作。批改试卷人员，登录系统可以浏览考试的试卷进行批改，提交批改信息。管理员具有系统的最高权限，可以对考生信息、题库信息、试卷信息进行维护、考务的分配和管理。 系统可以导出并打印考生的成绩

（2）非功能性需求。非功能性需求包括系统的性能需求、可靠性需求、安全需求，以及

对开发过程、时间、资源等方面的约束和标准等。例如：

- 全部试卷必须在 0.5min 之内生成，这就是一项性能需求。
- 系统应该支持 7×24h 提供服务的业务要求，这就是一项可靠性需求。

3. 需求规格说明书

需求分析完成后，软件的需求分析人员要将对软件的各类要求形成一份书面的文档，即需求规格说明书。它是软件开发的一份蓝图，也为系统的验收提供了一个标准。

4. 以用例的方式描述功能性需求

（1）用例简介

在做需求调研的时候，需要回答这个问题："这个系统涉及哪些人？他们对系统有什么期望？"，用例可以帮助我们回答这两个问题。

用例是什么？英文说法是 Use Case，简单地说，用例描述了这个系统有哪些人要用，以及每个人是怎么使用的。

（2）用例图

用例图（Use Case Diagram）是由参与者、用例以及他们之间的关系构成的图，各个组成部分如下。

1）系统

系统是用例图的一个组成部分，它代表的是一个活动范围，而不是一个真正的软件系统。系统的边界用来说明构建的用例的应用范围。

2）参与者

一般来说，参与者是扮演特定角色或描述特定特征的人。

3）用例

用例定义了参与者启动系统时执行或完成的特定功能或过程。

（3）用例图的画法

构建一个用例图需要四个阶段，分别如下。

- 清晰定义系统或系统边界。
- 标识与各种过程或用例直接相关的参与者。
- 标识各个用例。
- 确定参与者和用例之间的关系。

【示例】综合考务管理系统——考生管理用例图

用 Microsoft Visio 2007 工具构建考生管理用例图

具体步骤如下：

（1）启动 Visio。在"选择绘图类型"列表中选择"软件"→"UML 模型图"选项，如图 11-2 所示。

（2）在左侧的"形状"栏中选择"UML 用例"工具箱，如图 11-3 所示。

（3）添加系统边界，在"形状"栏的"UML 用例"工具箱中，拖放"系统边界"图到画布中，将其名称改为"考生管理"，如图 11-4 所示。

（4）添加参与者和用例，在"形状"栏的"UML 用例"工具箱中，将一个参与者拖放到画布上，将其名称修改为"考生"。将五个用例拖放到画布上，将其名称分别修改为"考生登录"、"考生报名"、"考生考试"、"考生查分"、"考生修改个人信息"，如图 11-5 所示。

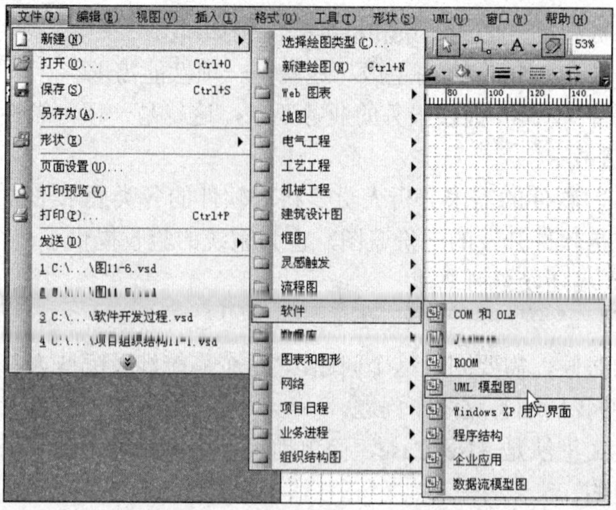

图 11-2　在 Visio 中选择绘图类型

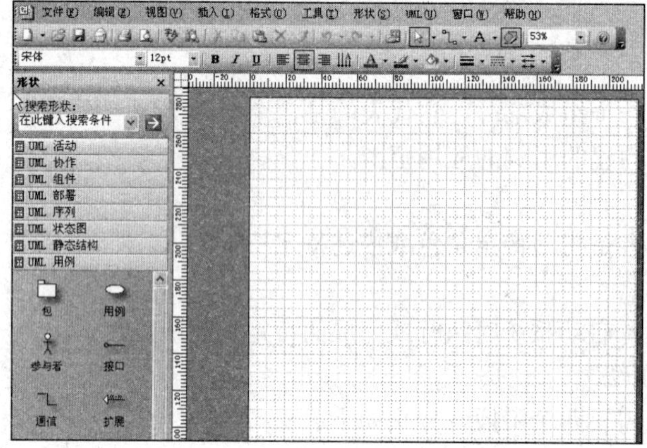

图 11-3　选择“UML 用例”工具箱

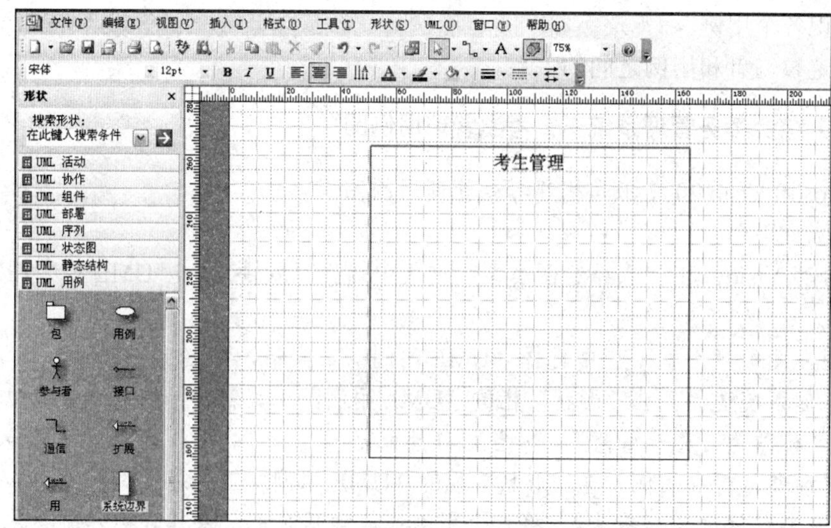

图 11-4　在画布中添加系统边界

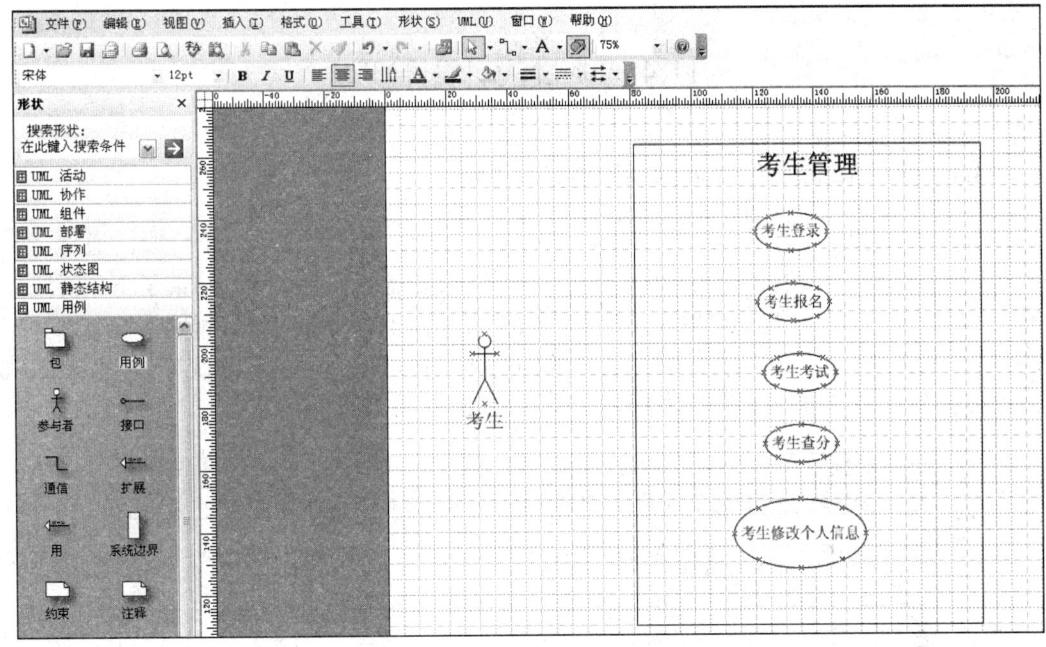

图 11-5　在画布中添加参与者与用例

（5）确定参与者和用例之间的关系，参与者“考生”与用例之间是“通信”关系，完成后的用例图如图 11-6 所示。

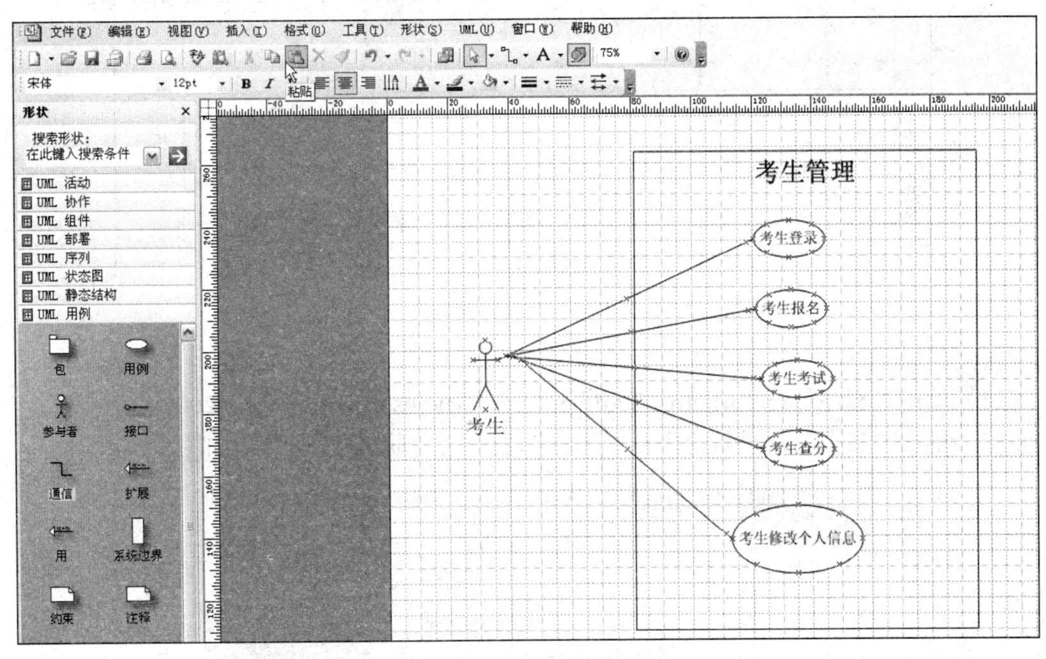

图 11-6　考生管理用例图

【训练活动】

- 活动：请参考上述用例图绘制过程，完成综合考务管理系统——批改试卷人员管理用例图。

11.4 项目的计划管理

11.4.1 使用 Microsoft Visio 绘制软件开发过程

软件项目的过程大致分为需求、设计、开发、测试、实施和维护六个阶段。通常，下一阶段的工作要在前一阶段的工作成果基础上开展，但未必需要等前一阶段结束了下一阶段才可以开始。譬如说，开发和测试可以同步进行，软件进行需求分析的时候，测试人员可以开始进行测试的需求分析，而程序员开始编写代码的同时测试员可以进行单元测试等。使用 Microsoft Visio 绘制的软件开发过程如图 11-7 所示。

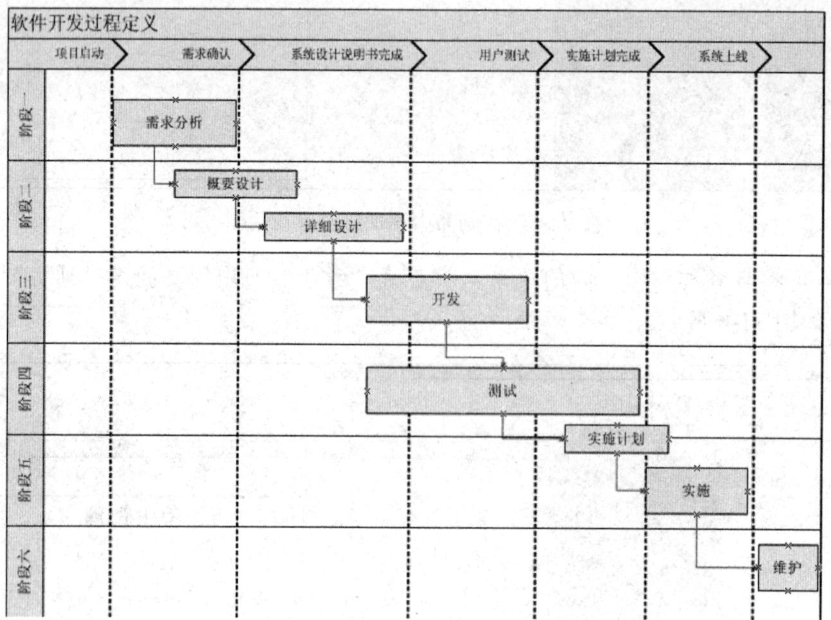

图 11-7 软件开发过程

具体步骤如下：

（1）单击“程序”→“Microsoft Office”→“Microsoft Office Visio 2007”菜单项。

（2）单击“文件”→“新建”→“流程图”→“跨职能流程图”，如图 11-8 所示。

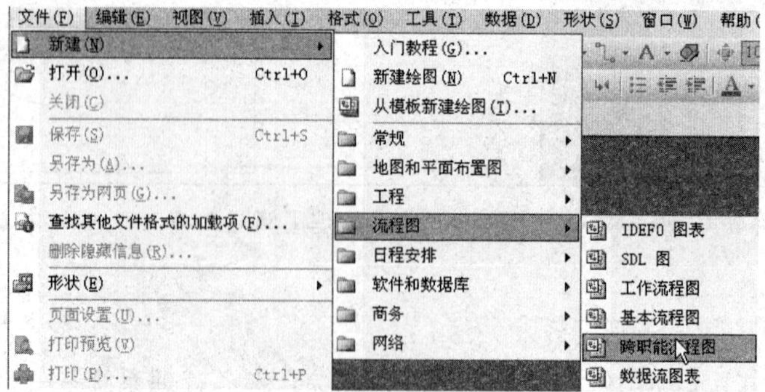

图 11-8 选择绘图类型

（3）在打开的“跨职能流程图”对话框中选择带区方向为“水平”，带区的数目为 4，如图 11-9 所示。

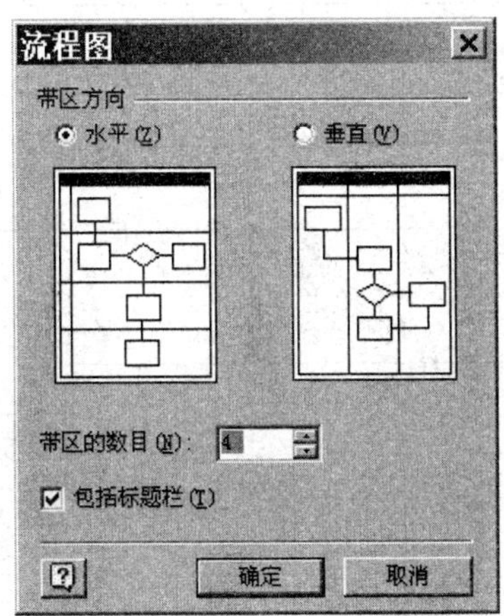

图 11-9　选择带区方向及数目

（4）单击确定按钮后，拖动左侧的 职能带区 工具后，在新建的跨职能图后添加两个职能带区后，如图 11-10 所示。

图 11-10　添加职能带区

（5）单击并按住鼠标左键，拖动分隔符 分隔符 到合适位置再松开。添加完分隔符后如图 11-11 所示。

（6）更改进程、带区、阶段名称。双击相应文本，即可对其进行编辑，其中阶段名称分别为项目启动、需求确认、系统设计说明书完成、用户测试、实施计划完成和系统上线，如图 11-12 所示。

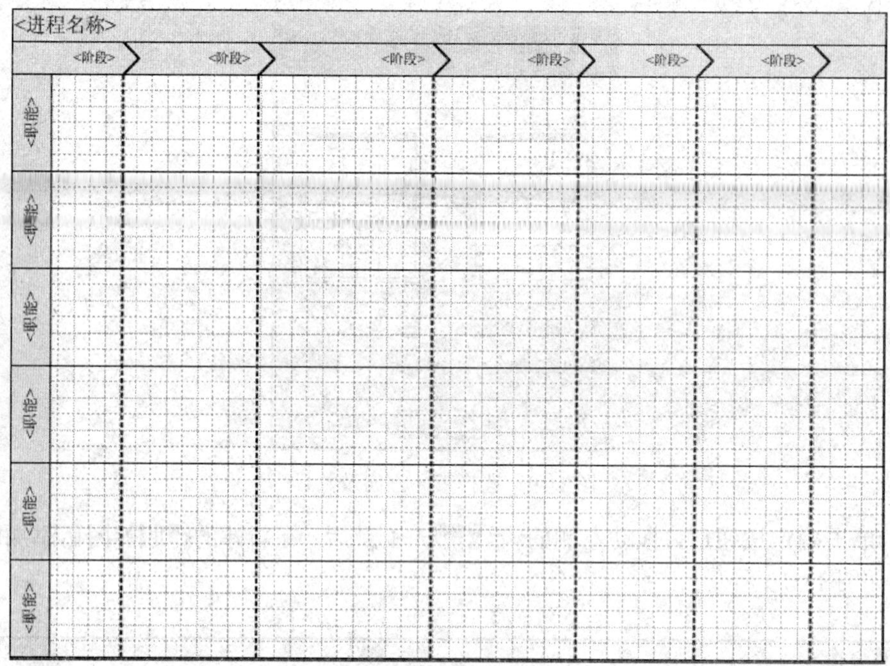

图 11-11　添加分隔符

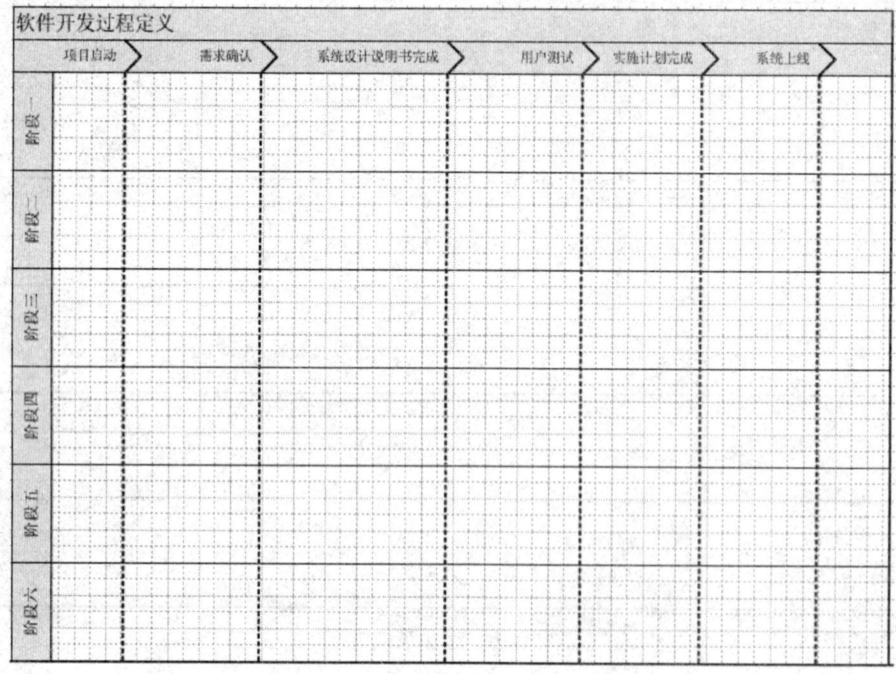

图 11-12　更改进程、带区、阶段名称

（7）打开基本流程图形状，选择 流程 形状，并拖入绘图页中，同时双击每个形状为其添加文字，完成后如图 11-13 所示。

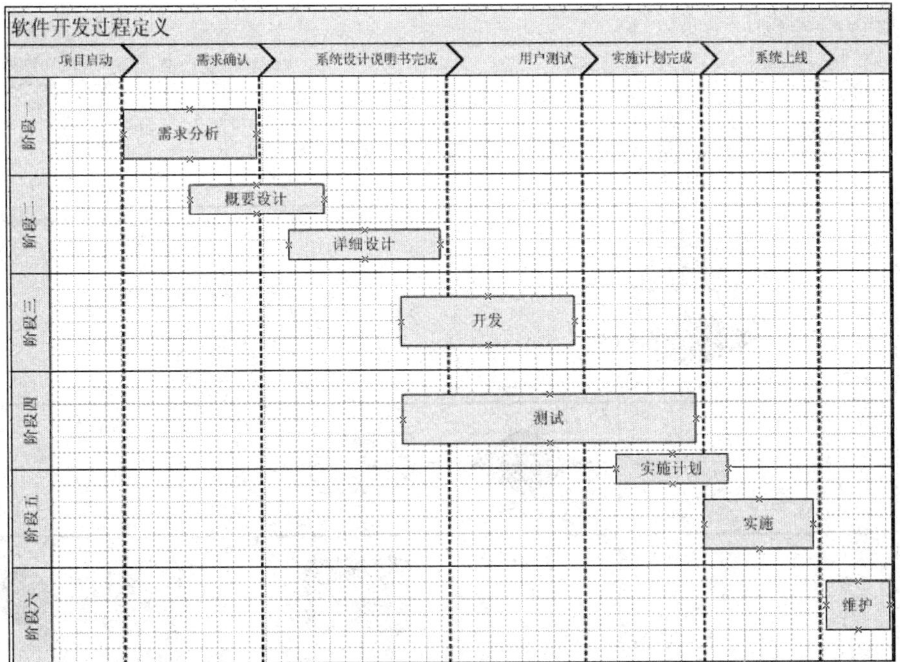

图 11-13　添加流程

（8）按流程先后顺序使用连接线工具连接绘图页中的流程。完成后如图 11-14 所示。

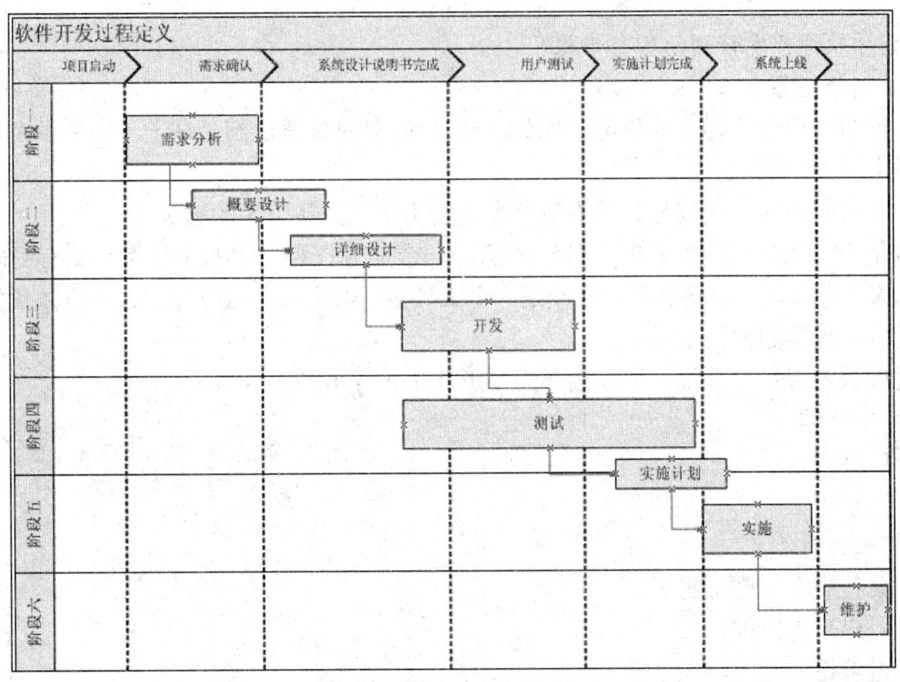

图 11-14　软件开发过程图

【训练活动】

- 活动：请使用 Microsoft Visio 绘制某物流公司费用报销审批流程的跨职能流程图，要求如图 11-15 所示。（提示：使用混合流程图形状）。

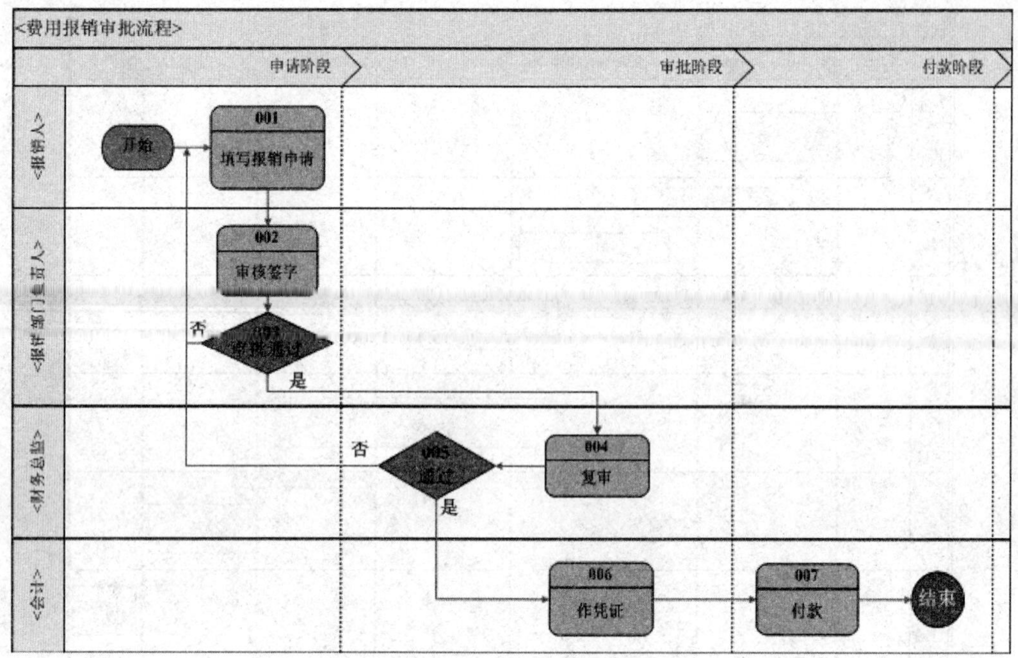

图 11-15　某物流公司费用报销审批流程的跨职能流程图

11.4.2　使用 Microsoft Project 制定软件开发计划

1. 划分软件开发计划的各个步骤

（1）划分任务点

假如部门经理交给你一项任务："要求把客户的科研仪器送到月球上。用多少人员，多长时间，做个计划出来。"

你怎么着手做这个计划呢？是不是有点毫无头绪、无从下手的感觉？

项目是由一系列相互关联的任务组成的，一个任务代表一定的工作量，并有明确的可以交付的结果。那么，一个项目可以看作是一个大任务，将大任务进行分解，一直到我们可以估计的程度，项目计划就做出来了。

针对综合考务管理系统，可以划分为以下几个大任务和小任务。

1）软件规划

- 项目规划。
- 计划评审。

2）需求分析

- 编写需求规格说明书。
- 用户需求评审。
- 需求论证。

3）设计

- 概要设计。
- 详细设计。

4）实施

- 注册登录。

  - ➢ 考生注册；
  - ➢ 考生登录；
  - ➢ 管理员登录。
- ● 考生个人信息管理。
  - ➢ 个人信息查询；
  - ➢ 个人信息更改；
  - ➢ 考生科目查询；
  - ➢ 报考科目。
- ● 在线考试。
  - ➢ 考生身份验证；
  - ➢ 试卷生成；
  - ➢ 试卷批改；
  - ➢ 考生分数查询。
- ● 新闻和公告。
- ● 留言板。
- ● 后台管理。
  - ➢ 试题信息管理；
  - ➢ 考生报考信息管理；
  - ➢ 考生成绩信息管理；
  - ➢ 考生留言管理；
  - ➢ 新闻公告管理。

5）系统集成。

- ● 集成测试。
- ● 调试运行。

6）提交。

- ● 完成文档。
- ● 验收、提交。

（2）分配资源

划分好任务点之后，接下来就要给每个任务点指定人员和必需的设备、物资。完成任务必需的人员、设备和物资统称为“资源”。分配资源（主要是人员）的时候，不仅要指定“谁”，还要明确完成某个任务点的开始和结束时间。

项目计划中的每个计划项都要明确：“什么任务”、“谁”和“完成任务的起止时间”。完成这步工作后，就能够知道这个项目需要多少人、多少时间完成了。项目计划开始实施后，我们还要逐项追踪，看看是否按计划执行了，如果有出入要及时调整。

本项目的开始时间为 2012 年 4 月 30 日，结束时间为 2012 年 7 月 25 日，共需 60 个工作日，具体进度计划如表 11-4 所示。

2. 使用 Project 工具制定项目计划

Microsoft Project 是一个专业的项目管理软件，它可以帮助我们管理项目，安排任务，制定计划和分配资源；还可以监视项目的状态和进度，以图形化的方式显示哪些工作完成了、哪些还没有完成以及完成的百分比，以有效地组织和跟踪任务及资源，使项目在预算范围内按时完成。本项目的整体甘特图如图 11-16 所示。

表 11-4 项目进度计划

任务名称	工期	资源
软件规划	2 工作日	
项目规划	1 工作日	王洪波
计划评审	1 工作日	黄国伟
需求分析	3 工作日	
编写需求规格说明书	1 工作日	王洪波
用户需求评审	1 工作日	王洪波
需求论证	1 工作日	黄国伟
设计	2 工作日	
概要设计	1 工作日	王洪波
详细设计	1 工作日	王洪波
实施	49 工作日	
注册登录	3 工作日	
考生注册	1 工作日	魏超
考生登录	1 工作日	魏超
管理员登录	1 工作日	魏超
考生个人信息管理	5 工作日	
个人信息查询	1 工作日	张峰，魏超
个人信息修改	2 工作日	张峰，魏超
考试科目查询	1 工作日	张峰，魏超
报考科目	1 工作日	张峰，魏超
在线考试	16 工作日	
考生身份验证	1 工作日	黄国伟
试卷生成	10 工作日	黄国伟，张峰，魏超
试卷批改	3 工作日	黄国伟，张峰，魏超
考试分数查询	2 工作日	黄国伟，张峰，魏超
新闻和公告	5 工作日	张峰
留言板	4 工作日	魏超
后台管理	16 工作日	
试题信息管理	8 工作日	黄国伟，张峰，魏超
考生报考信息管理	2 工作日	黄国伟，张峰，魏超
考生成绩信息管理	2 工作日	黄国伟，张峰，魏超
考生留言管理	2 工作日	黄国伟，张峰，魏超
新闻公告管理	2 工作日	黄国伟，张峰，魏超
系统集成	2 工作日	

续表

任务名称	工期	资源
集成测试	1 工作日	外包
调试运行	1 工作日	黄国伟，王洪波
提交	2 工作日	
完成文档	1 工作日	王洪波
验收、提交	1 工作日	王洪波

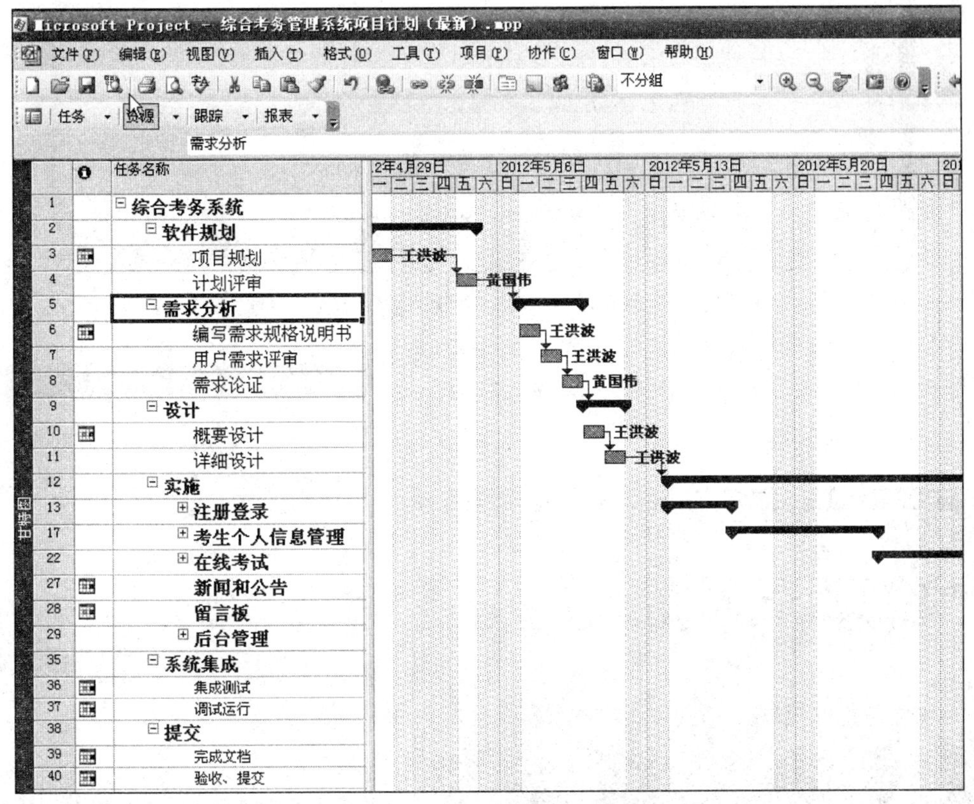

图 11-16　项目整体甘特图

具体步骤如下：

（1）用 Project 创建项目文件

1）创建项目文件。单击“开始”→“程序”→Microsoft Office→Microsoft Office Project 2007，并将项目文件以“综合考务管理系统项目计划”为名保存，如图 11-17 所示。

2）填写项目信息。单击“项目”菜单中的“项目信息”，在弹出的“项目信息”对话框中输入项目的开始日期，如图 11-18 所示。

3）填写项目属性。选择“文件”→“属性”命令，在弹出的对话框的“摘要”选项卡中填写有关项目信息，如图 11-19 所示。

具体含义为：

- 标题：项目名称。
- 主题：为项目的主题。

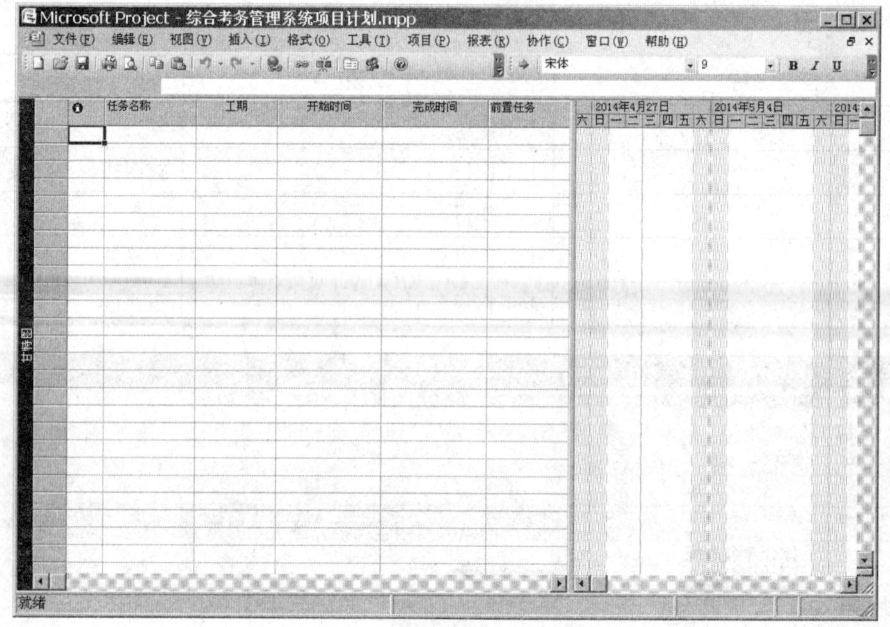

图 11-17 新建项目“综合考务管理系统项目计划”

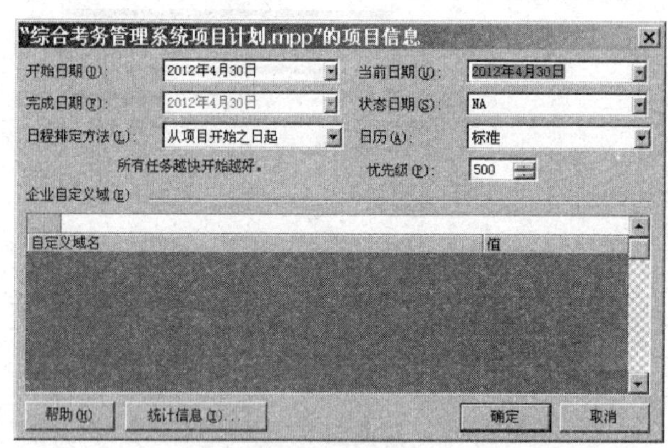

图 11-18 “项目信息”对话框

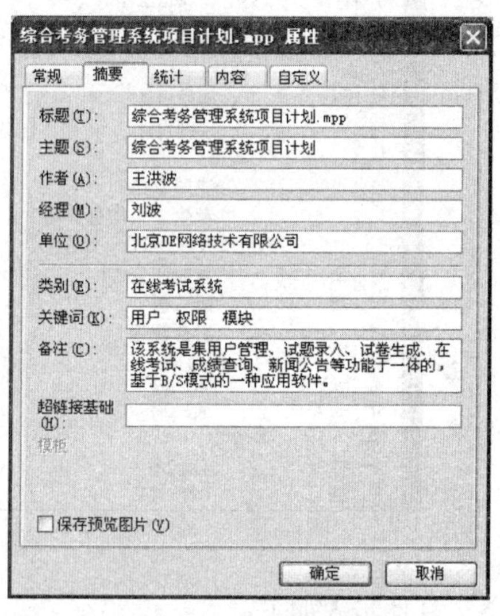

图 11-19 “摘要”选项卡

- 作者：编制本文件的人员。
- 经理：项目经理。
- 单位：本项目所属公司。
- 类别、关键词：本项目所属类型，如合同型、自研发型。
- 备注：描述项目的关键简要信息，如：项目委托方、项目任务、成本、开始时间、结束时间等。

（2）更改工作时间

Project 是基于工作日和工作时间来排定任务计划的，而通常每个项目有一个基准的日历，它是指工作时间和工作日的集合。我们也可以根据需要来自己设定项目日历。

1）单击“工具”菜单中的“更改工作时间”，显示“更改工作时间”对话框，如图 11-20 所示。

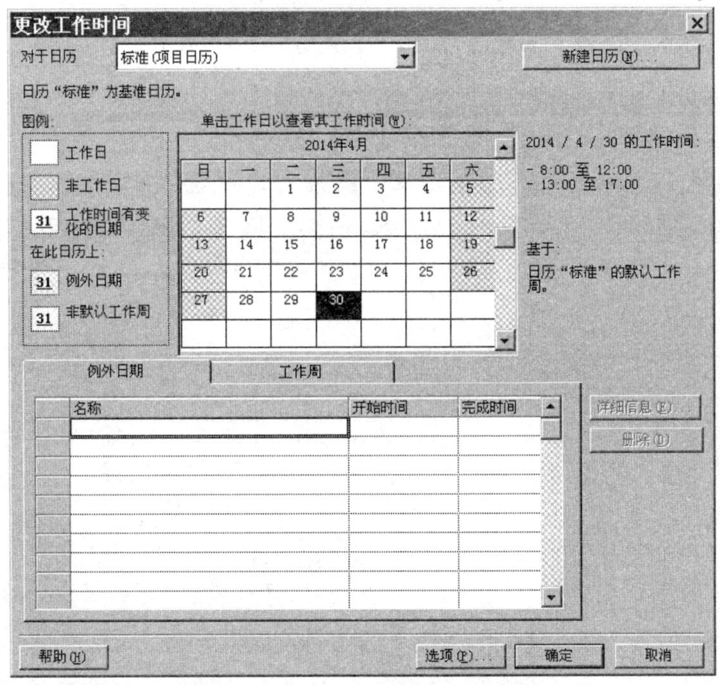

图 11-20　“更改工作时间”对话框

2）设置例外日期。在例外日期选项卡中填写相关信息，如图 11-21 所示。

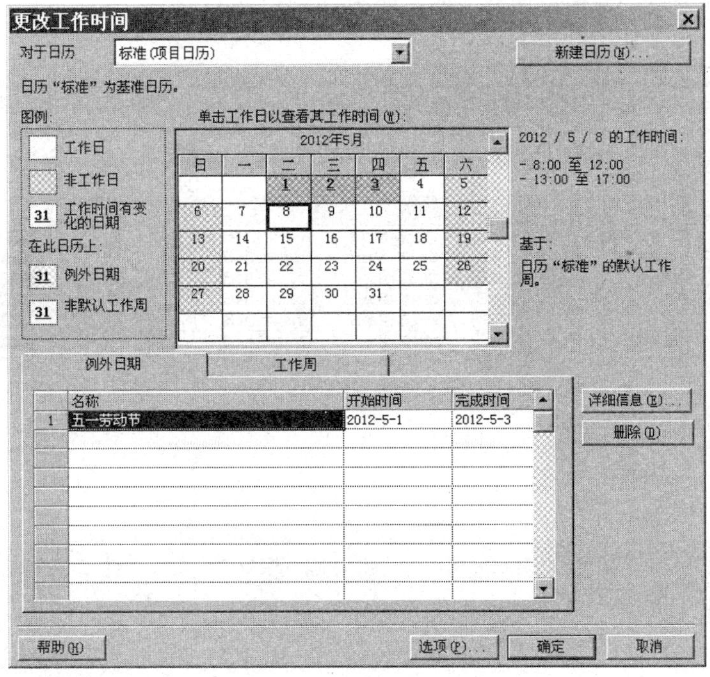

图 11-21　设置例外日期

（3）划分任务点

默认情况下，项目任务以“天”为单位。

按表 11-4 中的任务点及子任务全部添加到任务列表中。

1）在任务名称单元格输入总任务名称，并设置工期为 60 天，如图 11-22 所示。

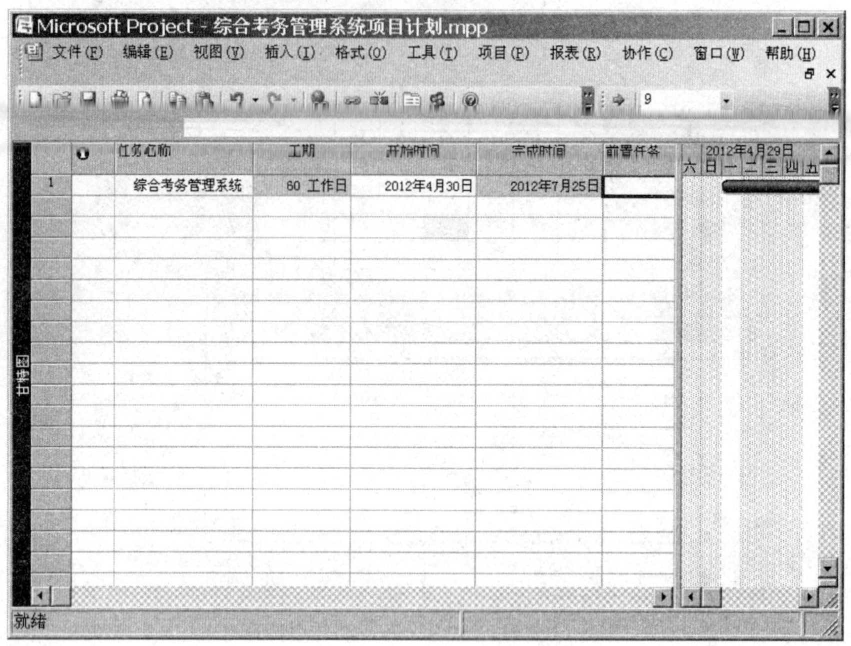

图 11-22 创建总任务名称

2）添加各任务点，并指定任务工期，如图 11-23 所示。

图 11-23 创建任务并指定工期

3）设置任务的前置条件。双击“前置任务”单元格，可以为任务设置前置条件。如设置需求分析的前置条件为“软件规划”，如图 11-24 所示。全部设置完成后的效果如图 11-25 所示。

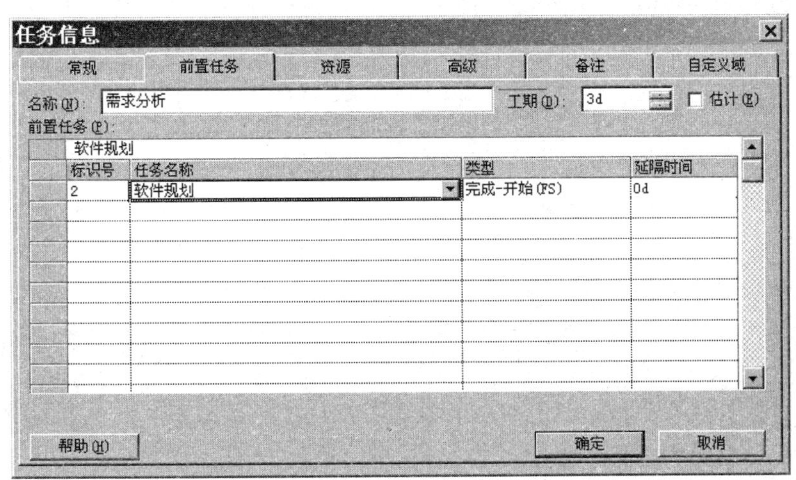

图 11-24　设置任务的前置任务

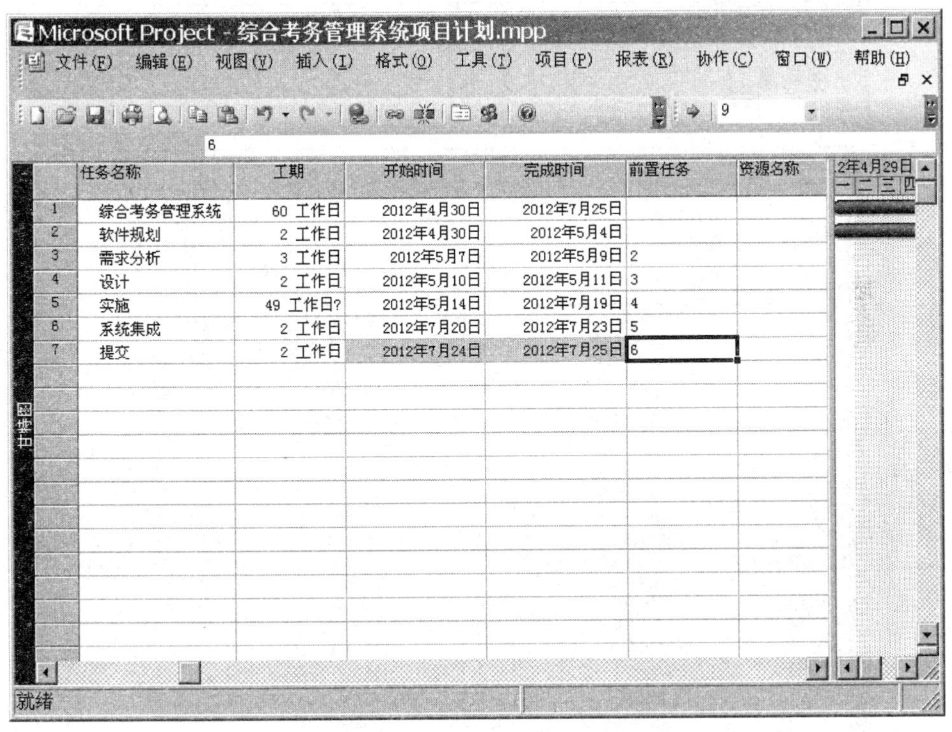

图 11-25　设置前置任务的效果图

4）组织任务大纲。选中后添加的几个任务，并单击“格式”工具栏上的“➜”箭头按钮，如图 11-26 所示。

5）按照上面的方法，依次添加所有的子任务，并降级处理。实施部分的甘特图如图 11-27 所示。

	任务名称	工期	开始时间	完成时间	前置任务	资源名称
1	**综合考务管理系统**	**60 工作日**	**2012年4月30日**	**2012年7月25日**		
2	软件规划	2 工作日	2012年4月30日	2012年5月4日		
3	需求分析	3 工作日	2012年5月7日	2012年5月9日	2	
4	设计	2 工作日	2012年5月10日	2012年5月11日	3	
5	实施	49 工作日	2012年5月14日	2012年7月19日	4	
6	系统集成	2 工作日	2012年7月20日	2012年7月23日	5	
7	提交	0 工作日	[illegible]	[illegible]	6	

图 11-26　组织任务大纲

	任务名称	工期	开始时间	完成时间	前置任务
1	**综合考务系统**	**60 工作日**	**2012年4月30日**	**2012年7月25日**	
2	**软件规划**	**2 工作日**	**2012年4月30日**	**2012年5月4日**	
5	**需求分析**	**3 工作日**	**2012年5月7日**	**2012年5月9日**	**4**
9	**设计**	**2 工作日**	**2012年5月10日**	**2012年5月11日**	**8**
12	**实施**	**49 工作日**	**2012年5月14日**	**2012年7月19日**	**11**
13	**注册登录**	**3 工作日**	**2012年5月14日**	**2012年5月16日**	
14	考试注册	1 工作日	2012年5月14日	2012年5月14日	
15	考试登录	1 工作日	2012年5月15日	2012年5月15日	14
16	管理员登录	1 工作日	2012年5月16日	2012年5月16日	15
17	**考生个人信息管理**	**5 工作日**	**2012年5月17日**	**2012年5月23日**	**16**
18	个人信息查询	1 工作日	2012年5月17日	2012年5月17日	
19	个人信息修改	2 工作日	2012年5月18日	2012年5月21日	18
20	考试科目查询	1 工作日	2012年5月22日	2012年5月22日	19
21	报考科目	1 工作日	2012年5月23日	2012年5月23日	20
22	**在线考试**	**16 工作日**	**2012年5月24日**	**2012年6月14日**	**21**
23	考生身份验证	1 工作日	2012年5月24日	2012年5月24日	
24	试卷生成	10 工作日	2012年5月25日	2012年6月7日	23
25	试卷批改	3 工作日	2012年6月8日	2012年6月12日	24
26	考试分数查询	2 工作日	2012年6月13日	2012年6月14日	25
27	**新闻和公告**	5 工作日	2012年6月15日	2012年6月21日	26
28	**留言板**	4 工作日	2012年6月22日	2012年6月27日	27
29	**后台管理**	**16 工作日**	**2012年6月28日**	**2012年7月19日**	**28**
30	试题信息管理	8 工作日	2012年6月28日	2012年7月9日	
31	考生报考信息管理	2 工作日	2012年7月10日	2012年7月11日	30
32	考生成绩信息管理	2 工作日	2012年7月12日	2012年7月13日	31
33	考生留言管理	2 工作日	2012年7月16日	2012年7月17日	32
34	新闻公告管理	2 工作日	2012年7月18日	2012年7月19日	33

图 11-27　实施部分甘特图

（4）分配项目资源

前面已经介绍过，资源可以是用于执行一项任务必需的设备、物资或人员。在软件开发过程中，最主要的资源就是人员。下面我们将使用 Project 软件为表 11-4 中对应任务点分配的人员设定相关属性。

1）选择“视图”→“资源工作表”菜单，将信息添加到资源工作表中。如图 11-28 所示。

	资源名称	类型	材料标签	缩写	组	最大单位	标准费率	加班费率
1	王洪波	工时		王	设计组	100%	￥50/工时	￥60/工时
2	黄国伟	工时		黄	开发组	100%	￥40/工时	￥60/工时
3	魏超	工时		魏	开发组	100%	￥40/工时	￥60/工时
4	张峰	工时		张	开发组	100%	￥40/工时	￥60/工时

图 11-28　分配项目资源

2）回到甘特图视图，在任务列表中选择任务“项目规划”，选择“工具”→“分配资源”命令，将王洪波分配给任务“项目规划”，如图 11-29 所示。

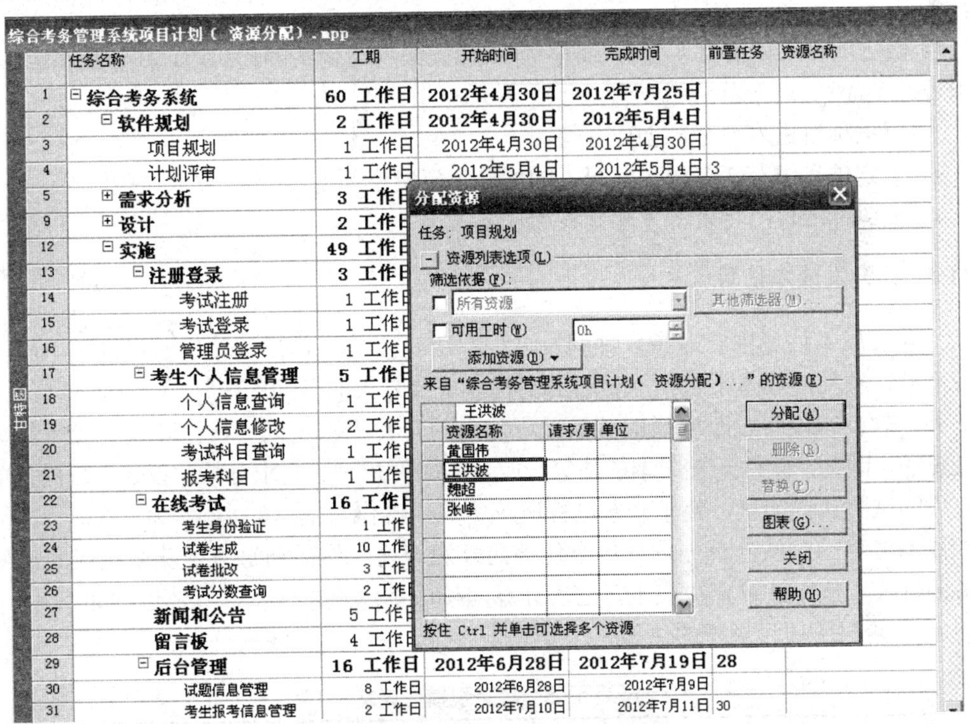

图 11-29　为“项目规划”分配资源

3）为“综合考务系统”项目的其余任务分配资源。

【训练活动】

- 活动：利用 Project 2007 来完成如下任务：

概述

某公司准备制作一个网站开发项目，经过分析，得到该项目的任务分解如下：

（1）收集公司的基本信息材料和产品图片。

（2）研究同类公司的网站。

（3）开发一个模板（包括页面的色调、布局、排版等）供客户审查。

（4）建立网站的框架层次。

（5）修改图片素材，使其适合上传到网页中。

（6）制作具体的网页。

（7）测试网页和网站。

（8）在客户的服务器上实施网站。

（9）网站的试运行。

（10）获得客户的反馈意见。

（11）按照意见修改网站。

（12）为客户建立网页培训资料。

（13）培训客户员工如何维护更新网页。

任务：

（1）假定项目工期需要 4 个月，请为各项任务输入切合实际的历时，并分配相应的人员，制定项目进度计划。

（2）根据项目进度计划，创建甘特图。

（3）假定项目组有 3 名成员，每人的标准工资费率为 50 元/h，输入这些资源。

（4）按照标准日历将资源分配到各项任务。

11.4.3 开发成本估算

软件开发成本估算主要是指软件开发过程中所花费的工作量及相应的代价。不同于传统的工业产品，软件的成本不包括原材料的消耗，主要是人的劳动的消耗。

另外，软件也没有一个明显的制造过程，它的开发成本是以一次性开发过程所花费的代价来计算的。因此，软件开发成本的估算，应是从软件规划、需求分析、设计、编码、单元测试、集成测试到认证测试，整个开发过程所花费的代价作为依据的。

在成本估算的时候，首先估算每个任务的开发规模，然后通过系数获得相应的质量、管理任务的规模，从而计算直接成本，之后计算间接成本以及总成本，具体过程如下。

表 11-5 给出了项目规模的估算表。

表 11-5 项目规模估算表

WBS	任务名称	估计值/人天	小计/人天	总计/人天
1	注册登录		3	58
1.1	考生注册	1		
1.2	考生登录	1		

续表

WBS	任务名称	估计值/人天	小计/人天	总计/人天
1.3	管理员登录	1		
2	考生个人信息管理		5	
2.1	个人信息查询	1		
2.2	个人信息修改	2		
2.3	考试科目查询	1		
2.4	报考科目	1		
3	在线考试		16	
3.1	考生身份验证	1		
3.2	试卷生成	10		
3.3	试卷批改	3		
3.4	考试分数查询	2		
4	新闻和公告	5	5	
5	留言板	4	4	
6	后台管理		16	
6.1	试题信息管理	8		
6.2	考生报考信息管理	2		
6.3	考生成绩信息管理	2		
6.4	考生留言管理	2		
6.5	新闻公告管理	2		
7	测试	（外包 8000 元）	9	

估算步骤如下：

（1）获取任务分解结果 WBS，任务分解是根据项目的功能进行分解的。

（2）计算开发成本。由于任务分解的结果主要是针对开发任务的分解，管理任务和质量任务可以通过计算开发任务得到，因此，根据以往的经验，管理任务和质量任务=20%×开发任务。从表 11-5 得知，项目规模是 58 人天，除去外包的 9 人天，内部开发规模为 49 人天，假设开发人员成本参数=420 元/天，则内部的开发成本=420 元/天×49 天 =20580 元。

加上外包部分的软件成本 8000 元，则开发成本=20580＋8000 =28580 元。

（3）计算管理、质量成本。

项目的管理和质量成本=开发成本×20% =5716 元。

（4）直接成本=28580＋5716 =34296 元。

（5）计算间接成本。间接成本包括前期合同费用、房租水电、培训、员工福利和客户服务等。根据以往的经验，利用公式：间接成本=25%×直接成本=8574 元。

（6）计算总估算成本。

项目总估算的成本=34296＋8574 = 42870 元。

（7）重新评估项目的报价。

通过再次的评估可以进一步明确企业的项目运作和利润情况等。

如果项目的利润是 30%，则项目报价=42870×1.3 = 55731 元，与合同上的报价 56400 元相比，应该说，报价是相当合适的。

11.4.4 沟通计划制定

在项目工作已经全面展开的情况下，为了有效地解决项目中遇到的问题，并及时快速地反映项目信息，特制定如下的沟通计划：

（1）每天 17:00～18:00，召开例会，项目组成员总结当天的工作并进行口头交流。

（2）每周五的 15:00 之前提交工作周报，模板如表 11-6 所示。

表 11-6 工作周报模板

<table>
<tr><td>负责人</td><td></td><td>编写时间</td><td></td></tr>
<tr><td>周报区间</td><td colspan="3"></td></tr>
<tr><td colspan="4">本周完成情况</td></tr>
<tr><td colspan="4"></td></tr>
<tr><td colspan="4">下周工作计划</td></tr>
<tr><td colspan="4"></td></tr>
<tr><td colspan="4">需要在周例会上解决的问题和建议</td></tr>
<tr><td colspan="4"></td></tr>
</table>

（3）每周五的 16:00～18:00，召开周例会并做会议记录，会后发布会议纪要给相关的项目人员。

（4）通过公司内部邮件系统，及时提交问题报告给项目经理。

11.5 项目的过程控制

11.5.1 项目的进度控制

从内容上看，软件开发项目进度控制主要表现在组织管理、技术管理和信息管理等这几个方面。组织管理包括这样几个内容：

（1）项目经理监督并控制项目的进度情况。

（2）进行项目分解，如按项目结构分，按项目进展阶段分，按合同结构分，并建立编码体系。

（3）制订进度协调制度，确定协调会议时间、参加人员等。

（4）对影响进度的干扰因素和潜在风险进行分析。

表 11-7 为综合考务管理系统的项目月进度控制一览表。

表 11-7　项目月进度一览表

编号		报告人	王洪波	报告日期	2012 年 6 月 30 日
项目名称	综合考务管理系统			项目经理	王洪波
本月进度与状态					
序 号	工 作 包	负责人	状 态	开始时间	完成时间
1	考试分数查询	黄国伟，张峰，魏超	C	2012 年 6 月 8 日	2012 年 6 月 11 日
2	新闻和公告	张峰	C	2012 年 6 月 12 日	2012 年 6 月 18 日
3	留言板	魏超	C	2012 年 6 月 19 日	2012 年 6 月 22 日
4	试题信息管理	黄国伟，张峰，魏超	P	2012 年 6 月 25 日	2012 年 6 月 30 日

注：P=Progressing（正在进行）；C=Closed（已经完成）

11.5.2　需求变更的控制

在本项目的范围控制过程中，通过与计划的需求规格比较，如果出现范围变化，即出现增加、修改、删除部分需求范围，就需要通过范围变更控制系统来实现变更，以保证项目范围在可以接受的范围内进行。

11.5.3　项目的质量控制

综合考务管理系统项目的质量控制活动包括代码走查、单元测试、环境测试等，由开发人员负责，详见进度计划。

11.6　项目收尾与验收

11.6.1　项目的收尾工作

综合考务管理系统的项目收尾工作包括合同收尾和管理收尾两部分。

合同收尾就是拿出合同，和客户一项项地核对，是否完成了合同上规定的所有要求，是否可以结束项目，也就是通常所讲的验收。

管理收尾涉及为了使项目干系人对项目产品的验收正式化而进行的项目成果验证和归档，包括收集项目记录、确保产品满足商业需求、将项目信息归档、项目审计。

11.6.2　项目的质量验收

质量验收是控制项目最终质量的重要手段。依据质量计划和相关的质量标准进行验收，不合格不予接收。表 11-8 为本项目的软件验收单。

表 11-8　项目验收单

软件名称	综合考务管理系统	合同编号	12010295279823
验收时间	2012 年 7 月 27 日	验收地点	A 省高职学院网络中心
甲方验收人员	杜现英		
乙方验收人员	李宏斌		

续表

验收内容	
1．软件安装、调试是否与合同相符	是 √□ 否 □
2．提供的说明书、使用手册等文档是否齐全	（请见乙方提供的资料文档目录） 是 √□ 否 □
3 所有系统功能是否实现	是 √□ 否 □
4 其他	是 √□ 否 □
乙方自我评价：产品的功能完全满足用户的要求 签名： 年 月 日	
项目中遗留的问题陈述（如果有则填写）：	
甲方评价：产品的功能满足我们的要求 签名： 年 月 日	

【本章总结】

- 软件项目管理的整体工作流程包括项目启动、项目计划、项目实施、项目控制、项目收尾与验收等。
- 采用招投标方式来确定软件提供商，是当前软件项目普遍采用的形式；按照合同方式进行软件项目管理，对于双方都有一定的约束作用。
- 使用 Microsoft Visio 绘制用例图、软件开发过程，可以更好地进行项目需求管理和计划管理。
- 使用 Microsoft Project 制定项目计划，绘制甘特图，能够有效进行软件项目的计划、管理和控制。
- 软件项目收尾和验收管理非常重要，要善始善终，成功结束项目。

【思考练习】

请每个同学自己先通过图书、杂志、网络以及人际关系，搜寻尽可能多的软件项目开发失败的案例，以及相关软件失败的原因分析和经验总结；然后，同学们之间进行交流学习，互相讨论；最后，同学之间分组合作，对软件项目失败的各种原因进行归纳分类。

第12章　IT软件文档编制

【资料背景】

大学生成长记录平台是集学生个人信息、班级信息、学生个人成长学分、班级成长学分、学生顶岗实习等功能于一体的、基于 B/S 模式的一款应用软件。本章以某项目小组为高校开发的“大学生成长记录平台”为项目实例，具体分析可行性研究报告、软件需求规格说明书、软件使用说明书等文档的内容要求和编写指南。

【本章目标】

通过本章的学习和训练，你将能够：

（1）了解可行性研究报告的内容和编写要求。

（2）了解软件需求规格说明书的内容和编写要求。

（3）了解软件使用说明书的内容和编写要求。

【知识引导】

软件开发是一个将用户需要转化为软件需求，将软件需求转化为软件设计，通过软件编码来实现软件设计，对软件进行测试，交付并投入运行的过程。在过程中的每一个阶段，贯穿着相应文档的编制工作。常常有人认为，软件项目成功的标志是交出能够正确运行的程序，文档是可有可无的，如果一定要写，也只是在程序本身完成之后再补上。这种仅仅为了交差才补写的文档往往和实际开发的程序存在着很大差距，难以发挥其应有的作用。符合要求的、规范化的文档在软件开发中的作用就如同零件图纸在产品开发中的作用一样，是表达思想、传递信息的重要途径，是保证软件开发质量、提高软件可维护性、可靠性和可生产性的重要措施。

因此，软件绝不等同于程序，软件是与计算机系统的操作有关的程序及文档的集合。文档的编写是软件开发过程中的重要工作，是工程化方法的重要体现。下面以“大学生成长记录平台”为项目实例，具体分析可行性研究报告、软件需求规格说明书、软件使用说明书等几个文档的内容要求和编写指南。

12.1　可行性研究报告

可行性研究报告的编写目的是：说明该软件开发项目的实现在技术、经济和社会等方面的可行性，评述为了合理地达到开发目标而可能选择的各种方案，说明并论证所选定的方案。

可行性研究报告是可行性分析的产物，可行性分析是一次简略的系统分析和系统设计过程。所谓简略就是不必深入到底层数据元素，也无须考虑每个过程的细节。在分析和设计的基础上得到的系统方案，才能成为进行技术、经济和社会可行性分析的对象。

软件可行性分析的步骤为：

（1）复查系统规模和目标；

（2）研究目前正在使用的系统；

（3）导出新系统的高层逻辑模型；

（4）重新定义问题；

（5）导出和评价供选择的解法；

（6）推荐行动方针；

（7）草拟开发计划；

（8）书写文档提交审查。

12.1.1 可行性研究报告的基本目录及编写提示

【示例】

1 引言

1.1 编写目的

说明：编写本可行性研究报告的目的，指出预期的读者。

1.2 项目背景

说明：

（a）所建议开发的软件系统的名称。

（b）本项目的任务提出者、开发者、用户及实现该软件的计算中心或者计算机网络。

（c）该软件系统与其他系统或其他机构基本的相互往来关系。

1.3 定义

列出本文件中用到的专门术语的定义和外文首字母组词的原词组。

1.4 参考资料

列出相关参考资料，如：

（a）本项目经核准的计划任务书或合同、上级机关的批文。

（b）属于本项目的其他已发表的文件等。

（c）本文件中各处引用的文件、资料，包括所需用到的软件开发标准。列出这些文件资料的标题、文件编号、发表日期和出版单位，说明这些文件资料的来源。

2 可行性研究的前提

说明对所建议的开发项目进行可行性研究的前提，如要求、目标、假定、限制等。

2.1 要求

说明对所建议开发的软件的基本要求，如：功能、性能、数据输入输出、处理流程和数据流程、安全保密和完成期限等。

2.2 目标

说明所建议系统的主要开发目标，如：人力与设备费用的减少、处理速度的提高、控制精度或生产能力的提高、管理信息服务的改进、自动决策系统的改进等。

2.3 条件、假定和限制

说明对这项开发中给出的条件、假定和所受到的限制，如：硬件、软件、运行环境和开发环境方面的条件和限制；经费、投资方面的来源和限制。

2.4 进行可行性研究的方法

说明这项可行性研究将是如何进行的，所建议的系统将是如何评价的。摘要说明所使用的基本方法和策略，如调查、加权、确定模型等。

2.5　评价尺度

说明对系统进行评价时所使用的主要尺度，如费用的多少、各项功能的优先次序、开发时间的长短及使用的难易程度。

3　对现有系统的分析

这里的现有系统是指当前实际使用的系统，这个系统可能是计算机系统，也可能是一个机械系统甚至是一个人工系统。分析现有系统的目的是为了进一步阐明建议中的开发新系统或修改现有系统的必要性。

3.1　处理流程和数据流程

说明现有系统的基本的处理流程和数据流程。此流程可用图表即流程图的形式表示，并加以叙述。

3.2　现有系统的简明情况

列出现有系统所承担的工作负荷、费用开支、人员和设备、局限性等情况。

4　所建议系统的技术可行性分析

本项内容将用来说明所建议系统的目标和要求将如何被满足。

4.1　对所建议系统的概述

概括地说明所建议系统，并说明列出的那些要求将如何得到满足，说明所使用的基本方法及理论根据。

4.2　所建议系统处理流程和数据流程

给出所建议系统的处理流程和数据流程。

4.3　改进之处

按 2.2 条中列出的目标，逐项说明所建议系统相对于现存系统具有的改进。

4.4　影响

建立所建议系统时，预期将带来的影响，包括：对设备的影响、对软件的影响、对用户单位机构的影响、对系统运行过程的影响、对开发的影响、对地点和设施的影响、对经费开支的影响等。

4.5　局限性

说明所建议系统尚存在的局限性以及这些问题未能消除的原因。

4.6　技术条件方面的可行性

本节应该说明技术条件方面的可行性，如：

（1）在当前的限制条件下，该系统的功能能否达到。

（2）利用现有的技术，该系统的功能能否实现。

（3）对开发人员的数量和质量的要求，并说明这些要求能否满足。

（4）在规定的期限内，本系统的开发是否能完成。

5　所建议系统经济可行性分析

说明经济可行性，如支出、效益、收益等费用说明。

5.1　支出

对于所选择的方案，说明所需要的费用。如果已有一个现存系统，则包括该系统继续运行期间所需的费用。具体包括采购、开发和安装设备软件等的费用，及在该系统生命周期内用于运行和维护的费用等。

5.2 收益

对于所选择的方案，说明能够带来的收益，表现为开支费用的减少或避免、差错的减少、灵活性的增加、动作速度的提高和管理计划方面的改进等，包括一次性收益、非一次性收益和不可定量的收益等。

5.3 收益投资比

求出整个系统生命周期的收益/投资比值。

5.4 敏感性分析

敏感性分析是指一些关键性因素如系统生命期长度、系统的工作负荷量、工作负荷的类型与这些不同类型之间的合理搭配、处理速度要求、设备和软件的配置等变化时，对开支和收益的影响最灵敏的范围的估计。

6 所建议系统的社会因素方面的可行性分析

本项用来说明对社会因素方面的可行性分析的结果，包括：法律方面的可行性；使用方面的可行性，例如从用户单位的行政管理、工作制度等方面来看，是否能够使用该软件系统；从用户单位的工作人员的素质来看，是否能满足使用该软件系统的要求等，都是要考虑的。

7 其他可供选择的方案

逐个阐明其他可供选择的方案，并重点说明未被推荐的理由。

8 可行性分析结论

在进行可行性研究报告的编制时，必须有一个研究的结论。结论可以是：可以立即开始进行；需要推迟到某些条件（例如资金、人力、设备等）落实之后才能开始进行；需要对开发目标进行某些修改之后才能开始进行；不能进行或不必进行（例如因技术不成熟、经济上不合算等）。

12.1.2 可行性研究报告编写示例

【示例】

具体内容见本书157至162页。

大学生成长记录平台可行性研究报告

文件名称：大学生成长记录平台可行性研究报告

编 制 人：朱娜

编制日期：2012 年 12 月 10 日

审 核 人：苗旺

审核日期：2012 年 12 月 20 日

1 引言

1.1 编写目的

该软件项目可行性研究报告是对大学生成长记录平台的全面通盘考虑，是项目分析员进行进一步工作的前提，是软件开发人员正确、成功开发项目的前提与基础。此研究报告可以使软件开发团体尽可能早地估计研制课题的可行性，可以在定义阶段较早地认识到系统方案的缺陷，就可以节省时间和精力，也可以节省资金，并且避免了许多专业方面的困难。所以该软件项目可行性研究报告在整个开发过程中是非常重要的。

1.2 项目背景

为了培养高校学生的综合素质能力，使学生在学习专业技能的同时，自身得到全面发展，高校特制订了学生的成长学分计算和考核办法。目前的成长学分是通过班主任（或委托给班上某一位学生）记录和审核的纸质方式，导致个别同学任务重、责任大，同时不便于同学和老师查询和管理本班同学的成长学分分值，不能很好地达到公开公正的目的。为了实现成长学分的无纸化、网络化方式，同时实现学生信息的完整化和可操作性，某高校学生处成立 CRP 项目小组，开发“大学生成长记录平台”，该软件主要面向全校师生，实现学生个人记录成长学分分值的汇总和上传成长学分附件；整合学生基本信息模块，除了包含基本的学生姓名、籍贯、联系方式等基本信息外，增加个人荣誉及获奖情况、政治面貌、顶岗实习等信息。

1.3 定义

CRP（College Recording Platform），是指大学生记录平台。

1.4 参考资料

[1] 北京阿博泰克北大青鸟信息技术有限公司职业教育研究院．使用 ASP.NET 技术开发网上书店．北京：科学技术文献出版社，2011.

[2] 蒋秀凤，何凤英．数据库管理教程．北京：清华大学出版社，2005.

[3] 谭武梁，毛志雄，曾鸿．IT 项目管理．北京：中国铁道出版社，2007.

2 可行性研究的前提

2.1 要求

（1）主要功能

本软件的主要功能：密码管理、个人信息、班级信息、学分信息和顶岗实习信息的管理和操作处理。主要用户为三类，分别是学生、教师和管理员，他们各自拥有不同的管理权限。

（2）性能要求

方便、快捷、有效地完成大学生成长记录平台的各项工作，录入数据合法性的校验程度高，数据查询速度快。

（3）系统的输入和输出

输入：学生个人成长学分信息。

输出：学生个人信息、班级信息、学分信息、顶岗实习信息。

（4）安全保密

对于不同权限用户，设置不同权限，对重要数据可以考虑加密存储。考虑到数据保存，条件允许的情况下可以让系统定时自动保存，省去手工保存的繁杂程序。

2.2 目标

将传统的由班主任记录和审核学生成长学分的纸质方式变为由学生个人记录成长学分分值和上传成长学分附件的基于平台的无纸化、网络化方式；同时系统地整合学生基本信息的模块，除了包含学生姓名、籍贯、联系方式等基本信息外，增加了个人荣誉获奖、政治面貌、顶岗实习情况等信息，实现学生信息的完整化和可操作性。

2.3　条件、假定和限制

（1）硬件方面的要求

- CPU：Intel（R）Core（TM）i3 及以上。
- 内存：512MB 及以上。

（2）软件方面的要求

- Windows 2003/Windows XP /Windows 7。
- Microsoft Visual Studio 2010 集成开发环境。
- SQL Server 2008 数据库。

（3）与现有系统的约定

可以利用现有的记录学生成长学分的 Excel 电子表格，对现有软件（如教务在线系统、OA 办公自动化系统等）不会产生冲突，对使用的操作系统来说有很好的兼容性、稳定性。

2.4　进行可行性研究的方法

通过调查研究、与潜在用户进行会谈等方式确定系统的基本功能，并调研了现有系统的优缺点。

2.5　评价尺度

对系统评价的尺度主要有：

（1）经济可行性分析：从支出、收益以及两者之间的关系来分析，还需要进行投资回收期分析等；

（2）技术可行性分析：对提出的主要技术路线进行分析；

（3）社会可行性分析：从组织内外部的社会环境入手来分析，如系统在法律方面和使用方面的可行性。

3　对现有系统的分析

3.1　处理流程和数据流程

目前的成长学分管理系统为完全人工记录，工作重复量大、枯燥，错误率高，查询复杂、花费时间长，处理的一般流程如图 12-1 所示。

3.2　现有系统的简明情况

现状一：

校内已有教务在线系统，教师和学生可以通过该平台管理和查阅学生各科考试成绩、学生基本信息等，但对于学生的主要获奖情况、政治面貌、实习单位等信息，则无法查阅。

现状二：

学生处为了培养学生的综合素质能力，使学生在学习专业技能的同时，自身得到全面发展，特制订学生成长学分计算和考核办法，主要分为必修学分和选修学分两大部分。其中必修主要针对学生日常规则的遵守，选修主要面向的是学生参加社会活动方面，并将成长学分纳入学生奖学金的评定之中。但是目前成长学分的记录和计算是由班级一位同学负责，通过传统的纸质方式进行记录和审核，导致个别同学任务重、责任大，同时不便于同学和教师查询和管理本班同学的成长学分分值，不能很好地达到公开公正的效果。

4　对所建议系统的分析

4.1　对所建议系统的概述

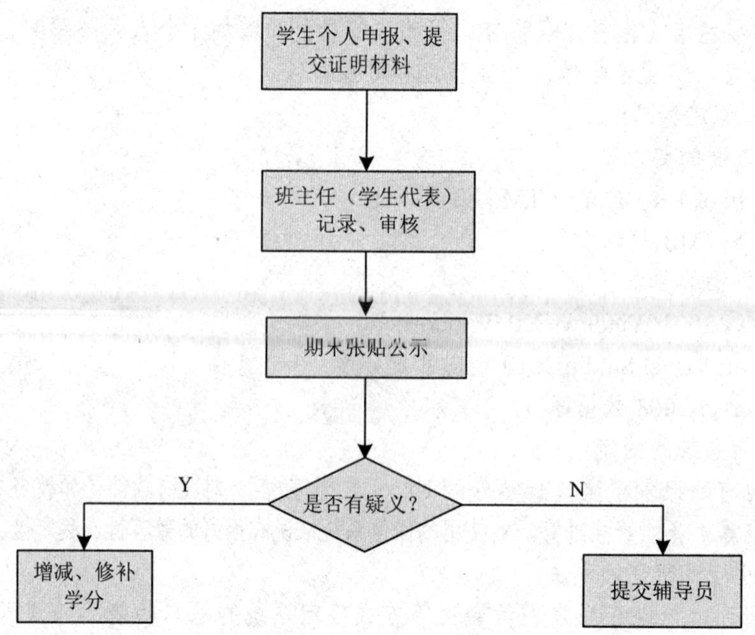

图 12-1 目前成长学分处理流程

新系统采用 B/S 体系结构，发布部署后学生可在线填写成长学分分值、上传附件凭证，可查阅个人和班级学分信息；教师可在线查阅、审核、修改包含获奖荣誉、政治面貌、成长学分、顶岗实习的学生完整个人信息，系统将大大改善数据处理的速度，并且更加方便地对数据进行管理，同时可以大大减少人力资源的浪费，提高查询的效率。

4.2 所建议系统处理流程和数据流程

所建议系统的处理和数据流程如所图 12-2 所示。

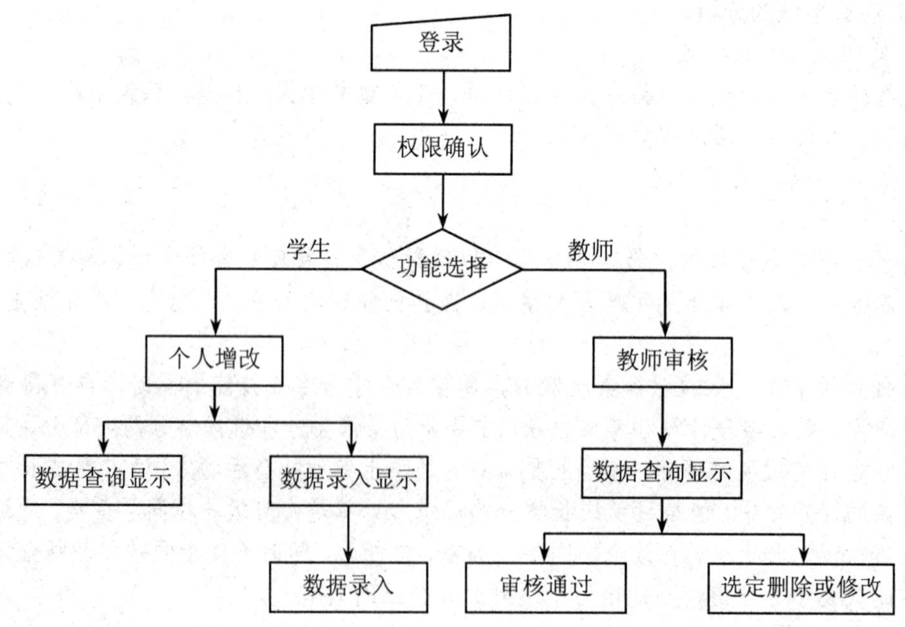

图 12-2 所建议系统的处理和数据流程

4.3 改进之处

与传统人工录入、管理方式相比，大学生成长记录平台有利于数据的集中、有效管理，便于数据的公开共享，系统在效率上会更高，并有利于促进学分管理体制合理化和公正化，有利于决策工作的改善，优化和提高办公效率。

该系统具有较高的灵活性。当原始数据发生变动时，应用程序可以对数据库稍作修改，即可使数据及时反映最新情况。

该系统能够较好地保证数据库的安全。建立用户并为之分配密码和操作权限，这样，任何用户只能在他的权限范围内对数据库进行操作。

4.4 影响

（1）对设备的影响

只需要添置计算机，如果学校条件允许的话还可以添加打印机以便查询结果打印成资料。

（2）对软件的影响

对现有的软件不会发生冲突，对使用的操作系统来说有很好的兼容性、稳定性。

（3）对用户单位机构的影响

刚开始需要短时间来熟悉该系统，但不需要大量的培训。

（4）对系统运行过程的影响

- 系统投入使用时会有简单的培训，不需要大量时间。
- 源数据需要输入系统，进行统一管理。
- 数据进入系统可以 Excel 导入。
- 系统功能可以提供数据的保存、备份、恢复。
- 数据可以进行导出，管理员可以根据情况进行相应处理。
- 系统可以随时备份数据库，用户可以根据需要选择备份时间。

（5）对开发的影响

- 为了支持所建议系统的开发，用户需提供相应的学校信息。
- 为了建立一个数据库所要求的数据资源，如学生信息、学分信息、实习信息等。
- 计算机安装软件 Microsoft SQL Server 2005、Visual Studio 2010。
- 所有学生数据信息设置密码保护。

（6）对地点和设施的影响

需要接入网络，适合计算机摆放的环境。

（7）对经费开支的影响

由学校提供资金。

4.5 局限性

本系统属于计算机系统，但有很多功能不够人性化，可能会需要人机结合，共同完成学生信息的管理。

4.6 技术条件方面的可行性

因为一方面开发人员已熟练掌握基于.NET 的数据库应用程序的开发技术，开发期限较为充裕，运用现有技术完全可以达到功能目标。另一方面，校园网运行正常，全体教师已开展了计算机、网络等方面的培训。

5 所建议系统经济可行性分析

5.1 支出

- 在基础建设投资方面，可以利用现有设备，不必增添新的硬件设备。
- 其他一次性支出。主要为软件设计和开发费用：1 万元。
- 经常性支出。主要是软件维护费用。

5.2 收益

进一步实现办公自动化，减少人力投资和办公费用，系统投入后将极大地提高办公效率。

5.3 收益投资比

本系统暂不涉及。

5.4 敏感性分析

本系统暂不涉及。

6 所建议系统的社会因素方面的可行性分析

（1）法律方面的可行性

新系统的研制和开发，所有软件都选用正版，将不会侵犯他人、集体和国家的利益，不会违反国家政策和法律。本系统的专利权属于本开发小组，侵犯专利权的人须负法律责任。

（2）使用方面的可行性

该系统界面友好、使用简捷方便，能满足全校师生的使用要求。

7 其他可供选择的方案

7.1 引进已有管理系统

操作人员需要重新上机培训，可以避免大量开发费用。

7.2 将程序开发工作移交专业软件公司制作

不需学校投入大量相关人力，但相对物力的投入比本方案要多。

8 可行性分析结论

经上述可行性分析，大学生成长记录平台的研制和开发可以马上开始实施，并尽可能做到提前完成。从人力资源优化角度来说，可以充分利用学校已有人力资源。从开发成本角度来说，将支出成本降到最低。所以在三个可选择的方案中推荐此方案为最佳方案。

12.2 软件需求规格说明书

编写软件需求规格说明书是为了在客户和软件开发者之间就软件的初始规定有一个共同的理解，为待开发软件提出准确而详尽的需求，包括功能、性能、数据和运行环境等。它不仅是系统测试和用户文档的基础，也是所有子系列项目规划、设计和编码的基础。它应该尽可能完整地描述系统预期的外部行为和用户可视化行为。

在需求描述中，对软件的功能描述占据着核心地位。功能描述部分以数据流图为核心，再加上对组合的和基本的数据元素的属性和对存储数据的概念信息结构的描述、对数据加工动作的说明、对软件其他方面需求的描述，如性能、运行环境、系统级上的输入/输出数据格式等，这样就构成对系统及其数据的完整描述。

12.2.1 软件需求规格说明书的基本目录及编写提示

【示例】

1 引言

引言提出了对软件需求规格说明的纵览，这有助于读者理解文档如何编写并且如何阅读和解释。

1.1 编写目的

对产品进行定义，在该文档中详尽说明了这个产品的软件需求，包括修正或发行版本号。如果这个软件需求规格说明只与整个系统的一部分有关系，那么就只定义文档中说明的部分或子系统。

1.2 项目背景

（1）待开发的系统的名称。

（2）本项目的任务提出者、开发者、用户。

（3）该系统同其他系统或其他机构基本的相互来往关系。

1.3 定义

列出本文件中用到的专门术语的定义和外文首字母组词的原词组。

1.4 参考资料

列出编写软件需求规格说明书时所参考的资料或其他资料，如用户界面风格指导、合同、标准、系统需求规格说明、使用实例文档，或相关产品的软件需求规格说明。

2 系统概述

2.1 产品描述

叙述该项软件开发的意图、应用目标、作用范围以及其他应向读者说明的有关该软件开发的背景材料。如果所定义的产品是一个更大的系统的一个组成部分，则应说明本产品与该系统中其他各组成部分之间的关系，为此可使用一张方框图来说明该系统的组成和本产品同其他各部分的联系和接口。

2.2 用户特点

列出本软件的最终用户的特点，充分说明操作人员、维护人员的教育水平和技术专长，以及本软件的预期使用频度。这些是软件设计工作的重要约束。

2.3　假定和约束

列出进行本软件开发工作的假定和约束，例如经费限制、开发期限等。

3　需求规定

3.1　功能需求

用列表的方式（例如 IPO 表，即输入、处理、输出表的形式），逐项定量和定性地叙述对软件所提出的功能要求，说明输入什么量、经怎样处理、得到什么输出，说明软件应支持的终端数和应支持的并行操作的用户数。

3.2　性能需求

3.2.1　精度

说明对该软件的输入、输出数据精度的要求，可能包括传输过程中的精度。

3.2.2　时间特性

说明对于该软件的时间特性要求，如对响应时间、更新处理时间、数据的转换和传送时间、解题时间等的要求。

3.2.3　灵活性

说明对该软件灵活性的要求，即当需求发生某些变化时，该软件对这些变化的适应能力，如:

（1）操作方式上的变化。

（2）运行环境的变化。

（3）同其他软件的接口的变化。

（4）精度和有效时限的变化。

（5）计划的变化或改进。

对于为了提供这些灵活性而进行的专门设计的部分应该加以标明。

3.3　输入输出要求

解释各输入输出数据类型，并逐项说明其媒体、格式、数值范围、精度等。对软件的数据输出及必须标明的控制输出量进行解释并举例，包括对硬拷贝报告（正常结果输出、状态输出及异常输出）以及图形或显示报告的描述。

3.4　数据管理能力要求

说明需要管理的文卷和记录的个数、表和文卷的大小规模，要按可预见的增长对数据及其分量的存储要求做出估算。

3.5　故障处理要求

列出可能的软件、硬件故障以及对各项性能而言所产生的后果和对故障处理的要求。

3.6　其他专门要求

如用户单位对安全保密的要求，对使用方便的要求，对可维护性、可补充性、易读性、可靠性、运行环境可转换性的特殊要求等。

4　运行环境规定

列出运行该软件所需要的硬设备，支持软件，软件同其他软件之间的接口、数据通信协议等。

4.1　设备

列出运行该软件所需要的硬设备。说明其中的新型设备及其专门功能，包括:

（1）处理器型号及内存容量。

（2）外存容量、联机或脱机、媒体及其存储格式，设备的型号及数量。

（3）输入及输出设备的型号和数量，联机或脱机。
（4）数据通信设备的型号和数量。
（5）功能键及其他专用硬件。

4.2　支持软件

列出支持软件，包括要用到的操作系统、编译程序、测试支持软件等。

4.3　接口

说明该系统同其他系统之间的接口、数据通信协议等。

4.4　控制

说明控制该系统的运行的方法和控制信号，并说明这些控制信号的来源。

12.2.2　软件需求规格说明书编写

【示例】

具体内容见本书 166 至 171 页。

大学生成长记录平台需求规格说明书

文件名称：大学生成长记录平台需求规格说明书

编 制 人：朱娜

编制日期：2012 年 12 月 30 日

审 核 人：苗旺

审核日期：2012 年 12 月 30 日

1 引言

1.1 编写目的

本需求规格说明书主要目的是明确所要开发的软件应具有的功能、性能，使系统分析人员及软件开发人员能清楚地了解用户的需求，并在此基础上进一步提出概要设计说明书和完成后续设计与开发工作，为软件开发范围、业务处理规范提供依据，也是应用软件进行合同终验的验收依据。

本系统可实现成长学分的无纸化、网络化方式，同时，实现学生信息的完整化和可操作性。

1.2 项目背景

为了培养高校学生的综合素质能力，使学生在学习专业技能的同时，自身得到全面发展，高校特制订了学生的成长学分计算和考核办法。目前的成长学分是以班主任（或委托给班上某一位学生）记录和审核的纸质方式，导致个别同学任务重、责任大，同时不便于同学和老师查询、管理本班同学的成长学分分值，不能很好地达到公开公正的目的。为了实现成长学分的无纸化、网络化方式，同时实现学生信息的完整化和可操作性，某高校学生处成立 CRP 项目小组，开发“大学生成长记录平台”，该软件主要面向全校师生，实现学生个人记录成长学分分值的汇总和上传成长学分附件；整合学生基本信息模块，除了包含基本的学生姓名、籍贯、联系方式等基本信息外，增加个人荣誉及获奖情况、政治面貌、顶岗实习等信息。

1.3 定义

CRP：是 College Recording Platform 的英文缩写，是指大学生记录平台的含义。

1.4 参考资料

[1] 《大学生成长记录平台可行性研究报告》，CRP 项目小组编.

[2] 《大学生成长记录平台开发委托合同》，某高校学生处编.

[3] 谭武梁，毛志雄，曾鸿. IT 项目管理. 北京：中国铁道出版社，2007.

2 系统概述

2.1 产品描述

大学生成长记录平台结合高校学生处管理的实际需要，对学生个人成长学分进行在线申报、教师在线审核管理的信息系统，提供丰富的信息查询、处理功能，用户界面友好。用以提高高校管理的效率，减轻教师和学生的负担；快速方便地对学生录入的成长学分进行审核；使数据数字化、直观化、条理化。

2.2 用户特点

本软件的使用对象主要是学生、班主任、辅导员、系部书记、学生处领导等有关管理人员和维护人员。用户使用系统的要求不是特别高，只要懂得计算机及网络的基本操作就可以利用该软件进行信息的管理与维护。

2.3 假定和约束

本系统要求具有较高的可靠性和稳定性。消息传送、文件传送要性能稳定，不出差错。在安全保密性方面，SQL Server 数据库系统安全应当由学校信息中心进行管理，本应用系统只负责应用系统本身的安全与保密，对不同用户定义不同的使用权限，学生处掌握个人申报的全部信息。本系统开发时间为 2013 年 1 月至 2013 年 6 月。

3 需求规定

3.1 功能需求

3.1.1 用户登录

需求编号	UC-01
优先级	高
名称	用户登录
描述	登录平台设立
角色	普通学生、教师、管理员
触发	
前提条件	请求使用本系统
主流程	1. 记录当前登录用户的角色权限 2. 可以延续使用前面项目中的登录信息
分支流程	1. 客户可以在没有登录成功之前的任意时候要求放弃登录 2. 系统结束用户登录信息输入界面的显示 3. 退出系统
后置条件	用户登录成功，可以使用系统提供的功能
相关需求	

3.1.2 主界面

需求编号	UC-02
优先级	高
名称	主界面
描述	平台相关功能显示及主要内容
角色	登录用户
触发	
前提条件	成功登录系统
主流程	1. 展示该平台可设计的功能 2. 主要信息显示
分支流程	
后置条件	可以通过菜单等方式使用系统提供的其他功能
相关需求	

3.1.3 普通学生

需求编号	UC-03
优先级	高
名称	所具功能
描述	普通学生具有的权限
角色	普通学生
触发	
前提条件	成功登录系统

续表

主流程	1. 修改用户个人信息 2. 查看班级信息、班级学分 3. 查询、录入、修改学生成长学分信息 4. 查询、录入顶岗实习信息
分支流程	
后置条件	
相关需求	

3.1.4　班主任或授权学生

需求编号	UC-04
优先级	高
名称	所具功能
描述	授权学生的权限
角色	授权学生
触发	
前提条件	成功登录系统
主流程	1. 具有普通学生所有功能 2. 增加、修改、删除、查询（根据学号或姓名）本班学生的成长学分 3. 添加选修学分活动类型、活动名称等信息
分支流程	
后置条件	
相关需求	

3.1.5　系部辅导员

需求编号	UC-05
优先级	高
名称	所具功能
描述	系部辅导员的权限
角色	系部辅导员
触发	
前提条件	成功登录系统
主流程	1. 具有班主任所有功能 2. 查看、增、删、改、查询全系学生基本信息、成长学分信息
分支流程	
后置条件	
相关需求	

3.1.6 学生处领导

需求编号	UC-06
优先级	高
名称	所具功能
描述	学生处领导的权限
角色	学生处领导
触发	
前提条件	成功登录系统
主流程	1. 具有辅导员所有功能 2. 查看、增、删、改、查询全院学生基本信息、成长学分信息
分支流程	
后置条件	
相关需求	

3.2 性能需求

3.2.1 精度需求

在精度需求上，根据使用需要，在各项数据的输入、输出及传输过程中，本系统可以满足各种精度的需求。

3.2.2 时间需求

在软件方面，响应时间、更新处理时间都比较快且迅速，完全满足用户要求。

3.2.3 灵活性

当用户需求，如操作方式、运行环境、结果精度、数据结构与其他软件接口等发生变化时，本软件可以做适当调整，灵活性非常大。

3.3 输入输出要求

要求提供数据的导入/导出功能，尤其要提高与Word/Excel等通用办公软件的数据交换接口。

3.4 数据管理能力要求

3.4.1 数据描述

（1）学生个人信息数据项

包括学号、班级、姓名、性别、出生日期、身份证号码、籍贯、政治面貌、院（系）、学分等。

（2）学生必修成长学分数据项

包括学分名称、分值等。

（3）学生选修成长学分数据项

包括活动类型、活动名称、活动时间、分值、附件等。

（4）学生顶岗实习信息数据项

包括单位名称、单位地址、实习岗位、实习单位指导老师、联系电话、学院指导老师、联系电话等。

3.4.2　动态数据

动态输入数据：菜单选项、查询关键字、新建记录项、导入文件。

动态输出数据：导出的文件、查询结果记录集。

内部生成数据：中间查询结果。

3.4.3　数据库描述

数据库是实现有组织地、动态地存储大量关联数据，方便多用户访问的计算机软硬件组成的系统；它与文件系统的重要区别是数据的充分共享、交叉访问、与应用程序的高度独立性。软件采用 SQL Server 专用数据库接口。

3.5　故障处理要求

本软件具有错误和异常的处理能力，避免出现软件故障，保证软件能正常运行，具有对数据库备份的功能。

3.6　其他专门要求

暂无其他需求。

4　运行环境规定

4.1　设备

CPU：Intel(R) Core(TM) i3 及以上。

内存：512MB 及以上。

4.2　支持的软件

- Windows 2003/Windows XP /Windows 7。
- Microsoft Visual Studio 2010 集成开发环境。
- SQL Server 2008 数据库。

4.3　接口

无特殊要求。

4.4　控制

无特殊要求。

12.3 软件使用说明书

当软件交付使用时，要给用户提供用户手册和操作手册，让用户能够尽快学会软件的操作及维护，下面以大学生成长记录平台为例，介绍软件使用说明书的内容。

【示例】

大学生成长记录平台使用说明书

1 系统背景

学生从入学到毕业，短短的三年中在校园里留下点点滴滴的成长足迹，如参与校内外实践情况、参加社团情况、获得各类奖惩、顶岗实习等。目前已有的教务系统具有学生个人信息的管理、成绩的录入与统计等功能，但未包含学生的主要获奖情况、政治面貌、顶岗实习等信息，对于学生参与各类活动的成长学分的记录与统计目前仍停留在纸质环节，不便于管理和维护。

2 系统说明

针对目前学校尚未有记录大学生成长信息的平台可用，本项目小组经过为期半年的研发，目前开发出大学生成长记录平台 1.0 版，主要实现三个功能，分别是：学生基本信息管理、学生成长学分管理和学生顶岗实习信息管理。该项目的开发采用目前主流的微软公司的 Visual Studio 2010 平台、SQL Server 2008 数据库管理系统、JQuery、第三方控件以及中间件来实现。

3 系统功能简介

1.1 系统登录界面

输入用户名、密码，选择用户对应的身份，点击登录按钮即可登录。

在登录过程中如有错误信息提示，应对用户名、密码以及身份进行检查，确认无误重新登录。登录界面如图 12-3 所示。

1.2 学生用户

（1）主界面

如果以学生身份正确登录之后则会进行学生操作的主界面，其主要功能显示在系统左侧窗格中，包括三大模块：个人信息、学分信息、顶岗实习。具体子功能如下：

个人信息：个人基本信息、班级基本信息、修改密码。

学分信息：个人学分信息、班级学分信息。

顶岗实习：实习单位名称、联系人等信息。

界面的中部主要分为校园新闻和系部动态模块，右侧为轮番滚动的校园风光效果和日历显示。界面的顶端显示了已经成功登录的用户名、当前日期、时间等信息，如图 12-4 所示。

（2）个人信息管理

1）点击“个人信息”菜单下的子菜单“个人基本信息”，便可进入到个人信息查看界面，包括学号、姓名、性别、出生日期、政治面貌、学分信息等，如图 12-5 所示。

2）点击“个人信息”菜单下的子菜单“班级基本信息”，进入学生所在班级信息的查看界面，在此界面中可以查询到本班学生的姓名、学号、联系方式、出生日期、职务、状态、政治面貌等信息，并实现分页功能，如图 12-6 所示。

注意：

- 请您不要在公共场合保存登录信息
- 在您离开本系统时，请别忘记退出登录

图 12-3　登录界面

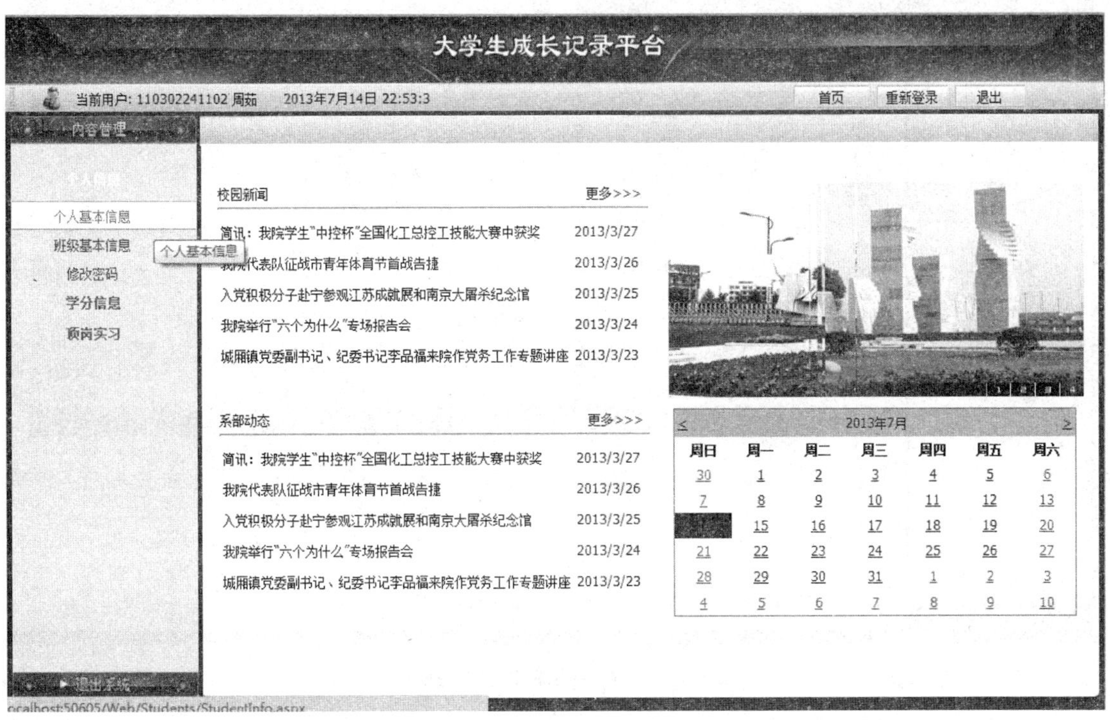

图 12-4　学生用户主界面

大学生成长记录平台

当前用户: 110302241102 周茹　2013年7月14日 22:57:7　首页　重新登录　退出

内容管理

个人信息

个人基本信息

班级基本信息

修改密码

学分信息

顶岗实习

退出系统

以下信息不可更改!

学　号:	110302241102	院（系）:	软件与服务外包学院
姓　名:	周茹	专　业:	软件技术
性　别:	女	班　级:	软件1114
出生日期:	1990/1/13 0:00:00	入学时间:	2011/9/17 0:00:00
身份证号码:	320324199310240951	电话号码:	12345678910
籍　贯:	江苏	学　制:	3
家庭住址:	江苏	状　态:	在校
政治面貌:	共青团员	学　分:	8.2

图 12-5　学生个人基本信息界面

姓名	学号	班级	性别	联系方式	出生日期	职务	状态	政治面貌
周茹	110302241102	软件1114	女	12345678910	1990/1/13 0:00:00		在校	共青团员
王倩	110302241103	软件1114	女	12345678910	1990/1/13 0:00:00		在校	共青团员
朱娜	110302241106	软件1114	女	12345678910	1990/1/13 0:00:00		在校	共青团员
卢炜杰	110302241107	软件1114	男	12345678910	1990/1/13 0:00:00		在校	共青团员
方丹	110302241110	软件1114	女	12345678910	1990/1/13 0:00:00	心理委员	在校	共青团员
杨悦	110302241111	软件1114	女	12345678910	1990/1/13 0:00:00	学习委员	在校	共青团员
丁灵	110302241115	软件1114	男	12345678910	1990/1/13 0:00:00		在校	共青团员
王俞	110302241118	软件1114	女	12345678910	1990/1/13 0:00:00		在校	共青团员
徐东扬	110302241119	软件1114	男	12345678910	1990/1/13 0:00:00		在校	共青团员
李亮	110302241122	软件1114	男	12345678910	1990/1/13 0:00:00		在校	共青团员
张智森	110302241123	软件1114	男	12345678910	1990/1/13 0:00:00		在校	共青团员
苗旺	110302241126	软件1114	男	12345678910	1990/1/13 0:00:00		在校	共青团员

图 12-6　班级基本信息界面

3）点击“个人信息”菜单下的子菜单“修改密码”，进入到修改密码界面，如图 12-7 所示。

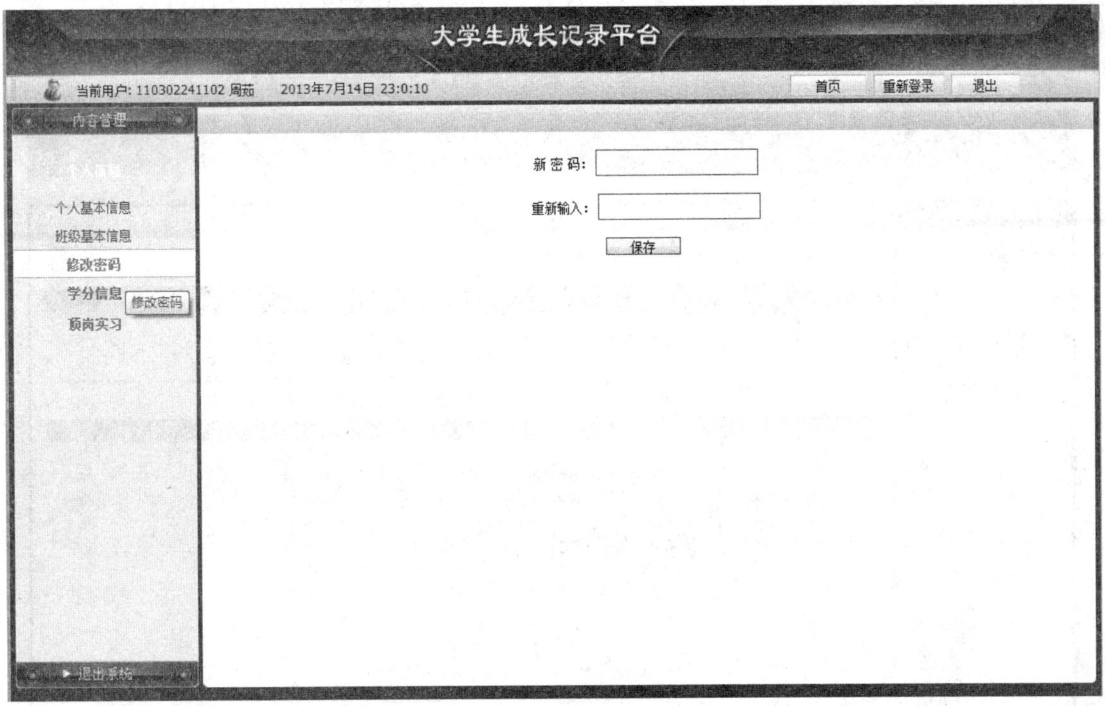

图 12-7　修改密码界面

（3）学分信息管理

2）点击“学分信息”菜单下的子菜单“个人学分信息”，可以进入到查看学生个人必修学分总分和选修学分总分的界面，如图 12-8 所示。

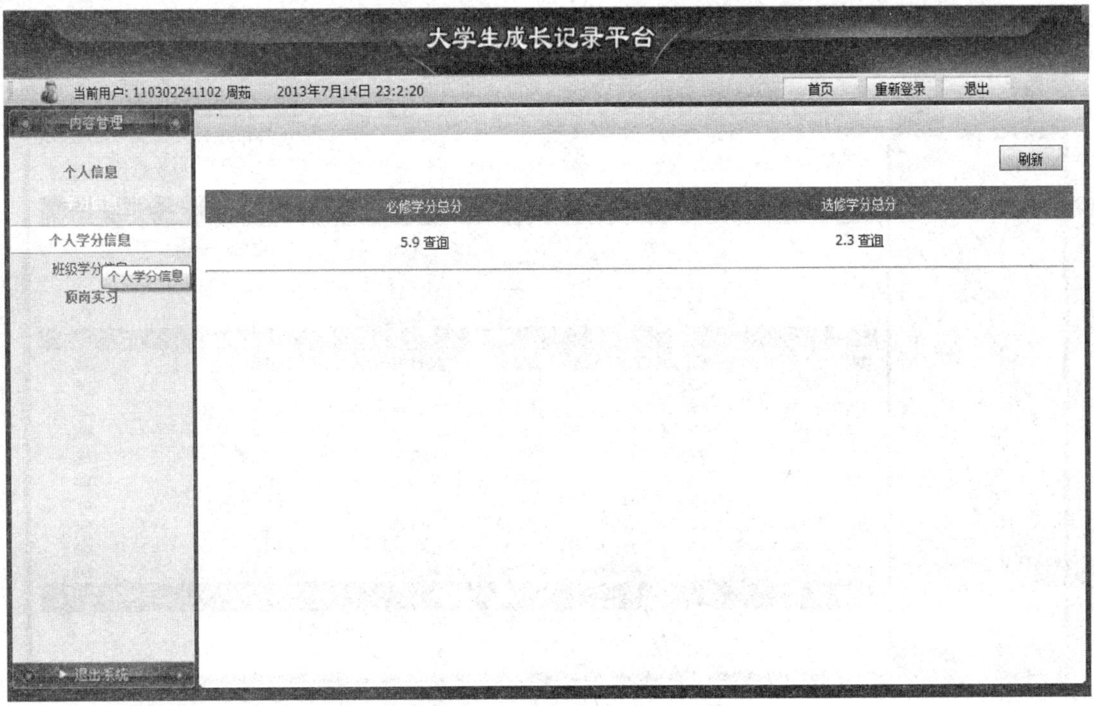

图 12-8　个人学分信息查询界面

点击必修/选修学分总分栏中的“查询”，即可查询必修/选修学分的详细信息。如必修学分信息包括学生的学号、姓名、班级、必修学分、分数等，如图 12-9 所示。

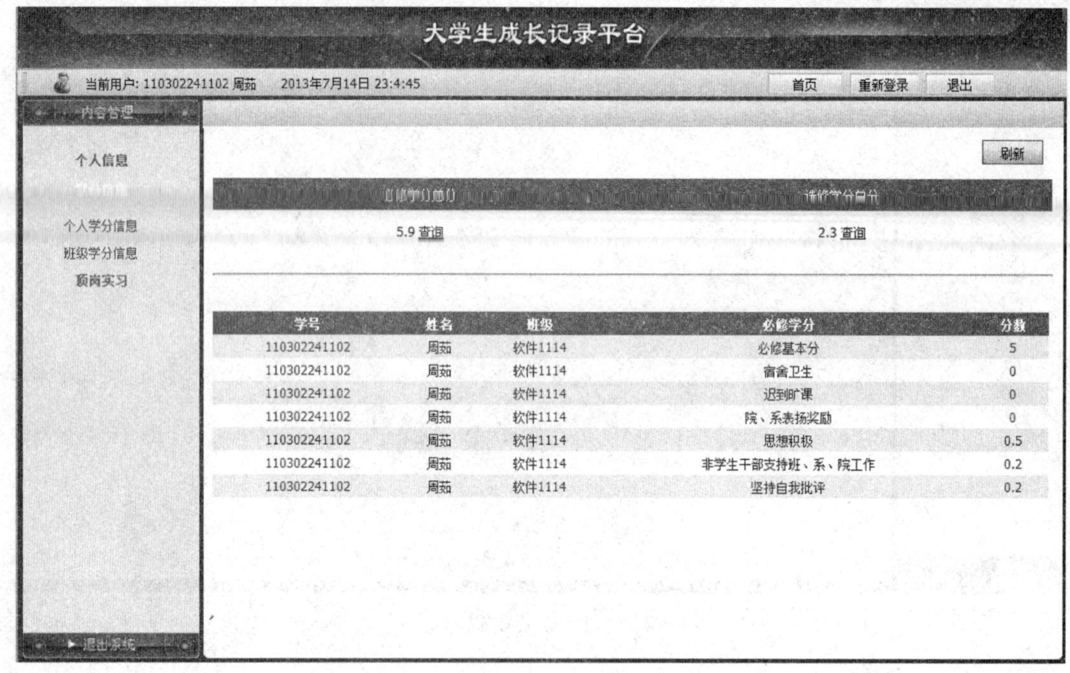

图 12-9　必修学分详细信息界面

查询选修学分则包含学号、姓名、班级、学分类型、活动类型、活动名称、分数等，如图 12-10 所示。

图 12-10　选修学分详细信息界面

点击查询选修学分界面上的“添加”按钮即可添加新的学分内容，如图 12-11 所示。

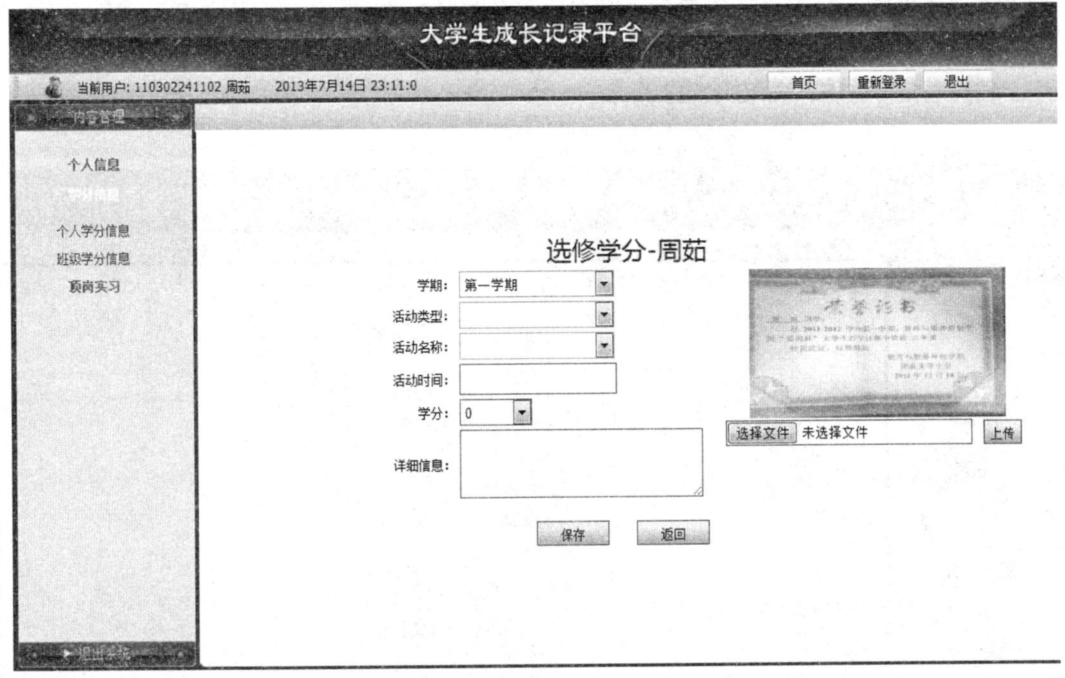

图 12-11 添加选修学分信息界面

2）点击“学分信息”菜单下的子菜单“班级学分信息”，进入到查看学生所在班级的学生学分信息界面，包含学号、姓名、班级、必修学分、选修学分、总分等信息，并实现分页功能，如图 12-12 所示。

大学生成长记录平台

当前用户: 110302241102 周茹 2013年7月14日 23:19:48 首页 重新登录 退出

内容管理：个人信息 学分信息 个人学分信息 班级学分信息 顶岗实习 退出系统

软件1114 班级学分

学号	姓名	班级	必修学分	选修学分	总分
110302241102	周茹	软件1114	5.9	2.3	8.2
110302241103	王倩	软件1114	6	3	9
110302241106	朱娜	软件1114	5.7	2.5	8.2
110302241107	卢炜杰	软件1114	4.9	1.2	6.1
110302241110	方丹	软件1114	6.4	1.2	7.6
110302241111	杨悦	软件1114	6.5	4	10.5
110302241115	丁灵	软件1114	5.5	0.9	6.4
110302241118	王俞	软件1114	5.7	1.4	7.1
110302241119	徐东扬	软件1114	3.9	2.9	6.8
110302241122	李亮	软件1114	5.2	0.9	6.1

1 2 3

图 12-12 班级学分信息界面

（4）顶岗实习信息管理

点击“顶岗实习”菜单下的子菜单“实习单位信息”，可查询学生所在实习单位的详细信息，具体包括实习单位名称、单位地址、实习岗位、实习单位指导教师、联系电话、学校指导教师、联系电话等信息，如图 12-13 所示。

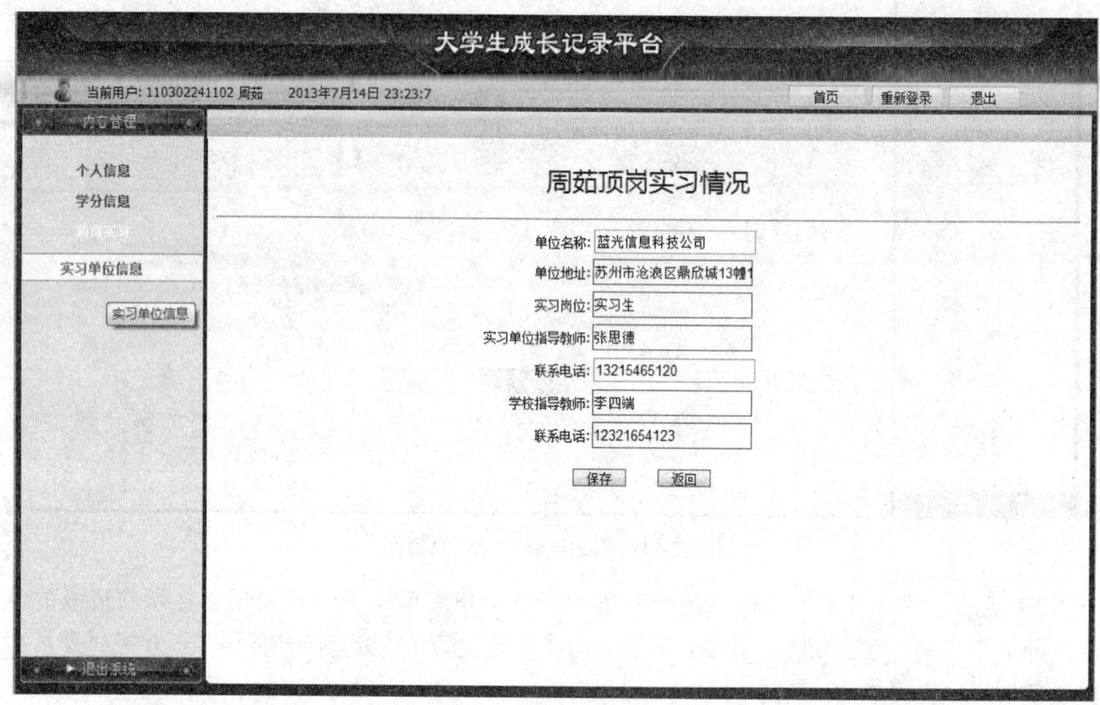

图 12-13 顶岗实习信息界面

3. 教师用户

（1）个人信息管理

如果以教师用户正确登录系统后，主要功能显示在系统的左侧窗格中，主要包括三个功能，包括个人信息、班级信息和顶岗实习管理。具体如下：

个人信息：个人基本信息、修改密码。

班级信息：班级学生信息、班级学分信息。

顶岗实习：实习单位名称、联系人等信息。

1）点击“个人信息”菜单下的“个人基本信息”，即可查看教师的个人信息，包括教师工号、性别、电话、教师姓名、出生日期、职位等，如图 12-14 所示。

2）点击“个人信息”菜单下的“修改密码”，可以进入修改密码界面，如图 12-15 所示。

（2）班级信息管理

1）点击“班级信息”菜单下的子菜单“班级学生信息”，可查看所带班级全体学生的信息，包含姓名、学号、班级、性别、联系方式、出生日期、职务、状态、政治面貌等，如图 12-16 所示。

点击“详细”，可查看某个学生的详细信息，如图 12-17 所示。

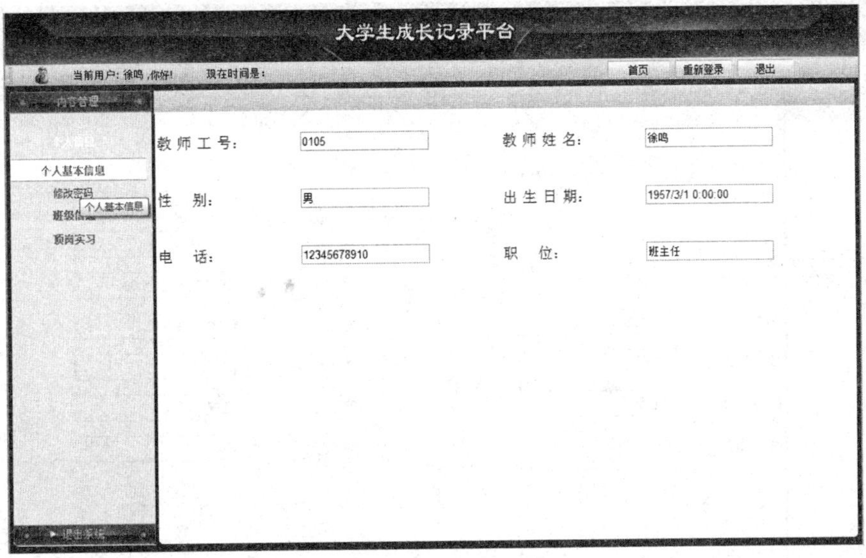

图 12-14　教师个人基本信息界面

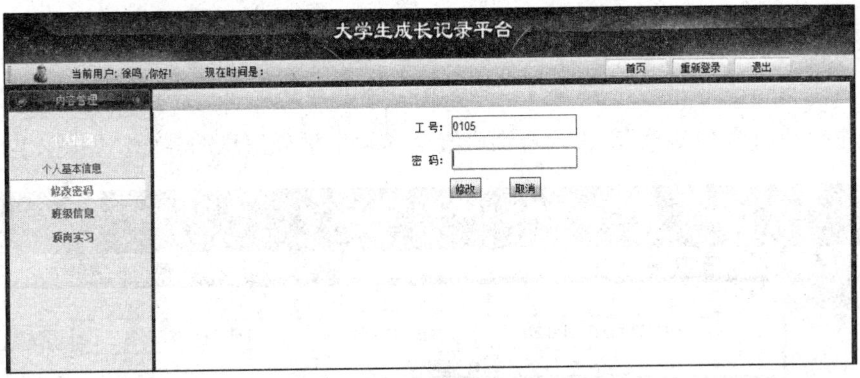

图 12-15　教师修改个人密码界面

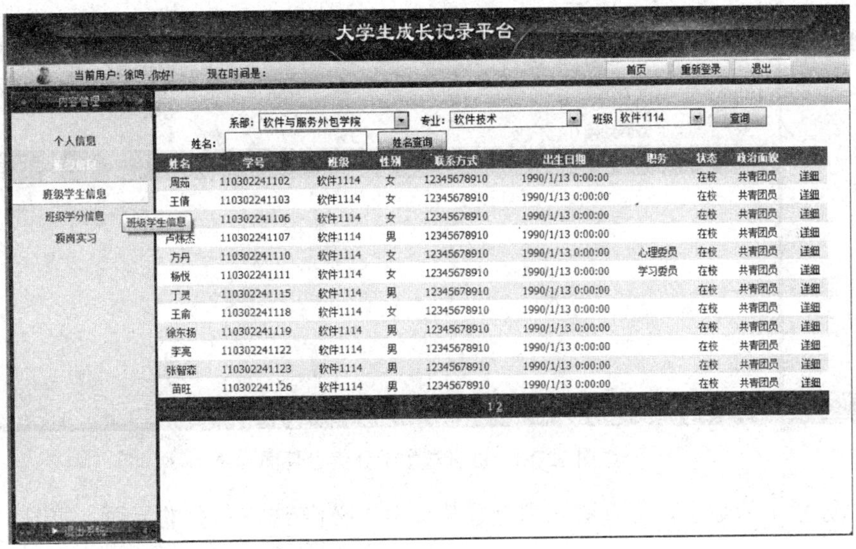

图 12-16　班级学生信息界面

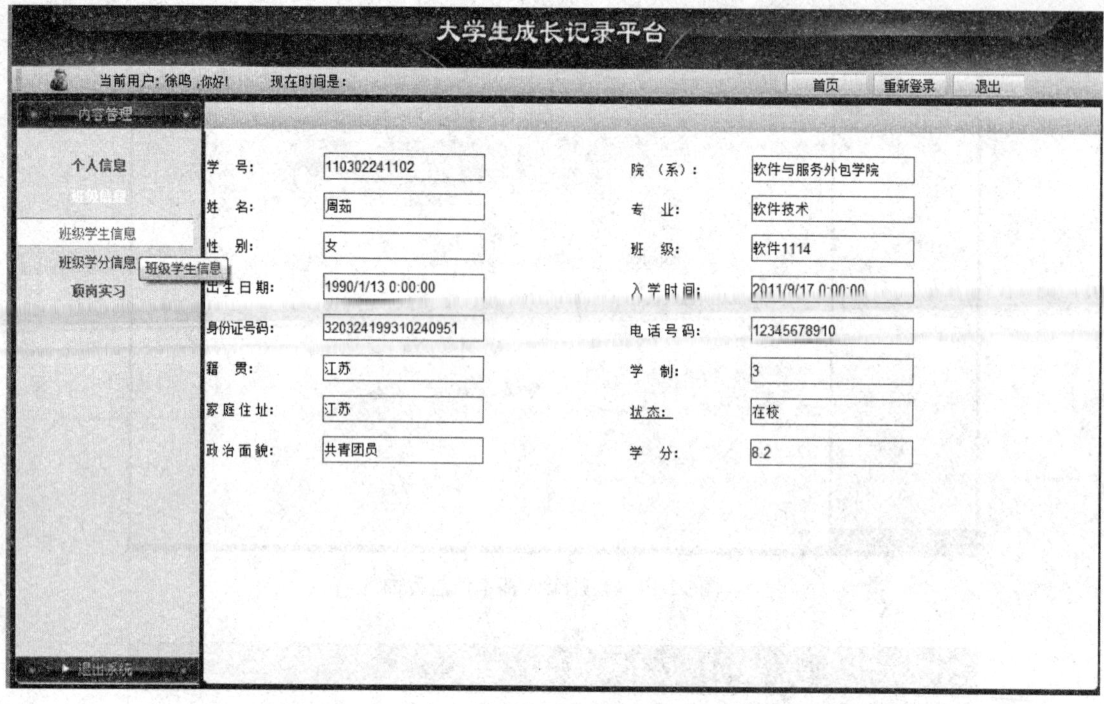

图 12-17　班级学生详细信息界面

2）点击“班级学分信息”，进入查询班级全体学生学分信息的界面，如图 12-18 所示。

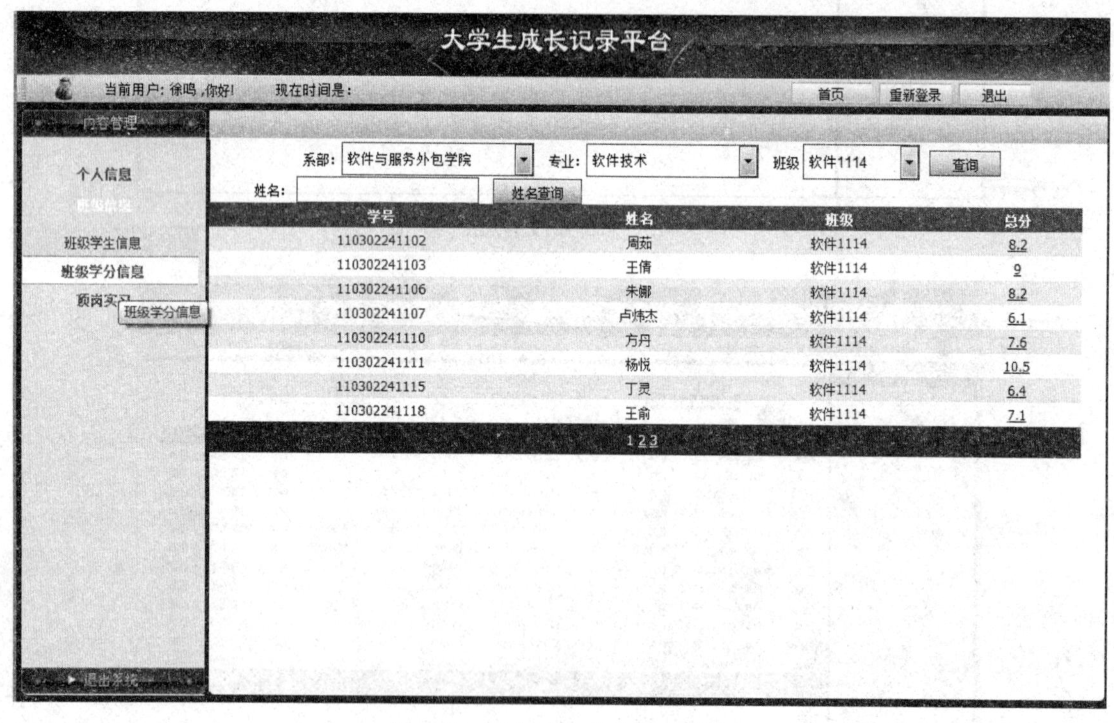

图 12-18　班级学生学分信息界面

单击总分栏中的数字，可以进入到查看某位学生必修/选修总分的界面，如图 12-19 所示。

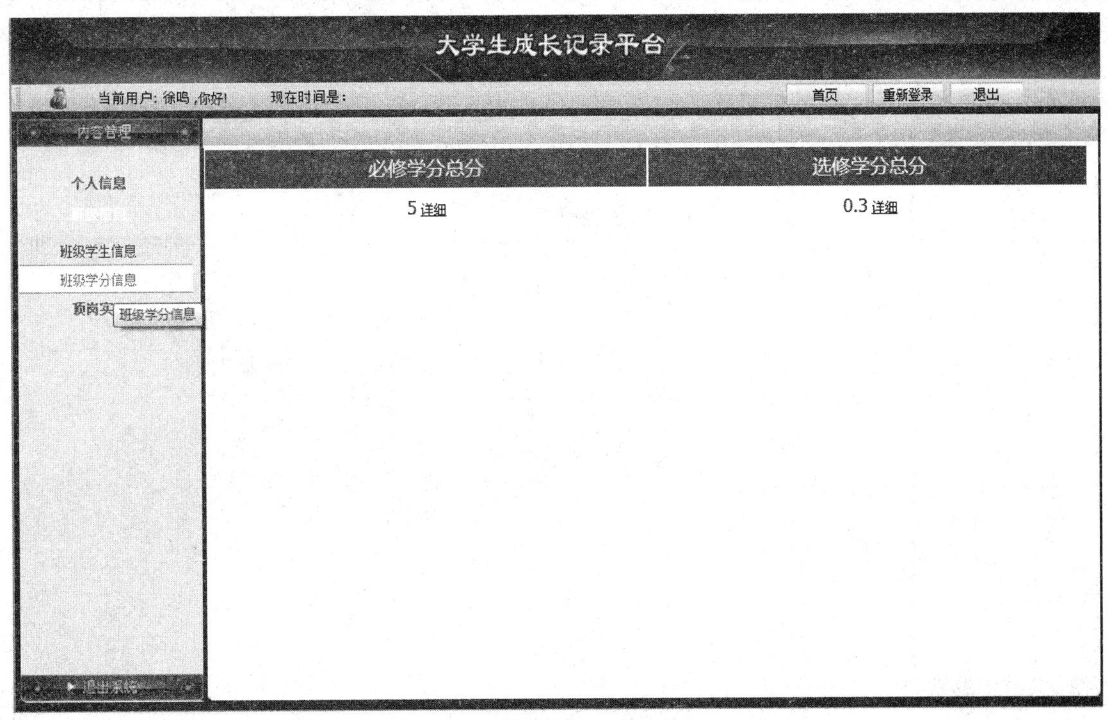

图 12-19　班级某位学生必修/选修学分总分界面

点击“详细”可查询该生必修/选修学分的详细信息，如图 12-20 所示。

学号	姓名	班级	学分类型	学分名称	分值	审核装态		
110302241102	周茹	软件1114	必修学分	必修基本分	5	未审核	删除	
110302241102	周茹	软件1114	必修学分	宿舍卫生	0	未审核	删除	
110302241102	周茹	软件1114	必修学分	迟到旷课	0	未审核	删除	
110302241102	周茹	软件1114	必修学分	院、系表扬奖励	0	未审核	删除	
110302241102	周茹	软件1114	必修学分	思想积极	0	未审核	删除	
110302241102	周茹	软件1114	必修学分	非学生干部支持班、系、院工作	0	未审核	删除	
110302241102	周茹	软件1114	必修学分	坚持自我批评	0	未审核	删除	

学号	姓名	班级	学分类型	活动类别	活动名称	分值	审核状态		
110302241102	周茹	软件1114	选修学分	担任社会职务	担任干部	0	未审核	删除	
110302241102	周茹	软件1114	选修学分	讲座参与	留守儿童讲座	0.2	未审核	删除	
110302241102	周茹	软件1114	选修学分	讲座参与	献血讲座	0	未审核	删除	
110302241102	周茹	软件1114	选修学分	讲座参与	楹联讲座	0.1	未审核	删除	
110302241102	周茹	软件1114	选修学分	讲座参与	企业家讲座	0	未审核	删除	

1 2 3 4 5

图 12-20　某位学生详细学分界面

单击“删除”即可删除某条学生学分信息的记录。单击“删除”右边的放大镜图标，进入学生学分信息审核界面，在此界面中可以对学生学分的信息给予“通过”或“不通过”的审核操作，如图 12-21 所示。

（3）顶岗实习管理

点击“顶岗实习”菜单下的“实习单位信息”可以查看学生的顶岗实习详细信息，如图 12-22 所示。

大学生成长记录平台

当前用户：徐鸣，你好！ 现在时间是：

首页 重新登录 退出

内容管理

个人信息

班级信息

顶岗实习

选修学分-周茹

活动类型：担任社会职务

活动名称：担任干部

活动时间：2013/5/28/10:24:14

学分：0.1

详细信息：

选择文件 未选择文件

○已审核 ◉未审核 ○不通过审核

审核 取消

退出系统

图 12-21　学分信息审核界面

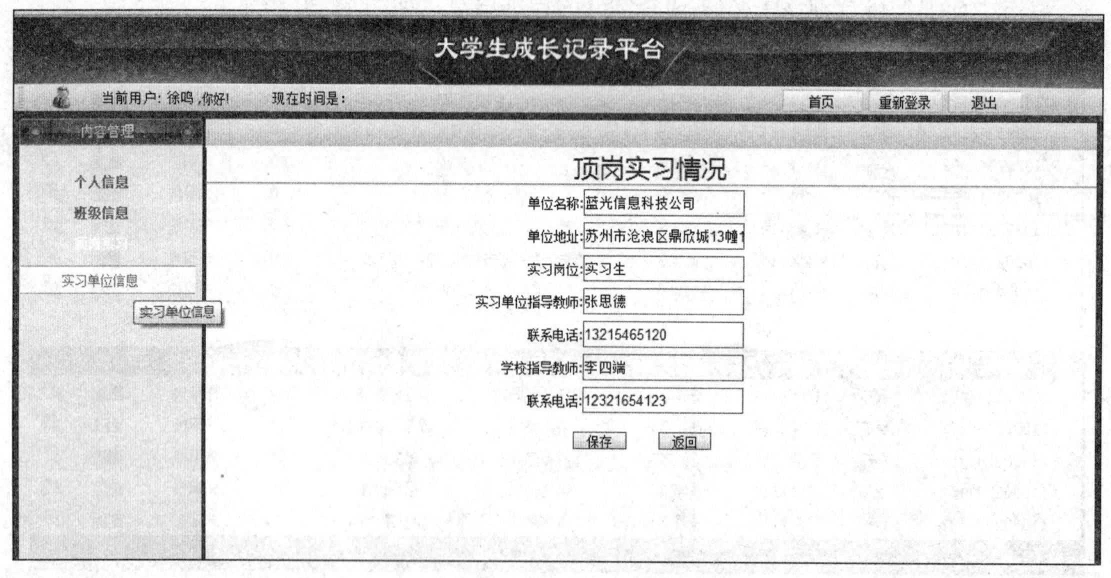

图 12-22　顶岗实习信息界面

【本章总结】

- 详细描述可行性研究报告的内容和编写要求，给出一个完整的可行性研究报告的例子，供读者参考。
- 详细描述软件需求规格说明书的内容和编写要求，给出一个完整的软件需求规格说明书的例子，供读者参考。

- 通过给出一个完整的软件使用说明书的例子，使读者对软件使用说明书有个总体认识。

【思考练习】

（1）分析第 11 章中综合考务管理系统的可行性，试着写出可行性研究报告。

（2）在编写可行性研究报告的基础上，请按照软件需求规格说明书的内容要求和格式编写综合考务管理系统的需求规格说明书。

参考文献

[1] 北京阿博泰克北大青鸟信息技术有限公司职业教育研究院．职业修养和基础项目训练．北京：科学技术文献出版社，2011．

[2] 北京阿博泰克北大青鸟信息技术有限公司职业教育研究院．职业修养和进阶项目训练．北京：科学技术文献出版社，2011．

[3] 北京阿博泰克北大青鸟信息技术有限公司职业教育研究院．职业修养和实战项目训练．北京：科学技术文献出版社，2011．

[4] 姜汝祥．请给我结果．北京：中信出版社，2006．

[5] 辛明海．软件文档编写．北京：高等教育出版社，2009．

[6] 薛健．IT 职业行为优化．南京：南京大学出版社，2006．

[7] 劳动和社会保障部职业技能鉴定中心组．职业社会能力．北京：人民出版社，2008．

[8] （英）林登·琼斯（Lyndon Jones），（加）保罗·洛夫特斯（Paul Loftus）．A+时间管理法：有效管理时间、提高工作效率的至上法则[M]．北京：金城出版社，2010．

[9] （英）约翰·阿代尔．时间管理．海口：海南出版社，2008．

[10] （美）马希雅·休斯，埃米·米勒．提升情商和社交商的 36 堂课．北京：电子工业出版社，2011．

[11] 邱庆剑，黄雪丽．世界五百强企业培训故事全案．广州：广东经济出版社，2011．

[12] 唐振明．IT 职业素质训练．北京：电子工业出版社，2012．

[13] 君子．本领升位：世界 500 强职业素养教程[M]．北京：中国三峡出版社，2009．

[14] 雷瑛．IT 职业素养[M]．北京：高等教育出版社，2007．

[15] 杨毅宏．世界 500 强面试实录：世界 500 强通用选人标准与在华实践的真实记录[M]．北京：机械工业出版社，2010．

[16] 宋伟．项目管理概论[M]（第 2 版）．北京：机械工业出版社，2013．

[17] 刘国靖．现代项目管理教程[M]．北京：中国人民大学出版社，2004．

[18] 戚安邦．项目管理学[M]．天津：南开大学出版社，2003．

[19] 张会斌，张光海．Project 2007 企业项目管理实践．北京：人民邮电出版社，2008．

[20] 格雷戈里 T．豪根．项目计划与进度管理[M]．北京：机械工业出版社，2005．

[21] 周贺来，连卫民．软件项目管理实用教程．北京：机械工业出版社，2009．